外语专业
学位论文写作
实践教程

夏艳　张丹　池美英 主编

清華大学出版社
北 京

内容简介

本书全面翔实地介绍了外语专业学位论文写作从选题谋篇到论文答辩的各个环节，针对外语专业的不同研究方向分别讲解了其写作要领和注意事项，以方便读者学习和参考。本书共八章，包括外语专业学位论文写作流程介绍和内容介绍。流程方面包括外语专业学位论文的选题、学位论文资料的搜集和使用、学位论文的撰写和学位论文的答辩，这一部分与学位论文写作的主要环节相对应；内容方面包括文学类学位论文的写作、语言学类学位论文的写作、文化类学位论文的写作和翻译类学位论文的写作，这一部分与外语专业学位论文的四个主要方向相对应。

本书可作为外语专业学生毕业论文写作课程的教材使用，对于其他专业学生也具有借鉴意义。

图书在版编目(CIP)数据

外语专业学位论文写作实践教程 / 夏艳，张丹，池美英主编．-- 北京：清华大学出版社，2025.5．-- ISBN 978-7-302-68922-5

Ⅰ．H09

中国国家版本馆 CIP 数据核字第 202533H15W 号

责任编辑： 吴梦佳
封面设计： 傅瑞学
责任校对： 袁　芳
责任印制： 沈　露

出版发行： 清华大学出版社
网　　址： https://www.tup.com.cn，https://www.wqxuetang.com
地　　址： 北京清华大学学研大厦 A 座　　**邮　　编：** 100084
社 总 机： 010-83470000　　**邮　　购：** 010-62786544
投稿与读者服务： 010-62776969，c-service@tup.tsinghua.edu.cn
质量反馈： 010-62772015，zhiliang@tup.tsinghua.edu.cn
课件下载： https://www.tup.com.cn，010-83470410
印 装 者： 涿州市般润文化传播有限公司
经　　销： 全国新华书店
开　　本： 185mm×260mm　　**印　　张：** 12.25　　**字　　数：** 312 千字
版　　次： 2025 年 7 月第 1 版　　**印　　次：** 2025 年 7 月第 1 次印刷
定　　价： 49.00 元

产品编号：104918-01

前　言

在全球化加速发展的今天，外语教育不再局限于语言技能的培养，而是更加注重跨文化交际能力、批判性思维及学术研究能力的提升。外语专业学位论文作为检验学生综合运用语言、文化知识及研究方法的重要载体，其写作过程不仅是对学生学术素养的全面考查，也是其未来学术研究与职业发展的基石。然而，外语专业的许多学生在面对学位论文写作时，往往缺乏系统指导和实践经验，感到无从下手，导致论文质量参差不齐。鉴于此，编写一本旨在帮助学生掌握外语专业学位论文写作精髓、提供实用策略和技巧的《外语专业学位论文写作实践教程》显得尤为重要。

本书编写团队由具有十几年外语专业教学和论文指导经验的一线教师构成，对于学生在论文写作过程中可能存在的实际问题有着十分清晰的了解和认识。本书结合外语专业学生的特点，在介绍学术文章写作规则和基本技巧的同时，注重穿插学习和写作方法的介绍与讲解，注重知识内容的实用性和综合性，避免类似教材中较刻板的理论知识点，将重点更多地放在实践方法、技能和实施过程的阐述上，旨在帮助读者克服学术论文写作的知识盲点，有效提高写作水平。与此同时，本书助力读者拓展学术写作的范围，通过论文撰写的训练，全面提升其研究能力，拓宽其学术视野，为进行实践写作和培养学术素养奠定基础。

本书的编写有以下四个核心依据。

第一，教育部高等学校外语专业教学指导委员会的指导原则。本书紧密围绕教育部关于外语专业人才培养的最新要求，强调理论与实践相结合，注重培养学生的创新思维和解决实际问题的能力。

第二，国际学术写作规范。本书借鉴国际主流学术期刊的投稿指南和评价标准，确保教程内容符合国际学术写作的标准和惯例。

第三，学生实际需求。编者通过广泛调研外语专业学生的写作难点和实际需求，有针对性地设计章节内容，力求解决实际问题。

第四，最新研究成果。本书融入近年来外语教育、学术写作及研究方法领域的最新研究成果，保持内容的前沿性和实用性。

毕业论文写作是对学生从理论基础知识学习到从事科研与创新活动的最初尝试，也是对学生学习过程的综合性考查。毕业论文质量是评价高校教学水平质量的重要标准，也是对学生培养质量和综合水平的总体检验。编者在十几年的教学和论文指导中发现，外语专业学生在论文撰写过程中从题目选定、资料搜集到方向把握和内容撰写等方面都会面临困惑。本书以学位论文撰写为研究对象，将

写作的具体流程分解为四个环节和四大领域，涵盖了从选题到答辩的整个过程，囊括了文学、语言学、文化和翻译等内容。每一部分都精心设计，旨在构建一个从基础到进阶、理论与实践并重的完整学习体系。

本书具有三大特点。

一是讲解系统全面，严谨地介绍论文写作的各个环节和研究方向，讲解详尽务实，并引入大量真实案例，真正做到理论与实践的有机结合。

二是满足实际需求，以学习者的实际需要为出发点，着力解决论文写作的重点与难点问题，并为不同研究方向的外语专业学习者提供有针对性的指导。

三是提升综合能力，既注重夯实论文写作的基础、培养严谨科学的学术态度，又强调培养以创新能力、思辨能力和实践能力为核心的综合能力，助力学习者综合写作素养的提升。与一般的侧重应用的写作指导类书籍不同，本书在思想性和理论性基础上突出实践性，侧重阐明如何在论文写作中有独到见解和创新性思维。

本书主要面向外语专业本科高年级学生、硕士研究生及博士研究生，也适合对外语学术写作感兴趣的教师、研究人员及职场人士。无论是论文写作初学者，还是希望进一步提升写作技能的进阶者，都能从中获益。

在本书的编写过程中，我们得到了来自多方面的支持与帮助，感谢教育部外语专业教学指导委员会的专家们的宝贵意见，为本书的编写指明了方向；感谢国内外多所高校外语学院的教授、研究生导师提供的丰富案例和宝贵经验，使本书内容更加贴近实际；特别感谢参与案例分析与练习的同学们，他们的反馈是本书不断完善的动力源泉。此外，还要感谢出版社的编辑团队，他们的专业精神和细致工作确保了本书的顺利出版。最后，我们衷心希望本书能成为广大外语专业学生和研究人员的良师益友，助力他们在学术道路上越走越远，为推动我国外语教育与研究的繁荣发展贡献力量。

本书编写分工如下：夏艳编写第一章至第四章；张丹编写第五章、第七章和第八章；池美英编写第六章。此外，本书在以下项目的资助下得以顺利出版：2021 年度韩国教育部和韩国学中央研究院（韩国学振兴事业团）海外韩国学孵化型事业支援研究项目“中国东北地区韩国学核心基地构筑”（AKS-2021-INC-2230007）；2023 年度吉林师范大学高等教育教学研究课题“新文科外语国际化协同育人机制研究与实践”；2023 年吉林师范大学教材出版基金。

由于编者水平有限，书中不足之处在所难免，敬请广大读者批评、指正。

编　者

2025 年 1 月

目 录

第一章

外语专业学位论文的选题

第一节 选题的原则

学位论文的选题是论文写作的开始，选题做好，论文写作就成功了一半。很多人对于选题只有一个简单的静态认识，即把“选题”当作一个名词，事实上它是一个动态的过程。在选题之前，首先要思考研究目的，为什么要进行此类问题的探究、运用哪些方法、在研究过程中会取得怎样的成果，以及哪些研究值得我们深入去做。要想解决这些问题，就要明确选题的立场和原则。论文写作很多时候不是去发现新事物，而是扩展和深入已有研究，在其中提出自己的观点，指出原有的偏见。因此，选题应抓住精髓，既不要过于狭隘，也不要夸大宣传，可以平铺直叙、言简意赅，也可以幽默有趣、吸引眼球，还可以针对社会的某一热点或根据个人研究经验进行分析。总之，选题要言之成理，具备充分的理论依据。有关选题的具体原则，可以分为以下几方面。

一、思想性原则

选题的思想性是指学位论文的选题要符合马克思主义关于人的全面发展的学说，符合社会发展需要，具有一定的现实意义。论文写作是为了推进学科和社会的全面发展，在研究中不仅涉及学术问题，还要关注社会现实问题。没有科学的理论指导，就不可能有科学的研究成果。学位论文与其他文学创作最大的区别在于它是一种理论探讨，撰写者需要在理论和实践上有所建树。

坚持思想性原则，要求撰写者在选题时必须从国家发展的高度来考虑问题，从社会主义建设事业中发现问题、研究问题、解决问题。学位论文选题必须以马克思列宁主义、毛泽东思想、邓小平理论、“三个代表”重要思想、科学发展观、习近平新时代中国特色社会主义思想为指导思想，撰写者必须对本学科前沿领域有所了解，同时要密切关注当前国内外学术界新思想、新观点、新进展，并针对本学科的重大理论与发展中存在的实践问题进行深入研究。论文中所提出的观点、论点等都是建立在大量的科学研究工作基础上的，因此，提出的观点必须正确、论据必须充分可靠、论证方法必须合理得当。

撰写者在选题时要了解我国改革开放和现代化建设的具体情况，在学习前人经验基础上提出自己的见解。选题要与国家发展阶段相契合，从改革开放和现代化建设的具体情况出发。选题既要注意我国改革开放出现的新情况、新问题，也要注意现代化建设实践中出现的新理论、新经验，还要吸取发达国家在改革开放和现代化建设方面取得的成功经验，并规避其问题和风险。

二、专业性原则

外语专业学位论文的选题要具有专业性。作为外语专业的学生，选题范围主要集中在外国语言、文学、文化、历史、经济、社会、政治及相关领域的比较研究等方面。选题一定要与外语有关，不是单纯用外语写一篇文章或者简单地涉及外国人就可以，而要符合专业特点，且不能脱离外语的本质特性。在确定选题时，要先对外语专业的课程内容有充分的了解，确认研究方向是否涉及本专业的主要知识架构、是否对加深专业理解有所助益。此外，学位论文的选题还要与社会紧密接轨，偏重应用性和实践性。学生可以充分利用实习等社会实践机会，针对过程中接触到的相关业务，选择实践类和应用性的选题。

在专业性问题上，“小而实”十分重要。选题要“大小适宜”，但是具体多“大”多“小”，就要见仁见智了。之所以提倡选题要“小”，是因为一般学生学到的内容还不够深入，缺少对某些专业研究领域的驾驭能力。如果将我们自己的客观条件置于不顾，一味地追求自己知识能力范围之外的内容，势必会碰壁。因此，选题前，首先，要对自己的知识结构、文化素养、思维能力和写作能力有清楚的认知，才能更好地选出适合自己的选题。其次，选题要“小”，这能让外语学生在规定时间内力所能及地完成研究内容，如果在过程中发现自己对研究内容没有兴趣、进行不下去时，也能在最短的时间内改换选题。选题越大，需要研究的内容越多，所需搜集整理的材料也越多。为了面面俱到，只能蜻蜓点水、浅尝辄止，无法深入分析，最终导致论文内容十分浅显，甚至毫无价值可言。不仅如此，选题范围过大也不利于掌控，可能会出现论文写了一半进行不下去的情况。最后，在确保“小”的同时还要注重“实”，某些选题虽然小，但是如果已经被多次研究或者被成功定义，继续研究的意义就不大了，可以直接摒弃。所以我们应该在选题之前广泛阅读专业的文献和资料，丰富自己的见识和阅历，从中挑选出“小而实”的选题展开研究。

三、前沿性原则

随着经济全球化进程的不断加快，世界各国之间的联系也日益密切。在这种背景下，要求外语专业人才具备较高的外语水平和一定的跨文化交际能力。为了适应社会发展需要和时代要求，外语专业人才应加强其跨文化交际能力、实践能力及创新精神的培养，这就要求在选题时应关注本学科发展的前沿和动态，以提升创新意识和实践能力为目的。因此，外语专业毕业论文应在本学科领域内提出具有前瞻性、开拓性和创新性的研究课题。

毕业论文作为外语学习阶段中一次大规模和高强度的写作实践，在选题时应尽量从三方面体现前沿性原则：第一，与当前形势相适应，在本学科内具有一定的理论价值和实践意义；第二，必须从长远视角和发展观点来考虑，为学科发展、国家思辨、实证政策、社会需求和国际学术动态等提供一定的参考，对外语教学改革、中国教育国际化等问题有一定程度的推进；第三，论文的选题应是在其他人研究成果基础上的新发展，闭门造车与外语的国际化原则相悖，只有承袭传统才可预知前路。在前沿性原则指导下，努力使自己的研究纵向贯穿学科发展史和未来发展趋势，横向统揽跨学科角度和国际化视野。

四、创新性原则

创新是以现有的思维模式提出有别于常规或常人思路的见解为导向，利用现有的知识和物质，在特定的环境中，本着理想化需要或为满足社会需求，而改进或创造新的事物、方法、元素、路径、环境，并能获得一定有益效果的行为。学位论文的主题应与自己所学的内容相符合，不能过于游离或者偏题，而且学位论文要体现一定的理论意义和学术价值。选题一定要有新意、让人眼前一亮，但也不要过于特立独行，给自己增加难度。很多别人做过的选题，如果要继续研究，就要找出前人研究的方法、过程和成果，看是否有进一步研究的必要和价值。如果有，就要寻找先行研究的不足或不够全面的地方，针对性地提出自己的新理念和新观点。新意是指在某一问题上有新的发现，哪怕是一点，或对前人研究的某一看法有新的补充说明，都算是有新意。简言之，"新"是指新的见解、新的角度、新的方法、新的发现。对于在校学生来说，尽量不要用自己的研究去否定前人的成果，而要在前人的观点基础上提出自己的新观点。

选题要看发展、找前沿、寻新兴。创新是选题的价值体现，有价值的论文必须有自己独特的见解。同样的选题，需要在原有基础上，对已有的材料、观点从另一个角度进行概括和表述，重新确定自己新的着眼点，这样的选题才有意义、有价值。就外语专业学位论文而言，更多的应该是联系专业知识、开拓创新思维、发展创新型理念。同时，创新性也是论文的精髓，无论在国内还是在国外发表论文，对于论文的创新性都会有要求，因此创新性原则是论文选题必不可少的原则。那么，如何才能保证论文选题有新意呢？

首先，可以在研究对象上创新。在选题时，对研究对象进行创新就是选择与其他论文不同的研究对象。以文学方面为例，同样是基于对外语国家文化的了解，有人研究《洪吉童传》的背景，我们便可以研究《洪吉童传》的艺术特色，还可以将《洪吉童传》与《水浒传》《西游记》进行对比。

其次，可以关注外国的热点和前沿问题，从政治、经济、文化、教育等多方面进行论述与研究。结合本专业语言特点，通过对其他国家政治、经济等方面的分析，提出对我国未来发展有借鉴意义的建议。这样的选题既结合了外语专业的特点，有一定的创新性，又有一定的实践价值。如"透过两篇'招募指南'看韩国城市更新试点工作"，通过介绍韩国的"地域自主型试点"和"复合开发型试点"总结其经验，提出我国在城市更新和试点工作中可向韩国借鉴的经验，为我国后续城市发展提出建议和意见。

再次，多学科交叉研究也是一个不错的选题方向，如经济、社科、信息、医药等大类。将自身学习的语言与其他学科和领域相结合，寻找具有发展潜力的研究方向，以语言为基础进行研究创新。交叉研究可以增加论文研究的多样性与深度。在确定多学科研究的大方向后，需要时刻关注新闻和报道，了解国外相关行业的动态、研究前沿、发表的讲座和论文，从中挖掘有意义的内容。

此外，除了对选题的选择外，还可以对研究方法和研究领域进行创新。一般的研究方法有规范研究法、实证研究法、案例分析法、比较分析法和归纳演绎法等，那么是否可以尝试将两种方法进行结合？或者根据研究特点选择一种全新的研究方法？"旧瓶装新酒"也是方法创新中一种可借鉴的模式，但这种创新难度较大，需要雄厚的理论基础作为支撑。

最后，还可以在研究方向上进行创新。选择他人没有研究过的方向，在原有理论基础上找寻未被开发或能够更上一层楼的领域，借前人之殷鉴，成后人之良师。或者，前人对某选题已有研究，但结果还可以更加完美，需要我们对现有假说、理论或方式进行检验或改善，提出新论点、新假说，用新的论证视角得出新结论。

在选题创新过程中，可以有新想法、新眼光，可以用不同的眼光看世界。但需要注意的是，确定外语专业论文选题的过程，实际上是对中国与其他国家政治、经济、文化等因素相互交融过程的审视，因此需要我们在大方向上确定好自己的政治立场，保证论文中用词用句的准确性和严谨性。尽量避开立场类、反动类、政治类等敏感话题，从而避免引发不必要的矛盾和问题。

五、科学性原则

科学性原则是衡量事物的首要准则。科学的选题必须遵循科学原理、尊重客观规律、符合逻辑事实。要透过现象看本质，从实际出发，选题不能太难或太偏，要结合外语专业的特点。虽然提倡敢于质疑，但不能过分质疑，使自己在选题过程中钻“牛角尖”。科学性的选题不仅能反映撰写者对所学知识的基本掌握与应用能力，还能体现作者的创意性思维和潜能。

选题具有科学性是指论文要符合科学规律。论文选题必须经过提出问题、分析问题和解决问题三个阶段：提出问题的前提是撰写者对所研究的专业知识和现实情况有一个正确的认识，并对其进行筛选和判断；分析问题是在确定研究方向后，对该研究方向所涉及的内容进行全面、系统地分析、研究和探讨；通过分析、研究和探讨得出的结论来解决问题，形成论文的写作成果。

那么如何确定科学的选题呢？第一，对科学有清晰明确的认知。科学的选题和科学的论文一定是基于撰写者对科学有明确认知的。第二，清楚自己要写什么、为什么要写、要怎样写。第三，通过科学的工具，准确规范地表述自己的思想。第四，在展开研究前先进行构思，提前预想好可能出现的问题，判断自己能否解决，以及想好应对的措施与办法。做好以上几点，便可以确定一个较为科学的选题，为漫漫的论文写作之路开一个好头。

科学的选题应尽量以社会实际和专业发展为基础，综合反映大学或研究生阶段学到的基本理论、基础知识和基本技能，也要具有研究价值和实际意义。此时，在就读期间积累的外国语言、文学、翻译方面的知识储备可以全面运用起来。结合外语专业的特征，考查当下某国某种独特文化的发展趋势，便是一个有研究价值和实际意义的选题，也是科学的选题。

此外，科学的选题还要注意选题的范围。若选择的问题范围太大，需要做大量的调查和研究工作，难以写出有创新、有深度、有价值的学术论文；若选择的问题范围太小，撰写者则没有更多的余地发挥其专长，难以写出具有较高学术水平的论文。论文选题范围的大与小不是绝对的，关键要看撰写者对某一问题是否进行了深入的先行研究。对于自己从事的专业领域里存在的问题，在进行系统深入的调查研究之后一般是可以解决的；如果在不熟悉的领域贸然地选择一个大题目来写，就如同“赶鸭子上架”，很难在短时间内完成写作任务。一般来说，论文题目所包含的范围越小越好，既便于进行深入研究，也较易实现研究目标。

六、可操作性原则

学位论文是一种理论探讨，它的选题必须有一定的现实意义，能解决实际问题，对社会实践有指导作用。实践证明，理论与实践相结合才能产生巨大的作用和效益。因此，撰写者在选题时要结合实际情况，选择具有现实意义的课题来研究。判断选题的可操作性有两个重要标准：第一是否有问题意识；第二是否有充足的素材。

可操作性是指论文能用准确、具体的语言表述出来。它要求论文所提出的观点具有翔实和可靠的论据，对现实生活中存在的问题能够做出令人信服的回答。这些观点和论点应建立在撰写者对研究问题有较为深刻、独到认识的基础上，并能从实践中找出可靠、具体、可行的依据。如果论文提出的观点或论点不能为人所接受，就不具备研究价值。撰写者在选题时要充分考虑其可操作性，尽量选择具有理论基础和大量实践经验、容易进行研究分析、较易获得研究成果的课题。例如，“外语发音学习阶段的主要问题”“中小学阶段外语教学的突出矛盾及其解决方法”“翻译中的误译分析及其应对策略”等。这些研究不仅在一定程度上反映了实践中存在的真实问题，而且具有较高的可操作性。

为使论文选题具有可操作性，可按照以下步骤进行。

(1) 根据自己的兴趣爱好，找到自己熟悉、感兴趣且适合的领域。在感兴趣的领域撰写论文会更加得心应手，提高论文立论的可行性。如果感兴趣的是本专业所属国家的文学、文化、热点事件等，可以以文学作品分析或文化对比为题。比如“从《春香歌》到《春香传》：口承、书写及文本间性”“模因论视角下日本二次元流行语汉译研究”。如果对电影感兴趣，可以以影视作品为基础定题。比如“影视作品翻译策略探究——以电影《理智与情感》为例”。

(2) 浏览本专业相关的论文和文献。浏览3～5年内与本专业相关方向的学术文章，深入了解相关学者的研究建设，对框架进行梳理。也可以通过浏览国内的外国学者对本专业的研究成果，从中获取灵感、明确研究方向，这样也更容易确定选题。在定题前，一定要大量阅读文献，以确保后续有足够的参考文献和充足的资料跟进，提高后续顺利完成论文的可能性。

(3) 与指导教师沟通，尽量与指导教师的科研方向一致。指导教师的经验和建议往往是非常有帮助的。在合理可行的范围内选题，也可以避免因自己的选题造成范围过于狭窄或泛泛而谈的问题。“闻道有先后，术业有专攻”，指导教师一般对自己的专业都有充分的了解，指导经验也较为丰富。因此，在指导教师的帮助下，选择与指导教师科研方向贴近的选题会更加切实可行、受益良多。

七、理论与实践相结合原则

一篇好的论文首先应该是一篇有意义的论文，要从理论和实践两方面对前人的研究成果进行综述，进而阐明自己的见解，并对其加以总结和评价。这里所说的“意义”即指研究的理论价值和实践价值。

作为一名外语专业毕业生，不仅要具备一定的外语专业知识，还要具有较强的理论分析能力、解决问题能力及一定的科研能力。因此，在选择研究课题时，应根据自己的理论知识和科研能力，对所选课题进行必要而合理地取舍。选题时，应根据自己掌握和擅长的理论知识、研究方法、研究对象等方面确定研究方向。例如，在对外语翻译研究现状进行综述时，可选择“中国现当代翻译理论史研究”“翻译活动与语言文字的运用”作为选题；在对翻译实践中存在的问题进行分析时，可选择“外语翻译教学中存在的问题及其对策”作为选题；在对翻译文献进行分析时，可选择“语法结构中词汇范畴的层次结构”作为选题；在对外语专业教学问题进行分析时，可选择“高校外语专业教学方法改革研究”作为选题。总之，只有理论与实践相结合，才可称作是一篇有意义的论文。

以上几方面是关于选题的具体原则。除以上原则外，在进行论文选题时还要考虑两个层面：一是了解过去；二是自我反思。了解过去是指查找既成的参考文献，了解之前专家都做了哪些相关研究，这会为我们的选题提供思路。自我反思是指充分考虑自己的特长和兴趣，只有选择自己感兴趣的方向，在查找文献或资料时才不会感觉枯燥乏味，使论文写作充满趣味和意义。选定题目过程中急于求成是不可取的，甚至可以在没有确定好完美选题的条件下先把题目空出来，写作过程中产生灵感后再添加。

最后，在进行论文选题时一定要考虑客观性的问题。选题尽量量力而行，选择大小适宜、有深度并能发挥自己特长的主题。如果片面地追求较高的目标和速度，而不要求质量，那再好的选题都是纸上谈兵，难以实现。在投入自己真情实感的基础上，用理论依据让观点立住阵

脚。虽然选题只是完成论文过程中小小的一步，但对个人能力和知识储备有很高的要求，好的选题是一篇论文成功的一半。在确定选题时，要格外用心，使用合理的技巧达到事半功倍的效果。以了解外语专业论文选题的原则为圆心，以合理运用所学的知识和能力为指针，以日积月累的努力为推动力，一定可以写出一篇优秀的论文。

第二节　选题的创新性

论文选题的创新性可以体现为运用独特的方法研究问题，也可以体现为研究一个新的领域，还可以体现为结论的与众不同。创新是科学研究最本质的特点，我们从小接受的教育，最重要的是“求同”，即自己的答案要和标准答案一致。而大学的论文撰写关注的却是“求异”。许多人在选择题目的时候喜欢赶时髦，这样的做法很难实现突破和创新。学位论文旨在努力开垦前人未涉及的领域，而不是走别人的老路。选题的传承和创新是相互影响的，好的选题往往是建立在传承基础上的。我们既可以摸索“旧人穿新衣”，也可以尝试“新人穿旧衣”。“旧”不一定代表无用，旧的东西仍然有人用，就证明其具有一定的传承性。但我们不能一味守旧，选题还应该具有一定的前瞻性。而前瞻性的培养并非一时之功，需要在日常学习中多读、多思、多问。读书是出口成章的基础，思考是培养动脑能力的途径，而请教则可及时更正自己的错误想法、对症下药。

外语专业学位论文的选题要确定好选题的主体，一般来说，学生和老师应该是论文选题的主体，那么到底应该由谁来确定呢？有的老师提出“为了保证选题质量，应该由教师来出题”；有的老师提出“教师出题不利于调动学生的主动性，而且不知道教师出的题学生是否能够完成，所以论文选题应该由学生自己决定”。事实上，选题的主体无外乎学生、指导教师、学生与指导教师这三种形式。不应该片面地去追求操作方便，而要返回原点重新深入思考毕业论文写作的意义，进而决定由谁来选题。从多年论文指导实际情况来看，选题一般由指导教师大致划定一个范围，学生在范围内根据自己的兴趣自拟几个选题，然后和指导老师商讨来确定一个研究方向。这样的选题既不会跑偏，又兼顾了学生的实际研究能力，论文质量也有保障。

除选题外，在指导完成毕业论文的过程中，教师也会遇到很多问题，概括起来大致有如下几方面：学生态度不够端正、学生学术研究能力不足、学生语言表达能力欠缺。想要解决这些问题，只凭借书本上的知识是远远不够的。在这一过程中，教师的引导和辅助很重要。教师可以通过教授课程大纲以外的内容、寓教于乐来提高学生对本专业的兴趣。此外，增加学生写作实践的机会、组织开展与专业相关的文体活动、进行文化实地探访，都可以对论文写作创新有所启发。在对学术论文创新问题进行全面探讨之前，我们首先对外语专业毕业论文选题过程中存在的问题和应避免的问题进行讨论。

一、存在的问题

（一）学生态度不够端正

部分学生在完成毕业论文的过程中会存在态度不够端正、为完成任务而撰写的心态。造成这一现象的原因主要包括以下几点。一是学生的个人认识。大部分学生对毕业论文的性质和意义了解不够通彻，因此会出现敷衍了事、潦草结尾等现象。多数学生将毕业论文视为一项有别于日常、必须完成的作业。二是中国高校的"严进宽出"政策。众所周知，学生只有经过"千军万马过独木桥"的激烈竞争——高考，才有机会进入高校就读。高考前紧张繁重的备考让很多学生将高校视为放松和养老之所，前三年就读过程中较轻的课业负担也使很多学生对毕业论文的重视度不够。可见，对毕业论文的要求不够严格，是导致学生态度不够端正的另一个原因。三是受到考研和就业的挤压。部分高校要求学生撰写毕业论文的时间是毕业前的最后两个学期。华东理工大学颜静兰教授在对 112 所高校英语专业本科生毕业论文写作情况调查中发现，把毕业论文放在第七学期的学校占 17.9%，把毕业论文放在第八学期的学校占 80.4%。而在当今"内卷"的大环境中，很多学生在第七、八学期会选择考研或求职，无法专心准备毕业论文。

（二）学生学术研究能力不足

外语专业学生在毕业论文写作中存在的问题主要包括选题不当、缺乏查阅及评价资料的能力、内容缺乏科学性和创新性①、正文论证连贯性与逻辑性不强、格式不够规范等②。英语专业学生的综合能力，特别是研究能力的不足已无法适应当今社会发展对高素质人才的需求③。那么，学生学术研究能力不足的主要原因都有哪些呢？

1. 缺少学术研究氛围

美国从 20 世纪 60 年代就已开始注重培养本科生的科研能力，美国研究型大学在本科生科研的组织结构、项目管理、时间管理、成绩管理、激励机制等方面均采取了有效措施④。而在中国，本科生研究能力的培养在教学中并没有得到充分的体现，高校学术研究氛围对学生的影响有限，且学生进行学术研究的动力与压力不足。

我国学术研究氛围在哪些方面可以提升？一是学术评价体系。在中国，学术评价体系主要以论文数量和发表刊物的影响因子为主要评价标准，这种评价体系使一些学者不愿意投入时间和精力进行深层的研究。二是学术研究经费。目前，学术研究经费相对较少，使得许多学者难以开展深入的研究。三是学术交流和合作机制建设。学者之间的交流和合作比较少，他们难以获得来自其他学者的启发和帮助。部分学者只关注自己的研究成果，不愿意与其他学者分享，也会造成学术氛围不够浓厚。由此看来，国内学术研究氛围需要政府和学术界共同努力，从改善学术评价体系、加大学术研究经费投入、提高学术独立性和自主性、完善学术交流和合作机制等方面入手。

2. 缺乏充分的学术指导

在学术研究中，学生可能会感到迷茫和无从下手。面对繁重的课业和复杂的学术问题，没有导师有针对性的指引，他们难以找到合适的研究方向和方法，导致学习效率低下，成果不显著。在学习过程中，学生往往只能浅尝辄止，无法深入理解学科的核心理论和前沿动态。这会导致其知识体系不够完整，难以打下扎实的学术基础。此外，缺乏学术指导的学生可能不清楚如何选题、如何构建论文框架、如何进行有效的数据分析和论证，这不仅会影响其学术成绩，还会挫伤他们的学术热情和自信心。

---

① 罗明江，柳辉．英语专业本科生毕业论文写作存在的问题及对策[J]．继续教育研究，2010(4)：154-156.

② 吴敏焕．英语专业本科生毕业论文的撰写[J]．陕西师范大学学报（哲学社会科学版），2009，38：257-259.

③ 顾佩娅，张烨，古海波．英语专业本科生毕业论文课研究性教学设计与实践[J]．外语教学理论与实践，2010(4)：44-51.

④ 刘宝存．美国研究型大学本科生科研的组织与管理[J]．江苏高教，2004(6)：117-120.

3. 相应的训练不足

在高校中，学生们普遍缺乏系统的学术训练，多数学生对论文的写作要求、程序和方法知之甚少，在完成毕业论文过程中遇到很多困难。其原因主要有以下几方面。第一，大多数学生不喜欢使用自己所学的语言写作，他们害怕出错，除非是为了应对教师布置的作业或是专业四级、专业八级考试前临阵磨枪；第二，任课教师平日里很少布置关于学术的写作任务，大多布置的是有关日常生活或考试真题作文的主题；第三，学生接触有关学术论文的机会很少，大部分学生对学术论文写作的流程和内容的了解十分有限。

（三）学生语言表达能力欠缺

外语表达能力欠缺是外语学位论文写作中的常见问题。学术论文在篇章布局、文体、段落过渡及句间的衔接和措辞等方面都有着严格的规范，这些内容需要学生们具备较强的外语表达能力才能够完成。而绝大多数学生由于受到母语负迁移的影响、外语专业知识不足够扎实、写作训练缺乏等，外语表达能力十分欠缺。

二、应避免的问题

（一）避免选题与专业方向不符

外语专业学位论文的选题要避免与专业方向不符。首先，作为外语专业的本科生，写学位论文必须围绕本专业所学的内容展开，不能脱离本专业。其次，外语专业主要培养面向世界的各种高质量人才，比如翻译、语言、文学等方面的专业人才。因此，在选题时要努力往这些方面靠拢，避免出现脱离本专业、让人一头雾水的选题，这会导致学位论文方向的错误。

（二）避免选题内容过大过空

外语专业学位论文的选题要避免选题内容过大过空。如果碰到一个自己觉得中意的选题就直接开始动笔，势必会被碰得头破血流。选题的主要依据在于“问题意识”，如果选择的主题没有可探讨的问题，也不需要整合和改进，那就没有选择和研究的意义。另外，选择的内容必须属于科学研究领域，而非生活内容和常识解析。举个最简单的例子，有些日常问题如“什么是幸福”“买完房子之后一定要买车吗”就不属于科学研究领域，不能作为外语专业学位论文的选题。如果作为赏析类文章，会给予人们一定的启示和帮助，但此类文章并不是真正的科学研究，因此不能作为学术论文的选题。

（三）避免盲目性选题

许多学生在进行学位论文的选题时有比较大的盲目性。他们往往会只根据较狭窄的资源以及手头的资料来确定选题内容，并没有对自己的知识水平、个人能力及兴趣爱好进行有效的评估，最后写出来的学位论文会十分枯燥无味。避免盲目性的最佳办法是“读＋问”，大量阅读使自己在头脑中形成对某一问题的喜恶和选择，面对众多主题需要问自己：“我究竟更喜欢哪一个？哪方面的研究能更好地发挥我的特长和潜力？”经过这样的过程，大概率会选出一个自己喜欢且擅长的方向。

（四）避免对论文考核的认知不够

在论文写作之前，相当一部分学生缺乏对这一过程的正确认识，出现了焦虑和畏难心理，无形中将论文写作视为一项被迫要完成的任务。还有些学生把教师的认可当成写作的最终目标，并过多地依靠指导教师，尤其在论文选题的确定上，更倾向于导师的意见或者希望导师指导方向，从而放弃自身的论文写作构想和意愿。这样就会导致论文选题确定容易，但是写作过程中无从下笔，甚至感到尴尬和艰难，无法进行正常的论文撰写。

三、学术论文创新的分类

在论文写作中有四种创新类型：理论创新、方法创新、实证创新和应用创新。

(1) 理论创新是指对现有理论进行扩展、修正或提出新的理论，使研究领域的理论知识得到新的拓展和深化。理论创新的重点在于对问题的思考，通过对已有理论的分析和思考，提出新的理论观点和思路。在某些研究领域中，理论创新可能是最重要的，因为这些领域的理论知识比较落后或者不完善，需要通过理论创新来拓展和深化理论知识。例如，在某些社会科学领域中，理论创新举足轻重，因为这些领域的理论知识需要不断地更新和发展。

(2) 方法创新是指对现有研究方法进行改进或提出新的研究方法，以此提高研究的精度、有效性和可靠性。方法创新的重点在于对研究方法的改进和优化，通过相异于之前的研究方法来解决既有问题。在某些研究领域中，方法创新可能是最重要的，因为这些领域的研究方法比较单一或者不够精细，需要通过方法创新来提高研究的精度和可靠性。例如，在某些自然科学领域中，方法创新就十分重要，因为这些领域的研究方法需要不断地改进和优化。

(3) 实证创新是指对现有研究结果进行验证、修正或提出新的实证结果，使研究领域得以拓展和深化。实证创新的重点在于通过对已有实证结果的分析和思考，提出新的实证结果。

(4) 应用创新是指将研究成果应用于实际问题中，通过解决实际问题或提出新的解决方案，使研究成果得到实际应用和推广。实证创新和应用创新的重要性取决于研究领域和研究目的，有些研究领域更注重实证创新和应用创新，如医学和工程领域。

综上所述，理论创新、方法创新、实证创新和应用创新是论文研究中的四种创新类型，分别侧重于对理论、方法、实证结果和应用的创新与拓展，它们的重要程度取决于具体的研究问题和研究目的。

四、学术论文创新的对策

要解决外语专业学生在毕业论文中存在的创新问题，需要从多个维度入手。下面将结合实际从四方面来探究。

(一) 提升学生科研水平

我国专注于提升学生科研能力的研究从 21 世纪 10 年代开始，许多相应的管理机制仍有待完善。只有完善对学生的科研管理机制，才可从根本上扭转学生对毕业论文的态度，增强学术研究氛围。在这一方面，可以适当借鉴西方已取得成效的方法。刘宝存在其论文①中详细地介绍了美国大学本科生科研的项目管理、组织结构、成绩管理、激励机制等内容，对提升我国高校学生科研水平具有很高的参考价值，在此笔者不再赘述。

(二) 增加论文写作课程

增加论文写作课程对解决外语专业毕业论文中常出现的问题有一定帮助，如对社会现况知之甚少、学术研究能力不足及表达能力较低。外语学科毕业论文若想提高质量，仅靠听几次讲座或上几节论文写作课是解决不了的。在实践中，可将毕业论文与一至四年级的课程相结

① 刘宝存．美国研究型大学本科生科研的组织与管理[J]．江苏高教，2004(6)：117-120.

合，在授课教师的指导下学生们大量搜集资料、举行小型课题研究、撰写学期论文或书面报告，可为毕业论文写作打下坚实的基础。此外，还可以在大学二年级下学期开设有关论文写作的课程，在大学三年级时布置并指导学生按照毕业论文的要求写一篇 3000 字左右的结课论文。

（三）细化教师指导

1. 改善教学方法，转变教学理念

提高教师学术指导水平最首要的任务是改善教师的教学方法，转变教学理念。现阶段国家提倡让教师转变教学理念，教学要做到“面向全体学生”“以学生为主体”，而绝大部分教师在实际的教学过程中无法做到这一点，可见国家倡导的这两条理念目前只作为一个口号，尚未得以实现。

若想实践这一教学理念，教师就必须改善教学方法。绝大多数教师在授课中更注重自己能教什么。而实际上，教师应多注重怎么去教，比学生学会一个知识点更重要的是启发和帮助他们怎样去学习自己感兴趣并有意义的课题。在西方教育体制中，应用比较广泛的一种教学方法是合作学习法。关于如何将这种模式应用于各式的课程教学中，国内已有学者做了不少研究。同样，教师也可以将这种方法与培养学生学术研究能力相结合，如采取小组合作的形式来完成某一写作任务。

2. 统一标准

无论写作课、毕业论文课还是其他课程的教师，在对学生的学术论文写作进行指导时，都要在写作流程、方法，特别是格式上有统一的标准，向学生阐明如何排版、如何引用、如何查找各种学术资源等内容。

3. 个人指导与团队指导相结合

外语毕业论文中出现的问题，仅靠一位指导教师来解决是很困难的。此时，全体指导教师应集中学习并统一评判标准，在讨论中共同分析指导过程中遇到的问题，集思广益解决棘手的问题。只有将个人指导与团队指导相结合，才能充分体现集体智慧的力量。

（四）细化创新对策

1. 挖掘研究问题的深度和广度，探索新的领域和方向

（1）研究文献综述。通过对相关领域的文献进行综述，了解研究的前沿和热点，发现已有研究的空白和不足之处。

（2）开展实证研究。探索研究问题的实际情况和存在的问题，进行有理有据的论证。

（3）拓展研究视角和思路。从不同角度分析和解决问题，有助于了解对象全貌。

（4）加强学术交流和合作。与其他研究者进行学术交流和合作，分享研究成果和经验，拓展研究领域和方向。

（5）借鉴其他领域的研究成果。将其他领域的研究成果应用到自己的研究领域中，拓展研究方向和边际，有助于边缘学科和新知识的生成。

（6）注重思考和创新。在研究过程中不拘泥于已有成果，而是不断探索新的研究方法和思路。

2. 创新研究方法和技术，提高研究效率和质量

（1）关注前沿技术。了解新技术的应用和优势，为研究提供新方式和新路径。

（2）整合多种研究方法。在研究过程中整合如实证研究、案例研究、问卷调查等多种方法，从不同角度分析和解决问题。

（3）利用数据科学工具。通过数据挖掘、机器学习对大量数据进行分析和处理，从中归纳出有价值的信息和规律。

（4）利用计算机辅助。利用模拟软件、统计软件等进行模拟和分析，有助于提高研究效率和质量。采用机器学习算法进行数据分析，可以提高数据分析的准确性和效率。

3. 强化学术道德，确保研究结果的真实可靠性，避免剽窃和抄袭

在实际研究中，必须强化学术操守，保证研究的原创性和客观性，避免剽窃和抄袭。创新虽然重要，但不能为了创新而不择手段。作为学术研究者，必须在初次科研活动中养成良好的科研学术习惯，时时提醒自己不伪造、不造假、不篡改、不抄袭，让成果真实而有价值。

五、学术论文创新的误区

学术论文的创新对于推动学科发展和解决实际问题具有重要意义，但也存在一些误区。

（1）创新不是为创新而创新，而是为解决实际问题和推动学科发展。创新只是一个过程，这一过程可能充满崎岖、坎坷和挑战，但依然值得我们尝试和践行。

（2）创新要有理论基础和实证支持，不能脱离现实。没有基础和实证支持的创新，就如天马行空，无法实现落地的目标。

（3）创新要具有可操作性，不能脱离实际。如果创新没有可操作性和可行性，就无法实现应用，也就失去了解决实际问题的意义。

（4）创新要遵循学术道德和规范，严禁抄袭和剽窃。作为学术研究的底线，抄袭和剽窃行为影响的不仅仅是当前的学术声誉，而且会给未来的研究和发展埋下隐患。

学术论文创新需要从多方面入手，包括问题的深度和广度、研究方法和技术、研究视角和思路、学术交流和合作、学术道德等方面。只有通过不断地创新，才能推动学科发展，提高论文的质量和影响力。创新是检验学位论文质量的重要指标，也是学生在学术和实践中展示能力和水平的重要途径。学生在撰写学位论文时，应该注重创新思维的运用，积极探索新的研究领域和方法，不断完善研究方案，以提升自己的学术水平和实践能力。

第三节　选题的价值

选题的适当性直接关系到一篇学位论文的合格与否，决定学位论文写作质量的关键和先决条件是学位论文的选题。毕业论文是高校在学位颁发前进行的一项最终测试，它检验了学生运用所学知识进行分析和研究的结果。毕业论文的题目应与学科特点相联系，具有较强的原创性和实用性。总体来说，题目应符合学科特点、与实践紧密结合并注重研究方法和内容。

一、价值性原则与论文选题的关系

在进行论文选题时，对选题的角度和内容要深思熟虑，保证其具有一定的价值。跟风赶时髦是论文选题中普遍存在的现象。只有真正地从某一角度给出问题的解决办法，选择当前领域中他人研究不完善的主题，或者已有研究但还有争议的问题，或者他人已有结论但与自己查阅文献观点相悖的主题作为论文题目，最后形成自己独有、有理有据的框架和结论，这样的论文才具有价值。目前还有很多人在写论文时忽略选题的价值，只进行一些简单原始素材的堆砌，没有自己的看法，对于从网上搜集的材料不进行仔细分析而写出流水账，或者选题的角度

过于千篇一律、没有创新。正是论文选题的初期没有认真思考,才导致在后期撰写过程中屡屡碰壁。这些问题的出现说明写作者的理论分类、综合、筛选、提取能力有待提高。

在选题前,需要先查找文献。那么应如何鉴别和挑选文献呢？文献可以分为原创文献、衍生文献、背景文献、方法文献和理论文献,其中抓住文献的关键词是十分重要的。搜索文献就如同大海捞针,而搜索能力正是科研的关键。因此,如何在浩如烟海的文献中准确选中自己所需要的文献,是对研究者能力的一种考验。新手在进行论文写作时,常常无法将自己的需求对应为较精准的关键词。学生可能对现实生活中的一些词语比较熟悉,但对专业词汇不太了解。在这一阶段,关键词要边搜索边挑选,通过大量的查找和逐步理解,逐渐找到属于自己的关键词。

如何确定一篇文献是否满足自己需要的条件呢？这主要可以参考以下几点。一是是否有作者署名,一篇正规的文献必须有作者的名字,没有署名的文献其来源和可靠性都令人生疑。有些作者习惯使用化名,此时我们也要谨慎思考,为什么该作者不愿意透露真实姓名呢？二是作者的资质,我们要了解作者的学历背景,即他是否有过专业的研究,是否具备一定的研究能力和相关的学习经历。三是作者的历史背景,我们在进行文献查找时还要注意观察这个作者是该领域的"新手"还是"专家",是为了蹭热点而胡编乱造的研究,还是真的深入钻研了一些问题。四是文献发表的媒介,查看文献的来源是通过网络还是纸质媒介。网络上的文献可靠程度参差不齐,纸质文献相对可靠,因为有正规的出版社,他们对于品质的要求会相对严格。五是出版的时间,出版时间越近表明越有可能包含最新的动态和发展,因此文献选择越接近现在的越具前沿性。当然经过时间的沉淀,一些经典会被保留下来,经典文献也具有他们独有的价值。

如何拟定一个有价值的选题呢？首先它应该是易于理解、突出重点的,即阅读者不需要反复阅读就能很好理解的内容。根据调查,首先,选题字数短比长好。一篇文章的题目越长,越不利于读者迅速把握文章主旨,而副标题可以适量放长。其次,直接比间接好。在选题时与其用一些修饰过多的烦琐文字,不如直接点明主题,把自己想要表达的研究内容直接说出来,以缩短读者的阅读时间。此外,文章还要具有吸引力,能够吸引阅读者,即让大家产生读下去的欲望。最后,选题一定要解决一个问题。明末清初的大学者顾炎武的观点尤为鲜明,他指出:"文须有益于天下,有益于将来,多一篇,多一篇之益矣。若夫怪力乱神之事,无稽之言,有损于己,无益于人,多一篇,多一篇之损矣。"我们不能将古老的书籍直接照搬,但至少要保证选题在一定领域内是有用的,对于本学科的发展产生正向的推动作用,而不是无病呻吟,让读者阅读时如同嚼蜡。正如严耕望所说:"假若你想你的工作对于别的研究者有较大的用处,甚至对于一般人也有用,换言之,希望它有较大的影响力,那就不能不考虑实用问题。"

有价值的选题从何而来？选题无非来自自己、前辈,以及一些学术刊文的论述。首先来自自己,一部分人的选题来自自己平时的用心观察、日常积累,在听课读书过程中听到或看到某些值得研究的问题就用本子记录下来,日积月累便会有很多选题可供选择,这样的方法既能防止遗忘,又可以培养科研意识,提高整理和分析能力。很多文学大家在文章发表的时候都不是灵机一动想出的主题,而是从他们日积月累、多次受到灵感启发而形成的独特视角出发,一旦有发表机会他们就会把想说的话加工成文章,这是许多学者共同的经验之谈。也有些选题是来自个人的工作实践,有些教师可能会在教学备课过程中对某一现象有了自己的观点,或者职员在去公司途中看到了某些事物产生了想法。还有部分选题来自师友,学生对老师上课时讲述的某句话产生了兴趣,或是朋友间的玩笑等,这些都会成为选题的来源。除此之外,还有部分选题来自对学术刊文的阅读。一些专业学术期刊会描述当下的热点问题，如果平时有阅读期刊的习惯，可能会从中找到灵感突破点为论文选题提供素材。为了帮助学生解决因找不到主题而无从下手的烦恼，有的学校会为学生提供十个参考主题。由此看来，在选定论文题目之前，询问一下老师的意见和看法也是一个不错的选择。总之，在进行论文选题时我们要尽可能地发挥专业特长并借助一切可能的条件和机会，不能凭空而论。正如《论语·述而》云，"子曰：盖有不知而作之者，我无是也。"

选题是我们论文撰写时的起点和方向，选题得当往往能够事半功倍。在选题时我们要学会换位思考，站在审核者的角度去审视自己的研究。换句话说，一个好的选题不能仅满足于被同领域的专家认可，更需要打动圈外的专家，甚至是一般读者。只有在激烈的竞争中得到认同，才具有较高的实践价值和研究价值。选题代表的是自己研究贯彻的理念或概念，所以研究者要始终不渝地坚持自己的方向，而不是遇到困难就更换选题。频繁地更换主题，代表自己对论文不够自信，那样很难写出有价值的内容，也不利于自己输出观点。此外，选题切忌空中楼阁，如果不从小处入手，一味地追求大而全，很容易写出一个空壳论文，失去深度和价值。有人认为，只要论文选题足够大，在撰写过程中就有内容可写，实际上这样的想法是完全错误的。

此外，在选题过程中我们很容易掉进几个陷阱。第一，认为选题就是简单地选择一个题目。当然，这是目前新华字典里给出的较为官方的解释。我们为什么要把它当成一个陷阱呢？因为正是这样简单的解释，让一部分人忽略了选题的重要性。经过学习，我们了解到无论从静态还是动态的角度分析，选题都不仅是选择题目这么简单的事情，而是为一个庞大的工程确定一张蓝图。第二，执着于创新。在选题的过程中，并不提倡过度创新。因为题目最重要的是让阅读者理解作者想要表达的思想，所以创新应该在写作过程中进行思维的创新，而不是追求主题内容的创新。第三，热衷于填补学术空白。学术空白，顾名思义就是别人没有研究或涉及过的领域，很多人认为这样的论文选题一定很新颖，但是在论文实际撰写过程中难度是很大的。在我们平时查阅的文献中，很少看到关于空白领域的研究。一方面，因为这类论文在撰写过程中很少有参考资料和依据，也就难以坚持下来。另一方面，空白领域的论文写成了也不容易通过审核，因为这种论文很难被专业人士认可，他们对学术空白的研究是具有排斥心理的。第四，同一选题的论文过多，是否应该更换？在选题之前，当我们有一个突发奇想的主题随即去知网查找相关文献，往往会发现已有很多人写过类似的题目，这时我们一般会想是不是这个观点太大众化，不适合写。其实不然，遇到这种情况，反而应更有信心写下去。因为如果很多人已经研究过，就可以在已有研究基础上创新和拔高，这样写出来的论文更具有研究意义。反而如果我们查的主题几乎没人研究，这时要谨慎。事实上，一篇文章是否具有创新性和研究者的多少没有直接关系，并不是说学术空白的选题就是新颖的，这在理论上是说不通的。

总体来说，一个有价值的选题往往能够照进现实、具有有益的启示，甚至能够推动社会的发展。此外，好的选题还具有前瞻性，能够对社会某一现象进行预判，在自己知识能力范围内选择将来可能成为前沿和主流的话题。总之，选题要懂得融会贯通，站在前人的肩膀上进行有理有据的论证和创新，形成具有个人特色的研究风格和系统。

二、有价值选题的原则和标准

（一）提升职业能力，满足社会需求

撰写毕业学位论文是高校学生在校期间要完成的最后一个学习任务。作为专业教学的一个环节和补充，这一阶段提升学生的职业能力十分必要。在外语类论文指导过程中，教师要注

重培养学生的社会实践能力、提升学生的就业竞争力，满足社会对复合型、应用型人才的需求。中国企业走出去需要一大批精通当地语言、了解当地文化、具有国际视野的国际化人才。因此，外语类教师在指导学生选题时应重点关注国内外关于共建“一带一路”国家和地区的人文、经济、贸易等领域，了解其研究现状及未来发展趋势。

同时，也要注意对学生进行实践思维的训练。当前，高校外语教学中缺乏对大学生语言运用能力、跨文化交际能力和创造性思维的训练。因此，教师们应通过多种途径了解社会需求，通过论文指导培养具有前沿理念和实际操作能力的复合型人才。指导过程中，还应根据主题内容，引进新知识、新理论、新成果、新观念，如利用互联网和其他媒介了解当前的社会热点事件，考察企业的人才需求状况等。通过“以终为始”的研究和考查，让论文选题更贴近现实、满足社会需求。

（二）避免因循守旧，体现自主创新能力

创新是一国发展之魂，是一国强盛之源。在未来，高校必须培养出大批具有扎实专业知识、人文素养和科学素质，并能够进行创造性劳动、富有创新精神的高素质人才，以满足国家建设与发展对人才培养提出的新要求。毕业论文的独创性要体现出学术价值，主要表现在三个层面上：第一，新颖的题目，即从一个独特的视角来看问题；第二，独特的框架模式，对前人不全面、不合理、不完备的归纳分类方式进行改进和整合；第三，创新的研究方式，同样一个主题，运用不同的研究方法可能会得出意想不到的结果。

在选题过程中，教师应激发学生学习兴趣和积极性，同时建立科学、合理的评价机制，充分肯定学生学习过程中的优点和进步。为培养学生的自主学习能力、实践能力和创新能力，在教学过程中可选择一些有利于充分挖掘学生潜力、扩展国际视角的前沿选题。例如“‘一带一路’背景下移动支付在越南的发展探析”“汉日网络流行语研究”“汉语在韩国语学习中的正迁移作用”“俄罗斯就业者学习汉语的动机探析”等。

随着经济全球化、互联网＋和移动智能终端技术的发展，几乎人人开始使用智能手机等电子产品，这带来了一些新的问题。比如，在外语环境中如何保障个人隐私权、怎样真正做到“网络＋教育”等。这些问题既是现实问题，也具有创新价值。对于外语专业学生来说，可将这些问题的对象着眼于所学语言的目的国。通过学习这些国家具体的应对方式和政策策略从中汲取有益的启示，进而指导本国的应对策略。那些被关注而尚未得到解答的问题，正是我国社会十分期待的。例如“外语专业大学生心理健康特点及其问题疏导方式”“外语专业在新媒介条件下教育教学方式的变革”“外语专业英语学习中的迁移策略研究”等。在选择课题的过程中，既要注意对既有文献资料的借鉴，又要实践对文献资料中尚未涉及问题的探索。

尽管之前已有很多有关选题价值方面的文献回顾，但若要在某个领域中取得突破，仍需展开深入的理论探索。在所学知识基础上提出可行的新研究方案，将会为毕业论文选题提供新思路和新方法。例如，对外语学习中的某些偏误问题进行纠正和澄清；提出翻译学科中普遍存在的母语负迁移问题的解决方法。在选题创新过程中，要根据学科特点和自身条件来取舍，不能为求新而背离现实需求。

（三）注重实践价值，服务地方发展

怎样适应社会需要来进行专业教育？这是目前大学面临的实际问题。通过学位论文的指导和撰写过程，让学生对高等教育的改革动态和发展趋势有更深刻的认识，不仅有利于高校摸索与自身现实情况和社会需要相适应的人才培养模式，还能够更好地推动高校教育服务于地方经济和社会发展。

学位论文的选题要体现一定的理论意义和实践价值，若能得到学术上的支撑，并具有一定的科学性和实践性，再提出一系列行之有效的解决方案，将会对实践起到很好的指引作用。对于外语专业而言，“中外文学关系”是一个非常重要的研究课题。国内外很多学者对此进行过深入研究。从中国角度而言，文学理论研究中较多关注中国古代文学，对现当代文学研究关注较少；从外国角度而言，外国文学研究中较多关注西方文学理论，对中国文学理论关注较少。因此，论文选题可从中外文学关系入手。新媒体技术的快速发展给语言文化环境带来了非常大的变化，不仅使得语言文化理念发生了很大的变化，还进一步丰富了教学课程的具体内容，改变了之前的教学环境，使得学生对中西文化知识的学习以及活动的积极性得到了提高。与此同时，中西文化教育的有效性也逐渐得到了提高，更好地促进了语言文化的发展。[①]因此，有关于“中西方语言教学对比”“新媒体时代下中国小说翻译的机遇与挑战”等就是从现实出发、对语言教学和翻译理论研究都具有实践意义的选题。

在服务地方发展方面，以广西民族师范学院 2020 届越南语专业为例，可选做一些“立足崇左、服务广西、面向东南亚，培养适应国家‘一带一路’倡议发展需要”的选题。例如，学生在实习期间遇到的具有可操作性和实践性方面的选题“跨境电商模式的研究”“对越南大学生消费观念和方式的调查问卷”“对越南大学毕业生就业情况的调查”等。类似的选题与地域特色紧密结合，体现了服务地方发展的视角和取向。

（四）联系电子商务，紧跟时代步伐

就外语专业来说，大学毕业论文的题目应与专业特点相联系，注重实用性，突出专业性。在商务外语领域，可将“电子商务”作为毕业论文题目。电子商务在当今社会已成为企业重要的经营模式之一，与传统商业方式相比，电子商务以其特有的优越性打破了时间和空间的局限，使货物的买卖更加方便灵活。因此，如何提升消费者在电商交易中的工作效能与用户感受，已引起社会各界的广泛重视。

电子商务是一种以互联网技术为依据、信息网络为媒介，在世界各地开展的一种商业行为。它的具体形式包括以互联网为核心的网上销售、网上服务及与之有关的物流等。网络技术与现代电子商务技术结合后发展迅速，已经成为一种社会潮流。电子商务与公司内部的经营模式、外部的市场环境等都有着密切联系。电子商务中的产品研发、企业战略规划、法律与政策、交易模式、企业网络营销和商业银行网络服务等方面问题都是当前我国学术界较为关心的问题。对于外语专业学生来说，应在学习外语过程中对自己所学的相关理论进行深入研究，并通过毕业论文体现出来。如外贸类大学的毕业生除了要具备一定的外语基础外，还要对外贸类学科有一定的认识。因此，可将“国际贸易”作为选题进行全面、深入、多领域的研究。在此过程中，既要借鉴国外有关国际贸易的理论和实务，又要与专业密切相关。

（五）围绕学科中心，体现专业特色

由于外语学科的研究领域不清晰，在具体专业建设方面，知识体系、课程体系构建也基本各自为政，按不同语种和各自对相关专业的理解来设置研究领域、专业方向和课程体系。外语学科各二级学科专业没有明确的研究目标和发展导向，就不能形成应有的合力开展有组织、体

① 杨国．新媒体环境下高校中西语言文化教学模式的创新[J]．记者观察·下旬刊，2020(6)：142.

系化的科研，也就难以对重大课题协同攻关并产出标志性学术成果。[①] 因此，对毕业论文进行有效的指导，可成为提升外语教学效果、推进外语科研的重要环节。

专业特色是指学科发展历程中产生的一系列鲜明的个性特点。外语专业包括许多不同的学科，这些学科相互关联、相互影响，并在不断探索与发展中逐步形成各自的特色。外语专业的培养目标一般以听说、读写、互译能力为基础，不仅要求学生了解目的国的国情与文化特点、国别和区域研究及跨文化研究的基础理论和基本方法，而且要熟悉目的国的历史、社会、政治、经济、文化等方面的知识。学生只有了解世界历史和国际社会关系，才能够从宏观上把握国际发展形势，具有敏锐的国际眼光和国际视角。鉴于此，毕业论文的选题一定要与本学科的专业特色紧密结合，通过论文体现培养目标的达成度，保证"学科中心＋专业特色"的全面贯彻。外语类专业的学生可围绕"翻译理论与实践"这个研究方向来选择自己的论文题目，通过对翻译理论和实践展开系统、全面地讨论，为翻译研究领域提供一些借鉴。此外，随着"互联网＋"的发展，网络语言在中国的应用越来越广泛，越来越多人开始把它当作一种日常用语来看待，有关互联网与外语的关联性研究也被更多人列入选题范围。

此外，在体现专业特色方面还应注意一些问题。如学位论文的选题要与自己的专业水平相适应，不要太过贪心或脱离实际，不要一味地寻找难度较大或较小的题目。再者，毕业论文撰写是一项长期而又繁重的工作，其面临的问题多种多样，包括系统分析、综合、比较、总结等研究方法的选择和运用，任何一个小环节出现问题都可能会造成体力、精力的无谓消耗和浪费。有意识地避开一些可预测的问题，可以大幅节约时间、提高效率，用最短的时间、最少的精力写出一篇紧密围绕专业、体现学科特色的文章。

从大学外语专业的角度来看，大学外语专业毕业论文的选题价值与其专业发展有很大关系。从分支的角度来看，主要集中在"语言"与"文化"两个方面；从人文科学的角度来看，主要集中在"人"与"文化"两个方面；从高校的角度来看，更多集中在"教师"与"教育"这两个概念上。因此，在选择毕业论文时，只有把握好这几个关键问题，才能充分发挥选题的学术价值和实践价值。

第四节　选题的方法

作为论文写作的第一步，选题决定论文的方向和领域，采用哪种方法、如何展开论述、怎样用论据支撑论点，都需要做深刻的研究。在选题上，尽可能挑选一些有新意、有价值、有实际意义的主题，避开过时、陈旧的主题。同时，注重与本专业的学科发展趋势保持一致，并与现实生活进行关联，这样才能实现其学术价值和实践价值。掌握科学的选题方法，可以让论文写作事半功倍，具体方法将从以下几个方面做细致论述。

一、把握学术动态，取舍有度

究竟应该"攀高峰"还是"开荒地"？对于这个问题，很多学生都有困惑。"攀高峰"是选择别人已研究的主题，在此基础上进行深挖、拓宽，并延展出新内容。而"开荒地"则是选择别人未涉足的领域，需要自己独辟蹊径，在先行成果基础上进行开拓。相较于"攀高峰"，"开荒地"

① 查明建．高等外语教育高质量发展与学科专业体系建设[J]．外语界，2023(1)：5.

的难度更大。对于两者的选择，没有固定的答案，应根据实际情况决定。

对于“攀高峰”，可以在众多“高峰”中选择一个自己感兴趣的领域，但应注意的是，不要挑选那些过于久远或者已经被“扒干净”的主题。过于久远的主题，一是失去了时代性和研究价值；二是查找资料方面也很难做到精准和科学。而那些已经被前人研究得十分深入全面的主题，再想有所创新和突破，可谓势比登天，也很难实现研究目的，只是将别人已经消化的东西重新咀嚼一遍，没有任何现实意义。

“开荒地”对于大语种来说比较难于找寻领域，而小语种的可选范围则较为广阔。毕竟像英语这类语言由于学习者和研究者众多，其受众群体和研究群体也自然体量庞大，而对于俄语、日语、德语、法语、韩国语、西班牙语这些语种来说，值得研究的突破点和作为外语研究未涉猎的领域仍较为广阔。近年来，尽管国内对语言学习方法以及有关的理论和实际问题进行了持续探讨，但更多的还是来自国外。若能结合本人所学习的相关专业理论和一线学习实践经验，在此基础上进行探讨，会使研究更具实际意义。特别是那些在国际上已经完成或正在完成，但在国内还没有完成的主题，可以作为一个重要的研究选择方向。

对于外语专业类的论文选题，首先必须对本专业的方向特点有所掌握。如外语方向为韩国语，就要对韩国语语言、文学、文化从整体上做到心中有数。以韩国语语言学为例，它不同于汉语的独立语，属于阿尔泰语系的黏着语，这种语系的特点决定了它具有高度发达的助词和语尾，语法表现也主要通过助词和语尾来完成。那么，如果选择韩国语语言学作为主题，就必须围绕中韩的语法差异进行论述，以保证在撰写过程中有主干、有方向，不至于沦落到方向迷茫、无话可说的境地。在以外语方向为特色的选题过程中，应遵循如下原则：第一，根据自身的研究目标及其预期达成度，选择研究小方向；第二，根据自身的研究能力和兴趣爱好，寻找与学科特色相适应的理论与实践方法；第三，结合语言和文化本身的特点，将专业知识深度融合；第四，抓住学习过程中遇到的实际问题，用实践经验尝试提出独辟蹊径的解决方案。可以说，在目标明确、了解自身能力和兴趣的基础上，将专业特色和实际问题相结合确定的选题，一定具有显著的专业特色，并能解决作为第二外语学习者在实践中出现的“接地气”的真实问题。

社会的发展方向决定了一个学科的研究动向，掌握本领域的发展动向，有利于高屋建瓴地开展课题研究。为了更好地掌握某一领域的发展动向，必须掌握它的最新动态，使研究更具前瞻性。例如，由于计算机科技在教育界的运用越来越普遍，外语教育界也逐步进入计算机辅助教学时代，在此期间涌现出许多关于计算机辅助英语教学的研究成果。近年来，计算机辅助教学(CAI)在英语教学的应用领域取得了不少进展，重点是CAI课件制作、CAI教师培养、CAI材料研制等方面。那么以CAI为中心形成的论文选题，就可以作为一个参考项。

根据学科发展趋势选择论文选题，要关注两个问题。第一，明确自己研究的主题与该发展趋势的关联性。如果研究主题与某一发展趋势不相关，或者没有太大的联系，在确定论文选题时就不能生搬硬套，否则会十分牵强。第二，要注重选题的时效性和实用性。尽管在大部分人看来，某一领域的研究结果是最近几年才涌现出来的，但随着时代和科技的高速发展，这一领域的研究结果将迅速从凤毛麟角变得多如牛毛，再想要找到新的突破点就会比较困难。因此，发展动向的考查要和先行研究的广度和深度相结合，这样才能找到真正需要研究的领域。

二、了解自身优势，以小博大

在选题方式上，前面讲到了要对所学学科有所认识，把握其发展趋势和动向，并在选题中突出自己学科的特点。除此以外，外语类论文选题时，还应限定自己所从事的领域、了解自身优势，尽量避开无关主题。例如，外语系学生可对在国际交流中的英语运用状况进行研究，并提出提升英语运用的策略；英语教学专业的学生应掌握国家在经济、科技、文化、教育等各领域对英语教学的要求，以此作为边界开展研究；经贸英语专业的学生必须对英美国家的经济文化交流现状和发展动向有所认识。

教学方法论是对外语教学理论、方法、手段及怎样改进外语教学进行研究的一门科学；而翻译是从语言学和修辞学的观点来探讨翻译与语言现象的联系，并对其规律、发展趋势等进行探讨的学科。因此，站在“师者”“译者”的角度去研究教学法和翻译法，是一个很有实际意义和价值的研究课题。随着科学技术的进步，外语教学出现了一些新趋势，如多媒体教学、网络教学、智慧课堂教学等。新媒介技术的运用，使外语教学得到了推进，一方面开阔了学生的视野和眼界，另一方面为教学研究提供了更具个性化的主题选择空间。那么，自身优势都可以从哪些方面挖掘呢？

（一）充分利用国内外相关文献

作为外语专业学生，能够便捷地接触外国本土文献并无障碍阅读是有别于其他专业的一个重要优势。论文在撰写过程中，不仅需要查找国内的研究进展，国外的研究进展也同样需要关注。外语专业学生可以直接进行外文文献的查找和阅读，这样不但节省了等待文献翻译的时间，而且可以读到原始文献，避免了误译带来的麻烦和问题。因此，外语专业学生应充分利用在撰写学位论文方面的学科优势。某一领域的前沿研究，很多时候都是由某一国家首先发起的，对于学科新近的探索，有赖于这一语种的外语学习者作为桥梁进行引进和介绍，而通过论文进行传达、吸收和消化，无疑是一个明智的选择。一方面，这样的论文选题真正发挥了外语学习的优势；另一方面，这样的论文选题可以让国内获得前沿研究信息。例如，某外语专业学生对影视翻译比较感兴趣，那么关于国内外电影翻译的理论，如电影语言、电影文化、电影翻译方法等内容都可以作为研究对象，在此基础上形成自己独特的影视翻译理论。

除了网络文献资料外，参加国际会议也是获得选题灵感的重要途径。一般国际会议都是围绕学科前沿选择主题的，而且会议论文大多通过英语撰写和英语发言，对于英语专业的学生来说既是开阔视野、锻炼口语表达的好机会，也是搜寻论文主题的重要契机。例如，某个发言人的论点中提及了自己感兴趣的话题，或者对自己一直苦闷的问题给予了一点启发，沿着这一话题和启发继续深挖下去，发现这一主题尚存较大的研究空间，由此形成自己的论文方向，也是一种获得选题的方法。

需要注意的是，在选题过程中不应仅从现有的研究目标出发，而忽略了自身的适用性。阅读完国外文献后内心澎湃、好高骛远，是很多学生在选题前期容易犯的错误。一旦目标过大，很可能在实践中发现力不从心、无法善终。只有将国内外先行文献和自身能力及优势有机结合，才能更好地发掘自己的研究潜力。

（二）聚焦国内外热门话题

如果对于国外文献的搜集并不十分擅长，也可将视角聚焦于国内外热门话题。随着社会的进步，英语教学得到了世界范围内更多人的关注。在当前国际经济危机的冲击下，各国公司纷纷思考着怎样运用有限的资源提升公司形象。以日本丰田为例，它在经济危机之后推出了一项“百人计划”，以提升员工的外语语言能力。当前，很多国家的跨国公司都在通过提升员工的英语水平来改善其公司形象。以此类热门话题为中心，具体研究社会层面外语培训方式的优势和劣势，也是将外语教学研究与时代发展相关联的一种选择。

随着“入世”，我国与世界各国的经贸和文化交流更加紧密。我国的制造业和出口总额位居全球首位，经济地位位居世界第二。中国在世界的地位正在上升，全球影响力也越来越大。与此同时，中国企业也受到了空前的冲击。很多公司开始把眼光转向国外，这就对英语人才的需求量骤然增加。总体而言，我们的英语教学与世界其他国家的英语教学相比仍有很大差距。在新的历史条件下，为满足经济全球化的要求和实现民族的伟大复兴，提升中国企业在世界范围内的竞争力，已是刻不容缓的任务。为此，如何提升英语的听说读写译能力，成为当下人们关注的热点。站在第二外语学习者的身份角度，以英语学习兴趣为中心，摸索提高学生英语口语表达和交际能力的捷径，也是一个不错的选题。

可以说，外语教育既要教授语言的知识与技巧，也要使其对目的国的文化与观念有所认知。这一观念的产生是建立在使学生具备认识、学习、研究西方思想基础上的。聚焦国内外热门话题选题，如立足国际金融危机、互联网时代和生态环境保护等现实问题，都可以在一定程度上彰显自身优势和独特一面。

（三）认真听取指导教师建议

在选择毕业论文题目时，学生要多与导师沟通。因为，教师在科研方面已有一定的基础和经验，如果对导师的研究方向和重点有所把握和了解，对导师的研究成果和学术动态有全面的认识，就很有可能从导师处获得有关选题的信息和数据，而这些信息在他处很难获得。学生遇到的各种问题，诸如不知从哪里入手选题、不清楚自己所选的题目是否有价值、不知该怎样安排论文框架和结构、对如何撰写一份优秀的学位论文感到困惑等，都可以通过和导师的交流得到答案或启示。

在与导师沟通时，要真诚直观地阐述自己的观点或遇到的问题，以便得到导师的协助或指引。一名负责任的导师，会以研究经验为基础，指导学生选择与自己研究方向相似或自己指导能力范围内的课题。而对于自己不擅长的领域，导师一般会有两种建议：一种是要求学生寻找充分的论据论证选题的可行性；另一种是鼓励学生在此基础上进行全面深入的探讨。事实上，指导学生撰写论文也是提升导师研究能力、拓宽研究范围的一种途径。

不仅如此，学生在撰写文章过程中也会遇到一定的困难，主要可能表现在论文主题与前人研究结果重叠，主题过大或者过小导致正文无法展开，题文不符造成偏题或跑题等。如果出现以上问题，一定要及时与导师沟通，尽量将问题扼杀在萌芽状态。除此之外，若遇到更大的问题，或是完成论文的时间出现了延迟，就要依据自己的安排、能力和精力来决定是否推迟答辩和毕业。总之，从论文选题到论文撰写完成和答辩，每一步都要在导师的指导和要求下完成，尽量做到按时着手、按时开题、按时动笔、按时完成，以确保顺利答辩和毕业。在任何一个步骤进行之前，都应事先做好相关的准备工作，为下一步研究打下基础。

三、紧密贴近现实，与时俱进

外语专业的毕业论文在选择题目时，很容易与实践需求相去甚远，所以在确定选题前有必要进行社会实践，这样觉察出的问题才具有现实价值，而不能只停留在书本层面。在语言学领域，我们可选“英语语音教学中母语负迁移问题及对策”“英语词汇教学中存在的熟词生义问题及对策”“英语听力教学中的连读和吞音问题及对策”等专题，通过实践分析找出适合当下语言领域的专题，并结合具体案例提出解决方案；在翻译学领域，可选“论网络用语翻译的可译性和不可译性”“跨文化交际视角下翻译的文化差异”“特殊语境下翻译的互文性问题研究”等专题；

从第二语言学习角度而言，可选“论母语学习对第二语言习得的影响”“外语学习的知识层面与文化层面”“外语学习与文化传播之间的正迁移和负迁移关系”等专题；从英语文学角度，可选“美国当代文学作品中男性化女性形象研究”“‘文化失语症’与英国当代文学的创作现状”等专题；在其他方向上，可从跨学科的角度选取发散性思维的主题。在与时俱进方面，应考虑贴近以下原则。

（一）直指社会核心问题

对于当前社会的热点问题，在研究时要注意体现出时代的视角和眼界，站在研究者的高度去分析和解决问题。例如，目前高校就业压力大已成为人们关心的焦点问题。而学生就业难的根本原因在于，在学校学习过程中所掌握的理论与实际工作相脱钩。因此，在毕业论文撰写过程中，我们可选用诸如“论我国大学外语类毕业生就业难的原因分析”“高校外语毕业生就业困难的解决对策”“提高英语专业学生就业竞争力的对策和方法”等主题来撰写。

此外，网络用语中的新词汇现象，也是一个很受欢迎的主题。例如，有关英语“数字”与“元语言”的问题，我们可选择“论英语中‘数字’与‘元语言’现象”“‘网络语言’与英语‘元语言’现象初探”这样的主题。此类主题一般先行研究较少，但在前沿性方面更胜一筹，很多人对于新兴社会现象的研究抱有十分浓厚的兴趣，作为结论性的研究课题，核心性主题可使我们的研究取得较好的社会反响。这既能使毕业论文更具针对性，也能使社会核心问题得到更广泛的关注。

（二）新颖中彰显个性

外语类学位论文与中文类学位论文类似，无法将每个涉及的语言问题都罗列出来，这样不仅让人觉得很啰唆，架构也不够完整。所以在选题上要敢于突破固有框架的束缚，在根基稳固的前提下凸显自身特点。

首先，我们可以选择一些有挑战性的课题作为切入点。例如，“以产出导向法为中心对高校英语教学改革的思考”“高校英语听说能力产出式培养模式的探索”“高校外语专业学生阅读能力翻转培养研究”等，此类选题通常是针对新情况、新问题的调查与讨论。此外，还可以选择“旧瓶装新酒”的主题，即看起来很陈旧但其中的问题很有研究意义的主题。又如，“中外文化对比研究中的‘异文’现象研究”“中外文学作品中叛逆型女性形象比较研究”等，这类论题均以文献研究为基础展开，其学术价值已延展到了文化范畴，即上升到对人类社会普遍问题的探讨。

其次，在选题过程中我们还应防止“大同小异”，从整体上突出选题的特色，在题目选择上具有独特性。从自己熟悉的领域着手，可以防止选择范围太广，不符合实际状况。比如，在有关以“外国文学作品中女性形象研究”为中心的选题上，可以从如下角度展开：国外文学作品中的女性形象比重；域外文学中女性的特点；域外文学中“女”对“男”的影响。对国外文学中女性形象进行研究，不仅有助于加强对国外文学女性形象的认知和剖析，而且有助于我们提高外语文学水平、增强对人类共性问题的理解和认知。

（三）以可操作性为基础，挑战难度

选择切实可行的课题，是确定主题的先决条件。可操作性不是唯一标准，还要有一定的难度。虽然简单的题目可以轻松驾驭，但很容易形成大范围的雷同，甚至是剽窃。在撰写毕业论文时，如果在理论方面有欠缺，不懂得如何论证某个问题、如何支撑某一观点、如何得出一个有价值的结论，那么简单选题的论文大概率是重复已有研究的内容，在架构重组的基础上形成一

篇价值不高的论文。触手可及虽然具有可操作性,但简单的摹写对于科研能力的培养和撰写能力的提高几乎没有帮助。

在读学生不是专门的科研工作者,没有精深的知识和技术,对于文献资料和理论知识的理解也不是很透彻,这就要求我们在确定毕业论文主题时,尽量挑选一些有创新价值、贴近实践问题探索的主题。如果无法在难度方面有突破,就要去寻求一个有新意、有价值的切入点和立足点。例如,以基础外语学习为专业的学生可选择"高校外语专业学生口语能力现状调查与分析""大学外语教学中文化因素缺失对口语能力的影响分析"等实践专题进行口语能力分析,还可选择"第二语言习得过程中母语与外语的交互作用研究"等专题进行二外和母语关联性的研究。

(四)与时代为伍,让科技赋能

当今世界,外语教育已步入信息化时代。随着计算机技术的不断发展和互联网的日益普及,外语教育与信息化的连接越来越受到人们的重视。对于外语师范专业的学生来说,在未来从事外语教学的过程中,需要对现代教育技术和信息技术有深刻的认识,并能熟练应用这些技术。在把握国内外语教育发展形势的基础上,了解国外语言教学现状及发展趋势,掌握当代语言教学改革与发展脉络,以此开辟具备前沿思维的信息化研究领域。

针对当前的外语教学改革,应从外语教学方法、教学理论、教学实践等多角度进行探讨。此外,随着新课改的深入,外语教育也面临着许多新问题。例如,如何运用现代信息技术进行课堂教学、利用多媒体技术进行外语教学的问题和瓶颈等。这就要求学生们不仅要埋头苦干,还要抬头看路。在夯实外语基础的前提下,研究过程中还要提出与时代紧密相关的新问题、探索科技与外语相结合的新领域,注重挖掘既有学术价值又有实际应用价值的前沿主题。

总体而言,外语专业的毕业论文在选择题目时,要与本学科的发展方向以及社会现实情况相关联,注重与现代信息技术、互联网技术等相融合,这样才能保证论文的独创性和实用性。

四、选题的具体方法

以上是从宏观角度对科学选题方法的论述,如果有些同学希望通过自己独立的研究进行选题,应如何操作呢?

(一)阅读提炼法,在自己熟悉的领域内选题

作为外语专业学生,对本专业的研究不一定有非常全面的了解,对于热门的选题或者研究的动态也没有很好地掌控,所以要尽量在自己熟悉的范围内选题。然而,这需要大量的阅读,选择自己感兴趣的文献和资料,在阅读和比较中寻找适合自己的研究内容。一般可以分为以下几步进行。首先,大量阅读资料并做好笔记。对每一篇文献的作者、主要观点、主要内容做好记录,特别是对自己影响深刻的观点或论据要有重点、选择有代表性的记录。其次,整理笔记。对所有资料进行分类、排列和组合,从中发现问题。比如,对于该选题目前有哪些研究成果?还有哪些不同的观点?代表的研究专家是谁?有哪些问题还存在争议?争议的点是什么?还有哪些研究时发现的不足?最后,将自己在阅读研究中的感想和资料分别加以比较。如资料中有哪些缺失的内容?哪些感想虽然资料已经包括,但自己对此有不同的看法?哪些感想和资料是大部分一致的?哪些感想是在资料基础上的深化?多经过几次深思熟虑的思考后,就容易产生自己的想法。只要能把这种想法及时抓住,再作进一步深入思考,选题的方向就会逐渐明确。

（二）假想论证法，在自己深入思考的领域里选题

平时的积累阅读中一般都会产生自己的想法，或对某个问题耿耿于怀，这时可以通过查阅资料来验证自己所想是否具有可研究性。一般会有以下几种情况。一是我们想到的选题别人已经做过了，也就是代表自己的想法已有前人做过相关的研究，而且研究也较为成熟了，这时候就要考虑另找选题了。如果只是部分内容与别人相同，就要找出自己的研究内容中与别人非重复的部分进行重点突破。二是自己的想法有人研究，但是侧重点不太一样，而且自己的想法是对其他人研究的补充，那就可以大胆地去尝试了。三是如果自己的想法还没有被太多人研究，而且自己也没有特别充分的论据来论证，专业就读阶段还没有能力去填补研究的空白，建议重新构思、重新选择主题。

（三）灵感一现法，在突发奇想中选题

我们平时可能会有这样的经历，上课、看电视剧或者看新闻的时候，因为某句话、某个画面或者多个场面重复的情景让人觉得特别有意思，就会突然灵光一现，尽管这种想法很简单、很朦胧，也未成型，但是千万不能轻易放弃。人们常说写文章必须“有感而发”，这个“感”就是大家所指的“问题意识”，它是形成选题之前的雏形。可以查资料深入地研究一下，说不定还会有新的发现。因为这种思想上的火花看似是突然出现的，但往往是在对某一问题做了大量思考之后的理性升华，如果能够及时捕捉，并且顺势追溯下去，最终形成自己的观点，就是很有价值的选题。

（四）旧题新做法，改换新的视角选题

人们往往会对已经多次研究的选题采取回避态度，认为这属于重复的选题，但其实不尽然。对待同一个问题，后人总是会从他们当时所处的时空环境、当时的认识水准以及个人特有的角度出发来研究前人因时空变换、观念更改、方法进步而形成的认识深化。对待同一个问题换用另一个新视角去研究，结果往往是角度轻微一变、新意即出。当然，这对研究者的能力有非常高的要求，也需要对前人的研究内容做十分透彻的分析，否则就是真正意义的重复选题了。

外语专业学生的毕业论文，既是学业成绩的最后一次测试，也是在步入社会之前对研究和写作能力的全面检验。找到一个合适的主题，将会为后面的论文写作奠定良好的基础。选择题目应谨防“小材大用”和“大材小用”，“小材大用”将使毕业论文无法完成或达不到毕业标准，影响正常的毕业和就业，而“大材小用”则会导致论文得不到应有的重视，无法实现自己的研究目标。

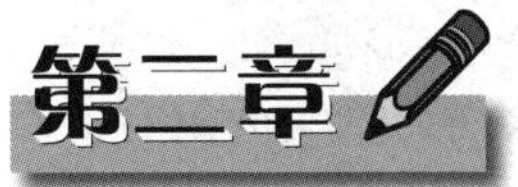

学位论文资料的搜集和使用

第一节　资料的重要性

人类文明发展到现在为止，所有的研究成果都不可能是从零开始的，而是要在先前学者研究基础上开拓出属于自己的成果。学者进行学术研究与作家进行文学创作不同，作家们可以根据自己的想法进行创作，完全靠内心体验、自说自话，且作品带有极其丰富的个人色彩与多样的题材风格。随着社会网络全覆盖的发展，资料的搜索与利用已经深入我们生活的各个方面。论文作为学术研究领域的文章，既是探讨问题的手段，也是描述学术研究成果的工具。资料的浏览、搜集与整理对于文章撰写十分重要，一般撰写者会通过搜集资料来实现思维的发散、寻找新的灵感，总结提炼出与论文题目有关的研究内容，整理出论文的大致结构、提纲或大体的思路。论文的撰写不是我们凭空捏造出来的，都是我们在前辈研究基础上进行的更深层次的发掘和拓展。对前辈们留下来的各类资料进行整理分析、概括总结，进而推陈出新，写出代表自己独特观点、别具特色的论文。要对某个领域的问题进行科学研究，并提出自己的理论，必须要有足够数量且可靠的资料数据作为支撑。由此可知，在论文撰写过程中，相关资料的搜集与使用是十分重要的。

论文写作中要运用的材料是研究的起点，现有的科学领域分为三类：第一类是自然科学，即生物、地质、数学等应用类科学技术；第二类是社会科学，即研究社会现象，主要涉及政治学、法学、经济学等具有现代意义的社会科学；第三类是人文科学，外语就属于人文科学的研究范畴。在自然科学领域中，材料的运用主要在于直接资料，即数据等。但与自然科学相比，研究人文科学和社会科学更加重视间接资料，即对间接资料的整理、归类和创新。因此，要想写出一篇优秀的论文，既不能完全颠覆前人的论证，与前辈的研究成果和客观事实不符，也不能无凭无据地自说自话。否则，会造成内容的粗糙和混乱，或选题毫无意义。

一、论文撰写前资料的搜集和准备

撰写论文不是短时间就可以完成的事情，它是一项非常漫长的过程性工作。一篇能立足的论文绝对不是凭空想出来的，而是在大量阅览相关资料和借鉴学术文献的过程中积累并且总结出来的，我们整理学术文献的过程其实就是培育观点、激发灵感的过程。在此过程中，不仅可以使我们的知识储备更加丰富、视野更加开阔，还能激发我们在创造方面的潜能，培养思维模式、促进独立思考。撰写论文前必须做好充足的准备工作，即通过各个途径搜集与之相关的资料文献，以达到有力支撑论文的作用。作者为写出一篇无懈可击的论文，搜集、整理、总结、积累材料，通过取其精华、去其糟粕，去伪存真、去粗取精，由表及里、由此及彼地分析、归

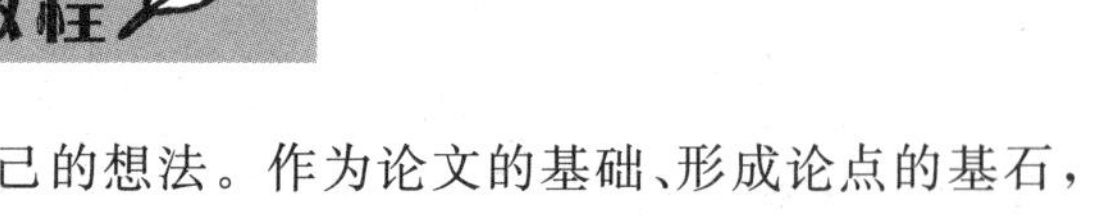

类、比较和综合整理，逐渐把作者的观点变成自己的想法。作为论文的基础、形成论点的基石，资料支撑框架才会形成观点。反之，资料文献搜集的准备工作不到位，会妨碍论文的撰写。因此，论文撰写前一定要做好充分的资料准备。

（一）资料的来源

在撰写论文的过程中，资料的搜集是最为费时费力的一个环节。但从另一个角度来看，资料的搜集是论文撰写者们进行创造性思考和深层次分析的基础。因为没有资料的积累就不可能进行更深层次的思考、创新与研究，从而产出一篇高质量的论文。每年都会有毕业生出现各式各样的问题而导致手忙脚乱，最后匆匆忙忙地完成论文，其中很大一部分是由于相关论文资料查找方面出现了问题。不少学生在查找资料文献中胡乱撒网，既没有既定目标，又没有搜索步骤。这样既浪费了时间，又耽误了寻找正确、合适的文献资料的机会。甚至有相当一部分学生，在选定选题方面因为找不到相关资料而频繁更换选题。

资料的来源包括文献资料、实验数据、实地调查资料、新闻报道及权威机关发布等。文献资料可以从数据库、各大图书馆及互联网等途径获取。其中，在互联网中查找时应在权威网站查询，仔细辨别网络信息资料的真实性。实验数据可以通过实验操作、数据分析采集等方式方法获得。实地调查资料可以通过实地访谈、问卷调查、实地考察观察记录等方式获取。同时，国家的官方新闻报道也是一个很重要的资料消息来源，权威机关发布的内容可以在他们的官网或微信公众号中找到。通过这些方式和途径获得的资料更具有权威性，可以更好地支撑我们的论文观点。

（二）资料的利用

资料的利用是指将搜集到的资料经过加工整理而用于实际工作中，为社会生产活动提供依据和支持。资料利用的方式有很多，包括查询、研究、参考和教学等。由于每个人的思维方式和知识结构都具有局限性，要想突破这一局限，就要阅览大量相关文献和众多学者的研究成果，以拓宽我们的视野，全面深化对选题的掌握，逐渐完善知识结构，提升观念高度和层次。只有掌握详尽且综合的文献资料，才能用所学知识织出一张属于自己的“广而密”的信息网，以此拓宽思维。资料搜集得越多，论文的写作思路就越明确。写作思路和大纲清晰之后，围绕中心论点撰写论文就易如反掌了。

详尽综合的文献和资料，不仅在于庞大的数量，更在于材料的质量，即是否具有代表性。在外文文献材料中，以韩国语为例，官方语言为韩国语的国家有两个，即朝鲜和韩国。朝鲜的综合国力远不及韩国，韩国在 2017 年被正式认定为发达国家，所以当我们选择文献材料时，首选韩国的研究成果。除此以外，我们还更偏向在学科研究中有代表性的前沿人物，以及在学科发展的历史长河中具有代表性的文献和资料。

（三）资料的评估

资料的评估主要分为以下四种方法。

(1) 文献综述。文献综述是评估外语学位论文资料的重要方法之一。学生需要对相关文献进行综述，比较不同文献之间的异同点，分析不同文献之间的联系和差异，以评估资料的可信度、适用性、多样性。

(2) 专家评审。专家评审是评估外语学位论文资料的另一种重要方法。学生可以请教相关领域的专家，对所选资料进行评审，听取专家的意见和建议，以评估资料的时效性和独创性。

(3) 数据分析。即比较不同资料之间的差异和联系，分析数据的可靠性和有效性，通过拆分、对比、综合等方式将资料内容数据化,实现科学性的分析和研究。

(4) 实证研究。学生可通过设计和实施调查问卷、面对面的采访等方式,获取大量的实证数据,并用于分析和解释某一外语相关领域的现象和问题,以评估资料的可信度、时效性、适用性、多样性和独创性。

(四) 资料的筛选与整理

通过各种方式搜集到的资料通常杂乱无章且毫无秩序,这样的资料是不能轻易运用到论文中的,必须先对这些资料进行筛选和整理,以便更好地使用。筛选过程包括删除无关、无用以及无法进行考证和不具有权威性的资料。对于第一次写论文的新手,因为从未接触过这类学术题材,所以在开始阶段难免会慌乱、不知所措。此外,可能还会存在虚假资料,必须学会鉴别资料的真实性,否则会对论文质量造成较大影响。

整理过程包括资料的分类、归纳、提炼和加工,为使其能做到一目了然,最好做到系统化、条理化、规范化。举个例子,在讨论小说《洪吉童传》的作者是谁时,要对搜索到的人们普遍认为的作者许筠和汉文小说《卢赫传》的作者黄日浩的资料都做好整理,还要参考李允锡教授所著的《洪吉童传的作者不是许筠》中提出许筠不是《洪吉童传》作者的几大理由,并分要点做好整理。这是一个很麻烦的过程,因为人们普遍认为《洪吉童传》的作者是许筠,所以搜索资料的时候会出现很多许筠的资料。而关于黄日浩的信息资料则少之又少,且杂乱无章,但是只要把其中的人物时间、关系进行规划整理后,就会轻松明了很多。因此,对资料做好规划和整理,会给论文的撰写提供极大的便利,其中生活中常用的整理方式包括分类归档、数字化处理、编制目录、制作索引等。

(五) 资料的时效性、可信度与适用性、多样性和独创性

首先,外语学位论文的资料需要具有时效性,即需要选择最新的研究成果和学术观点。撰写者需要关注最新的研究动态,及时更新资料,并注意查看资料的发表时间,以确保资料具有时效性。有些资料就像韩国语能力考试(TOPIK)等级证书一样具有时效性,证书过期就相当于废纸一张,需要实时更新。

其次,资料的可信度与适用性也十分重要。随着互联网的飞速发展,科学技术、科学通信的日益发达,要仔细辨别互联网中各种信息和资料的真实性,确保资料的可靠性和权威性。由于资料的来源和可信度是评估外语学位论文资料的重要标准,所以需要选择可靠的文献资料来源,比如学术期刊、专著、研究报告等,并注意查看资料的作者、出版社、发表时间等信息,以确保资料无误。在此基础上,还需要选择与论文研究对象和问题密切相关的资料,并注意查看资料的内容,以确保资料具有适用性。

最后,资料的多样性和独创性也是重要标准。外语学位论文的资料需要具有多样性,即涵盖不同的研究角度和方法。需要选择不同类型、不同来源、不同研究方法的资料,并注意查看资料的内容,以确保方向的全面。而对于资料的独创性,则需要选择具有开创性的研究成果和学术观点。在关注最新研究动态的同时,寻找具有创新性的资料,并注意查看资料的作者和出处。

二、论文撰写过程中资料的重要性

(一) 有助于构建研究框架

资料充分体现了领域的研究现状,既包括前辈们的研究成果,也实时体现当前最新的研究

动态。当撰写有关外语学位论文时，一定要充分利用资源，理解并掌握相关资料或文献的主旨，以便在前辈研究成果的基础上展开更深刻、更有针对性的探索。一篇高质量的论文，无论框架还是立意，无论结构还是语言表达能力，都具有十分高超的水平。而在这背后，高质量的资料则有助于明确立意、构建清晰的研究框架。与此同时，高质量的资料还可以明确界定研究范围、增加文章深度，使主题更具针对性。例如，在平时写作的过程中，人们往往会使用一些广为人知的典故或是名人名言、名人故事举例，以此增加文章的可信度。如爱迪生发明灯泡、诸葛亮草船借箭等。但在这些例子中，大概率会存在与主题不相符的情况。出现这种情况的原因通常是搜集到的资料不够丰富、质量不够高。因此，只有资料足够丰富并使用恰当，才能构建一个科学、合理的论文框架。

（二）有助于提高研究的可信度和质量

首先，提供有力的证据支持，使结论更具说服力。在进行一项关于气候变化影响的研究时，研究者首先广泛搜集了来自权威气候研究机构、政府间气候变化专门委员会（IPCC）以及国际知名学术期刊的论文和数据。这些资料不仅来源可靠，而且经过了严格的同行评审，确保了数据的准确性和研究方法的科学性。通过仔细筛选和整理这些资料，研究者得以构建一个全面、系统的研究框架，从而更深入地探讨了气候变化对生态系统、农业生产和社会经济等方面的影响。这种基于高质量资料的深入研究，不仅提高了研究的可信度，还为制定有效的应对策略提供了有力的科学依据。

其次，资料可以丰富研究内容，使研究更深入、全面。世界上的知识是无穷无尽的，还有很多空白的领域需要我们去探索。我们在查阅资料、搜集资料的同时，资料上的知识也在以一种独特的方式进入我们的头脑。查阅的资料越丰富，头脑里的知识就越多，研究内容就越丰富，研究范围也会更加广泛，研究也会相应进入更深入、更全面的层次。

（三）有助于创新与拓展知识领域

"科学技术是第一生产力"，科技的发展依赖前辈们不间断的实验探索。而归结到底，实验的基础也是资料。只有做好充分的资料准备，才能厘清各个物质之间的相互关系，激发创新思想、实现创新突破。资料是创新的基础，通过广泛搜集资料并对其进行深层次的分析，研究者可以发掘出新的研究方向。

另外，浏览资料时如果对不了解的内容产生了兴趣，那么大概率会对这一知识进行专业性的查找与搜集。在这个过程中，大脑会接收到大量新信息，从而推进知识面的扩展。比如在阅读小说时看到了一个新词——地官，经过查阅后了解到，这是朝鲜风水先生的官职名称，由此词汇量得到拓展。

（四）能反映研究方法和证明研究成果

资料文献体现了研究方法和设计，其中包括研究技术、分析方法和搜集数据等。在进行外语学位论文撰写时，一定要根据研究假设和研究目标的要求，选择合理的研究途径和方法，以便积累并运用相关资料。此外，文献资料还能够从侧面佐证研究成果的有效性和可靠性，这是评估外语学位论文研究的一个重要依据。

可以看出，外语学位论文资料不仅可以作为研究的素材，为研究者提供实证数据和案例，帮助他们分析和解决研究问题，而且可以使研究者了解到最新的研究成果和思想动态，促进学术交流与合作。在涉及多外语学科领域，阅读和研究这些资料可以帮助学生加深对学科知识的理解和掌握，使其具备较强的文献查阅和分析能力，培养学生的研究和创新能力。综上所述，外语学位论文资料对于推进学术研究、扩展学科知识、培养研究能力等方面都具有重要意义。

三、理解和使用理论资料的基本方法

首先，与论文有关的参考文献和资料一定要多读，最好能达到透彻的程度。一篇高质量的论文，文中所引用的文献与资料必定要符合论文的主题和研究方向。所以，在对参考文献和参考资料进行选择时，这份资料或者文献应该是能看懂的、可以读透的，要选择与自己本身知识水平相当的资料。当然，在查找资料的过程中，肯定会出现看不懂又确实需要的文章，这时就要反复阅读、反复理解、反复分析，直到能够读懂读通，最好的办法就是做阅读笔记。俗话说："好记性不如烂笔头。"大脑接受记忆新知识的水平是有一定限度的，所以可以准备一个小本子，把读不懂或者难以完全消化的知识记在上面，时常翻阅、理解。比如，在做李氏朝鲜与中国科举制度的对比时，很重要的一点差异是李氏朝鲜中已经入官为臣的官员们依旧有参加科举考试的资格。从这个角度出发，就可以对李氏朝鲜和中国的科举制度展开深入的对比与分析。

其次，要做到科学掌握理论，厘清资料之间的联系，并善于联想。悬疑剧里有一句台词："看似毫不相关的两个人或者事物之间，总会存在着某种关联。"只要发现了这种联系，就能很快破解案件，撰写论文也是如此。例如，在构思与经济相关的论文时，可以把国际形势、社会现状、经济发展等联系在一起，从多个角度探讨，使研究更为深入。关于韩文小说《洪吉童传》的作者问题，把李氏朝鲜中真实存在的洪吉童、人们普遍认可的小说作者许筠、《卢赫传》的作者黄日浩以及书中出现的人物张吉山、宣惠厅等联系起来，共同探讨小说的作者到底是谁。这样全面的关联有助于结论的得出，所以善于联想对于高效地运用资料十分重要。当然，联想的前提是科学地掌握基本理论知识，切不可操之过急、凭空捏造。

再次，必须在理论指导下进行创造性和发散性的思维。理论资料是撰写论文的基础前提，但一整篇论文不能单纯靠理论资料堆砌起来，还要进行发散性思维，衍生出自己的创造性思想。我们要善于从文章中学会新知识、寻求新启发、探索新境界。同时，发散性思维和思考也会激发我们大脑的活跃度，推动我们开创新领域。

最后，胆子要大，要敢于对前辈们文章中与新时代脱轨的部分提出疑问和新看法。社会是在不断进步的，对于新时代而言，某些理论是不适应新环境的。所以，我们要敢于提出自己的疑问。要始终相信：实践是检验真理的唯一标准。只有放心大胆地尝试，才可能有意想不到的成果。当然，在这个过程中态度不要过于激烈。

论文的撰写过程中必须准备丰富且详细的资料，这是由我们认识客观事物的规律决定的。唐代诗人白居易说过："文章合为时而著，歌诗合为事而作。"这里"为时"和"为事"就是反映现实。文章是客观现实通过撰写者头脑反映而出的产物，如果对现实情况一丝一毫都不了解，没有丰富且详细的资料依傍在身，又怎能真实和准确地反映它呢？清代文学家刘大櫆也曾说过："譬如大匠运斤，无土木材料，纵有成风尽垩手段，何处设施？"意思是说，写文章好比工匠拿着工具，没有土木材料，即使你有一阵风就可以把墙粉刷好的高超手艺，又要在哪里施展呢？所以，在做任何事情之前一定要做好充分的准备。回归到论文的撰写也是一样的，只有资料准备充足、详细而有条理，才能高效地完成论文。

资料的搜集不仅关系到主题的形成，而且关系到主题的表现。我们强调论文撰写前资料的必要性和重要性，是因为资料的种类和数量对于论文的成败起着至关重要的作用。只有充分搜集和分析资料，才能保证论文的科学性和严谨性，从而提高论文的质量和价值。

第二节　资料的搜集方法

论文并非凭空捏造，需要在搜集和积累大量与论文相关资料基础上撰写，而且搜集查阅资料也是帮助学生避免重复他人劳动的重要方式，因此学会搜集资料的方法十分必要。由于资料的来源和承载的媒介各有不同，搜集资料的信息工具和方法也不尽相同。

一、搜集资料的信息工具

（一）印刷和出版类的信息工具

印刷和出版类的信息工具主要指以纸为媒介，将资料信息印制在纸上，以供学习与研究的媒介，一般指书籍、期刊、报纸和词典等。

(1) 书籍。书籍的概念很广，这里指和论文有关的教科书、专著或者辅助教材等，这些书籍大部分是作者多年研究的心血结晶。

(2) 期刊。它是经国家批准后定期出版的连续出版物，具有固定的名称和特定的出版目的。期刊一般可以分为学术性、技术性、教育性或科普性。

(3) 报纸。它也是经国家批准的定期出版的连续出版物，主要发表新闻报道。当然它也有一个固定的名称和特定的目的，就像期刊一样。它可以分为两种类型，即一般性报纸和专业报纸。

(4) 词典。在这里主要指用于查找单词释义和由来的词典，包括专业词典和综合性词典等。在写外语论文时，词典是必不可缺的。

（二）影像电子类的信息工具

影像电子类的信息工具一般指通过计算机、手机、电视这种影像电子类的工具将存储在光盘、录像带或磁盘中与论文相关的资料数据单独剪辑出来，为撰写论文服务。

（三）互联网络类的信息工具

随着网络的普及和信息时代的到来，互联网成了重要的信息资源库，其中包括不同类型的信息源。由于资源信息的类型、数量太多，所以在需求的推动下出现了可以在庞大的信息海洋中寻找所需资料信息的查询工具，如Archie①、WWW②等。根据自己的论文选题，可以有选择地利用这些搜寻工具获取自己所需要的资源信息。

（四）其他类型的资源信息工具

我们可以通过问卷、拍照、采访等方式，从博物馆或个人藏书家、导师那里获取撰写学位论文所需的资料。

二、按信息工具搜集资料的方法

（一）文献资料阅读分析法

文献是指具有研究意义和记录意义的图书、报纸、期刊或者典籍等。从整体来看，文献由

① Archie是现代搜索引擎的祖先。1990年，加拿大麦吉尔大学(McGill University)的三位学生发明了Archie。
② WWW(world wide web，万维网)是存储在互联网的计算机中、数量巨大的文档的集合。

内容、承载媒介和记载手段三个基本要素构成。知识是文献的内容，文献寄存的实体是承载媒介，产生文献的方式是记载手段。文献资料阅读分析法一般是指通过分析有关文献获取所需资料，这种方法适用于所有印刷和出版类的信息工具。在阅读文献搜集资料时，如果文献数量太多，为了节省时间和精力，在寻找文献之前可以先进行检索，再对检索搜集的资料进行阅读和整理。一般来说，检索包括以下几种方法。

(1) 倒查法。倒查法即按照从现在到过去的逆时间顺序查找资料的方法。这种方法注重资料的时效性，一般用于一些新课题、新观点的检索。在查找与学位论文相关的文献时，倒查法是最快的方法。

(2) 顺查法。顺查法即按照时间发展的顺序从过去到现在去查找文献资料的方法。这种检索方法适用于围绕一个特定的目标去检索在一定时间内的全部信息。例如，要对某一观点进行综合叙述，那么就需要对这一观点的产生、变化和发展有全面的认识和了解。

(3) 直接法。直接法即直接利用一般检索工具检索文献的方法，如书目检索。书目检索即利用图书、文献目录进行检索，在图书和文献目录中找到与自己论文相关的资料后标记整理。

(4) 追溯法。追溯法又叫附录搜索方法，是指在报纸和期刊上使用文献上附加的参考文献和注释来查找相关资料的方法。这种搜集资料的方法便于阅读权威的论文文献，使用这种方法不仅节省时间，而且可以迅速查到所需的有效信息，但这种方法查到的资料信息可能不够全面。如果仅搜集这一类资料，论文撰写的主观随意性会比较强。

在资料检索完成后，还需要对其阅读和整理。文献阅读可以按照不同的阅读要求进行划分，有粗略阅读法、挑选阅读法、仔细阅读法等；按照阅读的范围分类，有专项阅读法、分类阅读法、全面阅读法和点面结合阅读法；按阅读的时间划分，有集中阅读法、分散阅读法和快速阅读法等。整理过程中最重要的是做笔记，做笔记是一种简单积累资料的方法，很多有名的作家都喜欢用这种方式。马克思在40多年中阅读了1000多种书籍，摘录了上百本笔记，写成了被称作马克思主义百科全书的《资本论》。记笔记的方法有很多，如摘录重点、缩写归纳、总结大纲等。记笔记时最好把自己的想法或心得体会记录下来，这样可以随时把读到的内容转化成自己的体系。最后是排列记录，根据标题、笔记摘要或者导师的建议，给已经获得的文献资料排列优先顺序。一定要写清楚选择这种排列方式的理由，也要写下选择或删去某些文献的原因。同时，标记已经阅读过的文献，防止重复阅读浪费时间。

(二) 购买法

购买法即向科学教育中心、服务咨询单位、教育研究机构、有关院校或是通过网络购物平台购买所需资料。在购买时需要注意辨别资料的真伪，以防被骗。

(三) 观看收听法

观看收听法即通过收听广播或观看电视节目、电影和新闻等，从中获取有用的资料信息。由于广播新闻、电视等这样的媒体性工具每天有大量的资料更迭，不能完全保证资料的准确性，所以在搜集和使用这样的资料时要注意选择对论文有实际应用价值的，而且要及时保存下来。对于媒体类资料，保存方式主要是影像、音频等。

(四) 调查询问法

调查询问法是指通过直接向有关人员询问或者调查获取与论文有关资料的方法，其中最常用的就是问卷调查法。撰写者根据论文编制相关问卷，分发或邮寄给其他人，请求填写答案，然后回收整理。

根据载体的不同，问卷可分为纸质问卷和网络问卷。纸质问卷调查是传统的问卷调查，通过分发纸质问卷，搜集所需的信息和数据。然而，这种形式的问卷存在一些不足。第一，分析和统计结果需要手动搜集和统计，劳动力成本和经济成本相对较高。第二，它受到时间和地区的限制。网络问卷调查是利用一些网站进行问卷调查。这些网站通常提供一系列服务，如设计问卷、分发问卷和分析结果。这种方法不受时间和地区的限制，成本相对较低，但答卷的质量无法保证。目前，已经有一些网站提供了这种方式，如国外的 Survey Monkey①、国内的问卷网②和问卷星等。无论是网络问卷还是纸质问卷，问卷的内容对调查的效率和可信度都有重要影响，因此问卷调查设计的问题内容排版非常重要。问卷调查的内容主要有两个作用和要求：一是将调查的目的转化为一些被调查人员可以理解和回答的问题；二是让被调查人员通过回答问题提供真实的信息。因此，在设计问卷调查内容时，应注意以下几点。

(1) 问卷的内容不宜太多。最好能让被调查人员在 15 分钟内完成问卷。问卷中只列出必要的问题，过多的问题不仅浪费时间和处理数据的成本，而且容易让被调查人员感到无聊，从而影响调查结果的质量。

(2) 问卷中的用词要清楚明了且通俗易懂。问卷中的问题应该让被调查人员一目了然，并愿意如实回答。首先，问卷中的语气要友好，尽量避免使用专业术语。对敏感问题采取一定的技巧调查，使问卷合理。避免主观性和暗示性，以免给调查者造成困扰。

(3) 问卷上的问题排列要有逻辑性。问题应按一定的顺序排列。一般要从容易的开始，逐渐递增难度；从一个可以引起调查人员兴趣的问题开始，然后再问需要仔细考虑的问题；封闭式问题放在前面，开放式问题放在后面；问题设置要紧密相关和集中，提问要有章法。

(4) 尽量不使用否定的提问句型。在日常生活中，人们习惯直接表述陈述肯定句型，而不是否定的提问句型。那么什么是否定的提问句型呢？否定问题实际上是对主题的反向思考。例如，对于某件事陈述肯定的答案是“这样做”，那么对这件事的否定问题是“如果你不这样做会发生什么”。否定的提问会很容易影响到被调查人员的思维和想法，造成不太准确的回答或选择。问卷调查应该有一个轻松愉快的氛围，使调查进行得简单轻松。

(5) 尽量避免对敏感性的问题的提问。在问卷中，应避免容易使被调查人员感到被冒犯的问题。这些问题可能会导致被调查人员拒绝回答、敷衍回答甚至虚假隐瞒，从而影响问卷调查的质量。

(五) 实地考察法

实地考察法是指到实地进行直接详细地调查，以了解研究对象的真相和发展过程。如果搜集的资料别人无法描述清楚或者无法准确辨别真假，并且没有前人经验、找不到相关的资料时，就需要实地考察去搜集资料。由于地域和语言的不同，外语论文的写作有很大的困难，尤其是涉及当地民风民俗和实时动态的论文，会因为时代的发展受到影响，所以需要到当地进行实地研究考察再搜集资料。到达当地后，可通过观察、面对面采访、面对面交谈、询问经验者等方式搜集所需的资源信息。需要注意的是，去现场搜集的结果可能会受到被观察者主观情况

---

① Survey Monkey(调查猴子)是一家领先的网络调查公司，成立于 1999 年，是美国著名的在线调查系统服务网站，其功能非常强大、界面友好。

② 问卷网由上海众言网络科技有限公司创办，是中国的免费网络调查平台，能够为企业或个人提供问卷创建、发布、管理、搜集及分析服务。

的影响，搜集的信息不会特别准确。此外，实地考察需要花费较多的金钱和时间，对于学生来说可能比较困难。

（六）网站搜集法

网站是指使用 HTML[①] 等工具在互联网上根据一定的规则和准则制作，用来显示与特定内容相关网页的集合。简单来说，网站是一种用来交流和沟通的工具。人们可以通过网站发布他们想要分享或公开的信息和资源，以及他们可提供的网络服务，或者通过网站获得他们需要的服务和各种资源信息。互联网上的资源非常丰富，涵盖了其他信息工具记录的各种资料信息。在这个信息爆炸的时代，从互联网上大量获取论文所需的资料是很方便的。下面将介绍如何使用网站搜集资料，使用网站搜集资料的注意事项以及在搜集资料过程中可能会出现的问题和解决方法。

1. 如何使用网站搜集资料

（1）明确搜索的目的，确定关键词并进行搜索，迅速阅读并保存与论文相关的资料。这一步是指要明确自己需要搜索的对象和内容是什么，即需要找到什么信息。只有先明白自己搜索的目的，才能确定关键词。关键词在靠近搜索主题的同时要尽量简洁明了，这样既可以使搜索的内容和自己想要的内容有相关性，又可以扩大搜索资料的范围。

（2）积累搜索网站和搜索经验。一般性的搜索网站如百度，已经涵盖的内容比较全面了，但想要写与外语有关的学位论文，注定会用到外文资料。搜索外文资料时，雅虎、谷歌、Naver是很实用的。此外，还有一些重要的国内和国际组织的专门网站，如中国知网、国家哲学社会科学文献中心、世界数字图书馆等。在这个过程中应注意以下几点。第一，使用意义相对宽泛的关键词。搜集到有关资料并大体浏览以后，先把相关的资料全部储存下来，可以通过收藏网址、下载文件或关注公众号等方式。第二，筛选出与主题相关的信息。为什么先把搜索到的相关资料信息全部保存下来呢？主要是因为现在的信息网络非常发达，每一个关键词都能搜索出很多的资料，如果每一篇都仔细地阅读，将会耗费大量的时间和精力，且难以抓到重点。先迅速阅读浏览并把可能相关的资料保存下来，然后再进行二次筛选，最后锁定与自己需要内容最相关的资料，再进行仔细阅读，这样可以节省大量时间和精力，同时也会降低错过有用信息的可能性。第三，整理和归类资料。在搜集了足够的资料并且淘汰了一部分与论文选题相关度较低的资料后，要将这些资料整理和分类。这样做是为了更好地掌握所需资料，有助于编写论文。接下来是深入挖掘细节，可使用每个分类资料的关键词进行进一步搜索和筛选，获取更多的详细资料。

2. 网站搜索的注意事项

（1）充分利用精通外语的优势。撰写外语学位论文，掌握外文的能力是必不可少的。语言不熟悉，一是会影响阅读的速度，网络上信息量巨大，如果半天只能读一段，那掌握有效信息的效率将大大降低。二是会影响阅读的范围，与外语论文相关的资料大部分都是本土语言的资料，需要用到外文网站，只会中文就会限制获取资料信息的范围。对于一些时效性比较强的资料信息来说，加上国外网站的辅助会更加全面。

（2）巧妙设定关键词。如果可搜索到的资料太少，可以扩展关键词或者更改限定的条件，

---

① HTML 即超文本标记语言，是一种标记语言。它包括一系列标签，通过这些标签可以将网络上的文档格式统一，使分散的 Internet 资源链接为一个逻辑整体。

如时间和地点等。如果想要搜索的资源实在冷门,没有直接的搜索结果的话,那么它有可能存在于某些资源信息的片段之中,汇总这些片段性的信息,也许能得到自己需要的东西。因此,搜集资源信息要有耐心,不能浏览一下发现没有自己需要的就放弃。此外,还要发挥联想能力,以要找的资源信息为中心进行联想,然后进行相关搜索,这时结果往往会"在灯火阑珊处"。比如在换了几个关键词都没有用时,可以找相似的词语或者表达方式作为要搜索关键词的替代品。

(3) 准确筛选和辨别。如果搜索到的资料很多而且十分相似,那就要与搜集资料太少的情况"反其道而行之"。可以通过限制关键词缩小搜索范围,也可以更改限制的条件,横向去搜集与论文选题相关的资料。将搜索到的资料按与论文选题内容相关度的大小和可借鉴的价值高低进行排序后筛选,先选择比较有权威的资料,在资料内容相似程度较高的时候,辩证性地看待资料之间的相似性和不同性。大家对同一个问题的观点不可能是完全一致的,也不可能完全没有相似的地方,所以要总结相似之处,理解不同之处,从中激发灵感和创意,融入自己的论文中。

(4) 保护隐私和计算机安全。使用网站搜索资料时,窗口中经常会弹出一些广告。这些广告不仅会影响搜寻和阅读资料的速度,还可能导致下载一些莫名其妙的软件,拖慢计算机的运行速度;严重的甚至会感染病毒,从而导致个人信息被泄露。因此,在进行搜索时要注意辨别垃圾广告链接,保护个人的信息安全。

三、按时段搜集资料的方法

(一) 逆时针搜集资料法

逆时针搜集资料法即以现在为基点,按照逆时针的顺序对论文选题领域的资料进行搜集的方法。如果先查阅过去的资料再查阅现在的资料,就会发现最近的资料更全面、更可靠、更具创新性。并且,由于时间的跨度越长,资料的搜集越困难,所以搜集资料时最好逆着时间顺序进行,如以 2023 年为基点,按 2022 年、2021 年、2020 年甚至更远的顺序进行。通过这种方法,可查找到某一时间之前或在一定时间范围内的资料信息。逆时针搜集资料法可保持资料的连续性和完整性,而且也有可能在搜集资料过程中探索出规律。

(二) 既时性搜集资料法

既时性搜集资料法是对目前存在的资料进行搜集的方法。既时性搜集方法不是指现在的一瞬间,而是当前的一个时间段,一般时长不超过一年、不短于一周。既时性搜集最为侧重的是当前的时间,当前时间的资料是搜集的重点,因此使用既时性搜集的方法具有很强的时效性。

(三) 跟踪搜集资料法

跟踪搜集资料法是以现在的时间为基点,在未来的一定时间段内对某一行业、现象的变化情况信息进行连续不断地搜集。跟踪搜集是对未来的资料信息的搜集方式,相当于将来进行时。它可以随时了解和掌握最新的动态资料信息,既可保证资料信息的时效性,又具有连续完整的特点。但是对于撰写学位论文来说,这种资料搜集方法耗时太长,不太容易实施。

不管采用哪种搜集资料的方法,都要遵循准确性和全面性的原则。准确性原则是在搜集资料时,注意搜集与论文主题相关的核心信息,主要选择第一手资料信息,而不是多次转载的资料信息。全面性原则就是在搜集与论文选题有关的资料信息时,不仅要搜集与论文主题和想法一致的资料信息，还要搜集一些相矛盾的资料信息。毕竟，有时也需要通过相反的观点来支持自己的想法，这样才能保证资料的科学性。

第三节　资料的分类方法

外语学位论文是对外语专业学生专业知识、资料查阅、问题分析和研究、研究结果总结、撰写水平等多方面综合能力的考察。想切实做好外语学位论文的撰写工作，资料的搜集、分类和整理是十分重要的一环。这其中，资料分类是资料搜集完成后的下一步工作，本节将对资料分类的意义、重要性、步骤和分类方法进行细致探讨。

一、资料分类的意义

(1) 便于查找和使用。资料分类可将论文材料按照一定顺序和标准分类，使论文撰写者更加方便地查找和使用相关资料，节省时间和精力。

(2) 便于整合和分析。资料分类可将研究材料按照不同的维度和特征进行分组，便于撰写者进行整合和分析，易于发现研究结果和规律。

(3) 提高论文撰写效率。资料分类可帮助撰写者更加有序地进行研究写作，避免重复和遗漏，提高论文撰写的效率和质量。

(4) 提升论文质量。资料分类可使撰写者更加系统和全面地了解研究主题和背景，避免片面性和局限性，提高论文质量和科学性。

因此，为了更好地组织和管理论文材料，论文作者应该在论文写作前进行资料分类，根据论文的研究对象和研究目的，将论文材料进行分类和整理，建立完整的资料库和分类系统，为论文写作提供有力的支持和保障。

二、资料分类的重要性

(1) 提高检索效率。外语论文资料分类可以按照主题、时间、地域、语种、文献类型和数据类型等进行分类。这样不但帮助读者快速定位和检索所需资料，而且提高检索效率和准确性。

(2) 便于阅读和理解。外语论文资料分类可根据不同的主题和研究对象进行分类，既使资料更加有序和清晰，也便于论文撰写者阅读和理解。

(3) 方便管理和维护。外语论文资料分类有助于保持资料的完整性和可持续性，方便管理和维护。

由此可见，为了提高论文质量，作者应该注重设计方法的合理性和科学性，遵守学术道德和规范，确保论文结果的可靠性和准确性。同时，还应注重论文研究成果的应用和实用性，积极推动研究成果的转化和应用。综上所述，外语论文资料分类对于提高检索效率、便于阅读和理解、方便管理和维护等方面都具有重要的意义和作用。

三、资料分类的步骤

(一) 明确分类目的

在进行资料分类之前，需要明确分类的目的和需求，以便选择合适的分类方法和分类标准。明确分类目的可以帮助论文作者更加清晰地了解论文研究对象和研究目的，从而更加有效地进行资料分类和研究设计。具体来说，明确分类目的的意义包括以下几个方面。

(1) 确定分类标准。明确分类目的可以帮助作者确定资料分类的标准和依据，避免主观性和随意性，提高分类的科学性和准确性。

(2) 优化分类效果。明确分类目的可以帮助作者避免研究结果的片面性和局限性，优化分类效果和研究质量。

(3) 提高研究效率。明确分类目的可以帮助作者形成有条理的资料整合机制，提高论文写作的效率和质量。

(4) 促进研究创新。明确分类目的可以激发作者的创新能力，推动研究的变革性发展和进步。

为了更好地明确分类目的，作者应该在论文写作前对研究对象和写作目的进行充分的了解和分析。同时，还应注重分类目的的灵活性和可变性，根据论文的进展和发现不断调整和优化分类目的，推动写作顺利进行。

(二) 选择分类方法

根据分类目的和需求选择合适的分类方法，比如按主题、时间、地域、语种、文献类型和数据类型等进行分类。不同的论文研究对象和研究目的需要采用不同的分类方法，以达到最优的分类效果。具体来说，选择分类方法的原因包括以下几个。

(1) 适应论文对象。不同的研究对象需要采用不同的分类方法，以反映其特征和属性。

(2) 突出论文重点。选择分类方法可突出研究重点，将论文研究对象按照重点进行分类，以便深入研究和分析。

(3) 避免重复和遗漏。选择分类方法可以避免重复和遗漏，将研究对象进行全面和系统的分类和整理，避免研究结果的片面性和局限性。例如，对于文献资料可按照时间、地区、主题等维度进行分类，以便全面地了解研究现状和发展趋势。

(4) 方便研究分析。将论文研究对象按照一定的规则和标准进行分类，便于论文撰写者进行整合和分析，发现研究结果和规律。

为选择合适的分类方法，撰写者应充分了解研究对象的特点，以自身论文为中心，从时间、空间、种类、特点等视角出发确定资料的分类方法。

(三) 制定分类标准

根据所选的分类方法制定具体的分类标准，比如主题分类可以按照学科领域、研究方向、研究对象等进行分类，时间分类可以按照发表时间、研究时间等进行分类。外语论文资料制定分类标准的意义主要有以下几点。

(1) 方便资料的管理和查找。制定分类标准可将资料按照一定的规则进行分类，使其更加有序、清晰，方便管理和查找。这样既可以提高工作效率和准确性，又可以减少重复工作和浪费时间。

(2) 促进知识的积累和传播。制定分类标准可使知识更加系统、完整，方便积累和传播。不但有助于提高学术研究的质量和水平，还会推进学科体系的传承和发展。

(3) 有助于比较和归类。制定分类标准可使不同领域的论文更易于比较和分析，帮助研究者更好地理解和掌握研究领域的发展趋势，为进一步研究提供有益参考。

(4) 便于交流和合作。分类标准可推广给其他研究者，尝试在研究领域中使用接近的分类标准，方便交流和合作，同时提高研究效率和质量。

综上所述，外语论文资料制定分类标准可方便资料的管理和查找，促进知识的积累和传播，有助于比较和归类，便于交流和合作。

（四）分类操作和检查

对分类结果进行检查和修正，确保分类结果的准确性和可靠性。分类操作和检查的意义在于以下几个方面。

（1）确保分类标准的准确性。分类检查可以帮助研究者确保按照一定的规则进行分类，避免错误分类和混淆。

（2）保证资料的完整性。分类检查可帮助研究者检查资料的完整性，确保没有遗漏或重复，提高研究质量和准确性。

（3）提高工作效率和准确性。分类检查可帮助研究者更加有序、清晰地管理和查找资料，减少重复工作和浪费时间。

（五）分类统计

对分类结果进行统计和分析，了解资料分类的情况和特点，为后续研究和分析提供依据。外语论文资料分类统计的重要性主要体现在以下几个方面。

（1）了解研究领域的发展趋势。通过对外语论文资料分类统计，可了解研究领域的发展趋势，掌握研究热点和前沿，为进一步的研究提供有益参考。

（2）分析研究成果的特点和规律。通过对外语论文资料分类统计，可分析成果的特点和规律，发现研究中存在的问题和不足，为研究提供进一步的思路和方向。

（3）优化研究资源的配置。通过对外语论文资料分类统计，可了解研究领域中存在的资源短缺和过剩情况，优化研究资源的配置，提高研究的效率和质量。

（六）分类维护

对已经分类好的资料进行维护和管理，可保持分类结果的有效性和可持续性。

四、资料分类的方法

（一）根据作者及其身份、学位等级划分

（1）学士论文。学士论文是指大学本科的应届毕业生为获得学士学位和毕业资格，需要撰写的学术论文。通常是即将毕业的大学生撰写的论文类型。

（2）硕士论文。硕士论文是指硕士研究生所撰写的，具有一定思想深度和专业水平的学术论文。通常是研究生撰写的论文类型。

（3）博士论文。博士论文是指博士研究生所撰写的学术论文，是质量更高、具有独创性的科学研究著作。通常是博士生撰写的论文类型。

按作者分类的优点主要包括三点。第一，方便查找和阅读。按作者分类可以将资料集中到特定作者名下，方便读者查找和阅读该作者的相关资料。第二，便于了解作者的学术背景和研究领域。通过将资料按照作者分类，可以帮助读者更好地了解作者的学术背景和研究领域，从而更好地理解作者的研究思路和成果。第三，有助于发现潜在的合作者或合作伙伴。通过了解作者的研究领域和成果，有助于发现潜在的合作者或合作伙伴，促进学术交流和合作。

按作者分类的缺点主要包括两点。第一，不适用于所有类型的文献。有些文献可能不属于个人创作的作品，例如一些团队合作的成果或集体智慧的结晶，因此按作者分类可能不适用。第二，可能存在版权问题。在某些情况下，按作者分类可能会涉及版权问题，例如一些受版权保护的文献可能无法被归类到某个作者名下。

根据作者及其身份、学位等级划分是学位论文资料最宽泛、最广阔、分类级别最低、最优先的一种分类方法。此分类方法可以衡量学术能力和水平,使阅读及使用学位论文的读者能够根据等级分类和所需,快速找到并阅读使用特定等级的论文。如果想要使自己的论文更加优质,也可以选择向上一级的论文资料,但这也考验作者归纳与整理资料的水平。这种分类方法可以大幅缩小范围,节省时间和精力,提高资料检索的效率,一目了然。

(二)根据学位论文资料使用的语言划分

一般来说,学位论文资料从大方向上可以分为中文和外语两类。对论文进行撰写时不但可以参考国内的资料,也可以参考国外的资料。由于各个国家的思想文化和看待问题的角度不同,国内外的研究现象也不同,将中外论文结合参考对于丰富论文内容有很大帮助。中外文资料有各自的优点:中文资料表达清楚流畅、专业术语准确、语言通俗易懂,更适合学士论文资料的搜集;而外文资料可汲取国外先进的学术成果和研究方法,有利于拓宽学科视野、提升学术水平。在进行专业的学术研究时,同时参考国内外资料,可以获取到更加深入、更加全面的资料,提升研究水平。但在阅读外文资料时一定要注意翻译的严谨性,如果翻译不精准、不科学,缺乏严谨性,则会使自己的论文不具备客观性和科学性。同时,还要注意避免国外资料包含的政治问题。

(三)根据学位论文资料发表的时间和地域划分

将资料按照时间进行分类,适用于需要追溯历史记录的资料,如社会、历史等方面的资料。对于论文资料来说,必须条理化,不可东拼西凑、混乱时间线。以韩国语专业资料为例,可以根据朝鲜半岛历史发展的先后顺序对资料进行归纳整理,根据每个时间段由古至今进行分类,这样可以使事件的发展顺序更加清晰、层次更加分明,更好地细化资料内容,帮助我们理解资料之间的关联。同时,随着时间的流逝和历史的发展,论文资料也逐渐丰富和与时俱进,在撰写论文的过程中可以从最近发表的论文资料看起,先了解当下论文的结构构成和信息,以及最新的研究成果和发展动态,这对论文的撰写会有很大的帮助。

将资料按照地域进行分类,适用于对历史和民族相关的研究分析,尤其是地方性的物质文化遗产和非物质文化遗产。作为一种历史见证,每个地域的历史文化和思想文化都不尽相同,可以通过对地方性的历史见闻、民谣、歌谣、方言、言语、民间故事等进行分析和拆解,更好地丰富论文内容、统筹规划。

按时间和地域分类的优点主要包括以下三点。第一,易于理解和使用。时间和地域分类法通常按照时间和地点顺序排列资料,这种排列方式直观、简洁,便于读者理解和使用。第二,适用于需要追踪和记录时间变化的资料。对于需要记录和追踪时间变化的资料,如历史事件、实验数据等,按时间分类法能够提供清晰的梳理和解读。第三,有助于了解事物的演变和发展过程。通过将资料按照时间顺序排列,可以帮助读者更好地理解事物的演变和发展过程。

按时间和地域分类的缺点主要包括以下两点。第一,可能存在信息的碎片化。过于强调时间顺序和地域范围可能会导致信息的碎片化,不便于从整体上把握资料。第二,可能存在主题交叉或重叠的情况。按时间和地域分类法对于某些涉及多个主题的资料可能存在主题交叉或重叠的情况,会给读者带来困扰。

（四）根据学位论文资料的形式或格式划分

学位论文资料根据其形式或格式可以分为以下几类。一是文本，包括 pdf、word、知网网站等；二是图片，包括照片、采访等；三是音频，包括歌曲、录音、视频等；四是书籍，包括馆藏书籍、报刊、论文等。在搜集资料的时候，通常会采取不同的手段和途径。按照形式和格式将资料分为以上几类，有利于对其进行更好的管理和使用。

我们在撰写论文的过程中，不仅可以搜集在论文网站上搜集文本资料，也可使用书籍，专业课本上也存在着对我们有帮助的资料。每种形式的资料有着各自的优缺点，一般来说，文本资料更容易查找和搜集，计算机处理更为方便、储存容易、传输速度快、便于引用以及修改，但长期阅读文本资料对视力很不好；图片资料查阅速度快、更一目了然，对于论文的佐证也更有力度，但考验我们对于信息的提取能力；音频资料可以使论文的内容更丰富、更全面，在我们无法用眼睛观看时用耳朵代替接收信息，随时随地地听取，但音频资料不多、数量有限，还相对费时费力，也考验我们对于信息的提取能力；书籍资料是最为全面和详细的，经过修改和出版，也更为严谨，具有真实性、准确性、较高的可信度和权威性，但书籍资料的更新速度极慢，无法准确、及时地反映当前最新的研究成果及发展动态，同时，书籍的价格较高，不利于大量阅读和查找。综上所述，可以根据自己所需资料的类型进行选择，总体上选择网络资料和书籍资料的比例更大。

（五）根据学位论文资料的所属学科领域划分

学位论文资料根据其所属学科领域可划分为法学、管理学、哲学、历史学、教育学、经济学、理学、文学、物理学、医学、农学和工学等。一般来说，也可按照学派、学术性质及功能进行划分。学科分类是研究各自领域知识和方法的学科，目的是为满足社会的各种需求而建立的。进行学术研究可以帮助我们更好地整理和理解学术资料研究的结构和特点。根据不同学科划分，可以有效、便利地研究和比较不同的领域，更好地理解和掌握不同的知识，了解自己专业的特点和内容。学科领域是学术领域、教育领域的基础，查找论文资料时通常可以从自己的专业领域出发，先根据研究方向进行筛查和整理，再根据专业领域进行细分，进而明确自己研究的方向和主题，使自己的逻辑更加通顺、明晰。这样也可大幅缩短信息搜集的时间和精力，提高信息搜索的效率，更快地厘清研究领域的结构和框架，使资料更加集中化、全面化、专业化。以上分类方法是在搜集资料的过程中最基础、最重要、最关键的分类方法。

按学科分类的优点主要包括以下三点。第一，学科分类清晰。学科分类是按照知识体系和学术研究领域进行的划分，具有清晰明确的分类标准，能够将大量的文献资料分门别类地整理好，方便研究人员按照学科领域查找相关文献。第二，便于学术交流。学科分类是学术交流的基础，通过学科分类，不同领域的研究人员可以更专向地了解彼此的研究领域和研究方向，促进学术合作和交流。第三，便于深入研究。学科分类有利于研究人员对某一学科领域进行深入的研究，通过对大量相关文献的搜集、整理和分析，研究人员可以更专向地了解该学科领域的研究现状和发展趋势。

按学科分类的缺点主要包括以下三点。第一，学科交叉问题。学科分类通常是按照知识体系和学术研究领域进行的划分，但实际上很多学科之间存在交叉和重叠的问题，难以明确划分，这可能会导致文献资料分类混乱和不准确。第二，无法涵盖所有文献。学科分类只能涵盖某一学科领域的文献资料，对于跨学科或综合性研究的文献资料，学科分类可能无法准确涵盖其涉及的所有领域。第三，需要不断更新和调整。随着学术研究的不断发展和变化，学科分类也需要不断更新和调整，以适应新的研究领域和研究方向的需求。

（六）根据学位论文资料涉及的主题或内容划分

根据研究方向所需资料涉及的主题或内容进行划分，可以分为两大方向：文学、历史等领域，适用于书籍、期刊、报纸等资料；科学、数学、金融等领域，适用于文本资料和网络资料。根据研究的领域不同，适合的搜集资料途径也不同。文学领域更适合书籍等途径，因为书籍资料经过多次的修改和出版，更注重历史性和真实性，也更具有真实性和严谨性。而理工领域更适合网络资料，因为金融、政治等领域随着世界化和全球化的不断发展，各项研究和数据也在不断更新，通过网络搜集资料可获取到最新的研究成果，使自己的论文研究更与时俱进、顺应时代的发展潮流。此外，书籍资料更适合理论研究，而网络资料更适合创新研究。根据主题和形式，选择不同类型的资料搜集途径，可以帮助我们更好地完成自己专业领域的研究。

按主题或内容分类的优点主要包括以下三点。第一，主题明确。主题分类是根据文献资料的主题内容进行的分类，每个主题类别都包含了特定领域或方向的文献资料，便于研究人员查找和阅读。第二，针对性强。主题分类针对某一具体领域或研究方向进行分类，对于特定领域的研究人员来说，可以更精准地获取所需的文献资料，提高研究效率。第三，涵盖面广。主题分类涵盖了各个领域和方向的文献资料，研究人员可以通过不同的主题类别获取到广泛的文献信息，有利于拓展研究视野和寻找研究灵感。

按主题或内容分类的缺点主要包括以下三点。第一，分类标准主观。主题分类的标准具有一定的主观性，不同的人对同一篇文献资料可能有不同的理解和归类，导致分类结果的不一致。第二，适用范围有限。主题分类通常只适用于某一具体领域或研究方向的文献资料分类，对于跨学科或综合性研究的文献资料，主题分类可能无法完全涵盖其涉及的所有领域。第三，更新和维护困难。随着学术研究的不断发展和变化，主题分类需要不断地更新和维护，以适应新的研究领域和研究方向的需求，这需要投入大量的人力、物力。

（七）根据学位论文资料的类型划分

根据学位论文资料的类型划分，主要可以划分为以下几类。

（1）专题型资料。专题型资料是指在分析其他人研究成果的基础上，增加自己的论述，发表自己的见解，并提出自己研究领域中的某个学术问题所需要的资料。这类论文资料的范围不会过大，只是针对某一特定问题具体讨论、深入研究，具有一定程度的专业性和深刻性，这种分类方法能够很好地解决这一类问题。

（2）论辩型资料。论辩型资料是指针对其他人的研究成果，凭借自己的专业知识和见解，对其中包含的不合理或者错误的论点进行分析和反驳而完成的论文，这种分类方法具有可操作性，需要严密、清晰的逻辑。这类资料通常是针对具有两面性的问题而进行论述的论文，虽然可操作性大，但难度也大，需要从多方立场整理和归纳自己所需的资料。

（3）综述型资料。综述型资料是指在总结、归纳他人针对某一学科领域已有研究成果的基础上，加入自己的评价和介绍、发表自己的见解所需的论文资料。这一类型的资料与专题型资料类似但不同，这一类型的资料包含的范围更广，重点在于评价和论述，考验我们对资料的理解和分析能力。

（4）综合型资料。综合型资料是指将论辩型和综述型这两种形式资料结合起来而撰写的论文所需的资料。这种资料是以上几种分类方法中范围最广、可操作性最强、所需数量最多的分类方法，比较考验我们对资料的整理和归纳能力。

根据不同类型的论文选择不同类型的资料，有助于我们更好地进行学术研究，也能使信息资料的搜集过程变得有条理、有逻辑，形成更有利的论点和论据。

（八）根据学位论文资料的作用划分

根据我们搜集到的资料的作用，可将学位论文资料分为以下几类。

(1) 理论性资料。理论性资料是指由实践概括和总结出来的、系统的结论，在我们需要对某一课题研究进行说明、讨论、分析和定义时需要这种类型的资料，将这一类资料整合在一起可以使论文主题更加科学、严谨，使研究课题更加深入、清晰明了。

(2) 作用性资料。作用性资料是指在论文主题中发挥属性及功效的资料，在明确论文研究方向时通常需要这类资料来支撑论点及论据，将这类资料整合在一起可以更好地梳理结构、丰富内容，使论文更具有真实性和说服性。

(3) 意义性资料。意义性资料一般会对某种行为或事件未来的发展产生影响，具有前瞻性，可以拓宽我们的思维和眼界，培养创造力和预测未来发展方向的能力，使论文更具有生命力和影响力。

(4) 说明性资料。说明性资料一般是指个人对某一研究课题的看法并给予分析和说明所需的资料。一般来说需要我们搜集大量此类型资料帮助我们深入了解研究课题，并从中提取自己想要论述的部分，这类资料可以快速地从多方面、全方位解读和分析所需的内容，可以更快地丰富文章内容、深入分析问题，使论文更具深度。

在论文撰写过程中根据所需的资料类型，可以快速地进行筛查和整理，使我们的逻辑清晰、脉络分明，不会将想要表达的内容杂糅在一起，撰写的过程也会轻松很多。

（九）根据指定的标准或规则划分

在信息化时代下，根据指定的标准或规则，可采用多种方法进行分类处理。

(1) 层次分类法。层次分类法是指将相似类型的资料整理、归纳为一个类型，彼此之间又按照一定次序进行排列，成为一个整体，这种分类方法逻辑性强、结构清晰。

(2) 目录分类法。目录分类法是指将整理好的资料编排为一个目录，根据目录将资料进行分类，这种分类方法有助于快速地查找资料，一目了然、方便管理，但不适用于大量和同质化的资料。

(3) 序列分类法。序列分类法是指将资料按照某种规律和准则进行排序，形成一个整体的序列，这种分类方法便于我们对资料进行检索，适用于单一、分散的资料。

(4) 组合分类法。组合分类法是指将不同的分类方法组合应用，以便达到更好的分类效果。这种分类方法的适用范围广，具有较强的灵活性和针对性。

（十）根据文献类型划分

文献分类是指根据文献内容和形式的异同，按照一定的体系有系统地组织和区分文献。将外语论文资料按文献类型进行分类，如分为期刊论文、会议论文、学位论文等，便于研究者查找和使用相应类型的资料。

按文献类型分类的优点主要包括以下三点。第一，方便查找和阅读。不同文献类型有不同的特点和使用方式，按文献类型分类可以让读者更方便地查找和阅读相关资料。第二，便于比较和分析。不同文献类型在研究方法和结论上可能存在差异，按文献类型分类可以更好地比较和分析不同文献之间的异同点。第三，提高研究的可靠性。通过将资料按照文献类型分类，可以更好地确定研究方法，提高结论的可靠性。

按文献类型分类的缺点主要包括以下两点。第一，分类标准不统一。不同的人对文献类型的理解和分类标准可能不同，这会导致分类的不一致性和混乱。第二，不适用于所有类型的文献。有些文献可能不属于常见的文献类型，因此按文献类型分类法可能不适用。

（十一）根据研究方法划分

将外语论文资料按研究方法进行分类，如实证研究、文献综述、案例分析等，便于研究者查找和使用相应方法的资料。

根据研究方法分类的优点主要包括以下三点。第一，突出研究特点。研究方法体现了研究工作的核心特点，将论文资料按研究方法分类能够直观地展示不同领域和类型的研究特点和重点，便于学术交流和比较。第二，便于查找和比较。按研究方法分类的论文资料，可以让研究人员更快地找到与自己研究方向相关的资料，并且方便比较不同研究方法下的研究结果和结论。第三，促进跨学科交流。通过对不同学科领域的研究方法进行分类，可以促进不同学科之间的交流和交叉，推动多学科协同创新。

根据研究方法分类的缺点主要包括以下两点。第一，分类标准难以确定。研究方法往往不是单一的，有时一个研究项目会采用多种研究方法，难以明确界定和分类。同时，对于一些新兴领域或交叉学科其研究方法可能尚不成熟，难以进行分类。第二，分类结果较为粗略。按研究方法分类的论文资料，分类结果较为粗略，不能充分反映每个研究的细节和特点。

五、资料分类方法的局限性和方向

学位论文资料分类方法对研究具有一定的局限性，主要表现在以下几个方面。第一，主观性较强。分类方法通常基于研究领域、研究方法等标准进行分类，但这些标准并不是客观存在的，而是由研究人员或分类者主观判断的，具有较强的主观性。第二，难以涵盖所有研究领域和类型。随着学术研究的不断发展和创新，新的研究领域和类型不断涌现，传统的分类方法往往难以涵盖所有的研究领域和类型，存在一定的局限性。第三，缺乏统一的标准和规范。不同的分类方法有不同的标准和规范，缺乏统一的标准和规范会导致分类结果的可比性和可重复性较差。

未来研究方向可以从以下几个方面展开。第一，建立统一的分类标准和规范。针对不同的学位论文类型和领域，建立统一的分类标准和规范，提高分类结果的可比性和可重复性。第二，结合机器学习和人工智能技术。利用机器学习和人工智能技术，对大量的学位论文数据进行自动化分类和分析，提高分类的效率和准确性。第三，考虑多维度分类。除了研究领域、研究方法等传统标准外，还可以考虑从多个维度对学位论文进行分类，如数据来源、研究结论等，以更全面地反映研究特点。第四，动态调整和更新分类方法。随着学术研究的不断发展和创新，需要对现有的分类方法及时进行动态调整和更新，以更好地适应新的研究领域和类型。

综上所述，外语论文资料的分类方法有很多种，根据具体情况选择合适的分类方法，可以更好地管理和使用论文资料，提高研究效率和质量。以上分类方法可根据需要进行组合和调整，以满足具体的研究需求和目的。在进行分类时，需要考虑分类目的、分类标准、分类方法和分类结果的可靠性和有效性等因素。总之，在分类的基础上，需要对每一类资料进行详细的阅读、分析和总结，将其与研究问题联系起来，提取有用信息，为论文的撰写提供有力支持。同时，在使用这些资料时，需要注意引用参考文献的规范，保证论文的学术性和可信度。

第四节 资料的使用方法

为了缩短查询时间，且基本做到数据的全面检索，不得不借助各种类型的工具书和电子资源，这里所说的工具书和电子资源都是相对广义的资料。如何利用这些资料为撰写论文提供支撑呢？资料的使用方法大致分为图书馆资料的使用方法、工具书的使用方法、电子资源的使用方法、原始资料的使用方法和资料的整理和归纳。

一、图书馆资料的使用方法

（一）图书馆收藏的文献资料

首先，图书是文献中最早的出版物类型之一。它的优点是内容系统、全面、成熟、可靠、新颖，但由于编辑出版的时间过长，传达信息的速度上会比较慢，传递的内容一般是反映一两年前甚至更久远的研究水平。图书的基本类型主要包括以下四种。一是专著，也叫作学术著作，是对某一主题进行系统全面论述的图书。专著体现了作者积累的知识和研究成果，其特点是内容全面、系统，观点比较成熟，在学术研究上有很高的价值。二是教科书，是系统地归纳和清楚地阐述某一学科现有知识成果的教学型用书。通常情况下，教科书的文字通俗易懂，知识循序渐进。三是丛书，惠及多方面的重要著作，依据一定的原则和体例编辑出版的书，一般为某一种特定用途或者面向某一特定的读者对象，或是围绕研究的某一特定主题编辑而成。四是工具书，是指为了满足检索需求，系统整理的有关知识和信息，按照便于查找的方法来编排图书，它的特点是内容高度概括、排列相当有序、查检非常便捷，包括线索型和资料型。

其次，连续出版物。连续出版物具有自己的题名，以分册的形式定期或者不定期出版，有年月标识、卷期及计划连续出版的资料，其内容相对新颖、报道比较及时。连续出版物的基本类型如下。一是期刊，又叫作杂志，是连续出版物中最为典型的形式。按内容划分，期刊可以分为学术型期刊、行业型期刊和检索型期刊等，其中能够刊登重要科研学术成果的是学术型期刊。二是报纸，它以报道重要新闻和评论为重点，出版周期与期刊相比要更频繁，它的连续出版采用活页形式，有日报、周报和旬报等。三是年度出版物，它汇集过去一年度的重要资料，每年定期出版一次，有年报、年度指南、百科全书和年鉴等。它的特点是内容较系统、具有很强的资料性、方便检索。四是特种文献，是指具有特定内容和特定用途、适应于特定读者范围、按特定方式出版发行的文献。它包括科技报告、会议文献、学位论文、专利文献、政府出版物、产品样本、档案等。其中，一部分作为图书、期刊论文，或是其他连续出版物进行出版和发表，另一部分以非正式方式出版发行。它的内容比较新颖，有很强的实用性，信息量庞大，具有重大的参考价值。特种文献主要有以下几种类型。①会议文献。顾名思义，就是在会议上交流的资料。会议过后，把这些会议内容整理结集后出版，比如会议录、会议方面的论文集和论文汇编等。②专利文献。广义上的专利文献包括专利公报、专利相关的法律资料、说明书摘要和各种检索用的工具书等。③学位论文。它是指高等学校的本科生和研究生为获得学位成果、在所属导师的指导下撰写出的学术论文，包括学士、硕士和博士三阶段的学位论文。这种论文讨论的内容相对专业和深入，需要一定程度的独创性。特别是博士学位论文，它通常是具有创新性和建设性的著述成果。④政府出版物。它大体分为两类，即行政性文件和科技性文献。行政文件囊括了政府工作报告、与会记录、各种法律条约、统计资料、决议等。科技文献则包括科普

资料、科技方面的政策、技术法规和科研报告等。

（二）图书馆的分类法

图书馆分类法对于数据能否被充分利用有至关重要的作用，它是根据图书的学科特质来划分所属类型的。图书馆分类法是图书管理的重要方法，同时也是方便读者搜集资料的基本方法。此分类法早在古代就被科学地利用起来，古代图书多数以经史集子这四部进行分类。直至清末民初时，由于新式图书陆续出版发行，才渐失其实用性。

现今，我国的图书分类法有三种，分别是中图法、人大法和科图法。为使其更加体系化、标准化，我国把中图法确定为国家试行标准分类法。中图法分为五大基本部类，二十二大类。五大基本部类分别是马克思列宁主义、毛泽东思想和邓小平理论；哲学、宗教；社会科学；自然科学；综合性图书。大类则用英文字母开头划分，再分为第一级类目、第二级类目、第三级类目、第四级类目、第五级类目。只有了解了中图法类目表，才能在多到眼花缭乱的图书中快速找到想要的书籍。

（三）检索途径

图书馆使用中有多种检索途径，以便于读者查询。了解多种检索途径，才能知道所要查找的资料位于哪里。我国图书馆使用途径主要分为书名途径、著者途径、分类途径和其他途径四种。其中，前三种途径分别是按照书名、作者姓名的排列顺序和文献资料所属学科来进行检索的途径；其他途径是按地名、号码、药名等排列的查找途径。

（四）检索工具

检索工具是资料使用的必要手段，它能显示书库存储的目录书籍和刊物。国内现有的检索工具有书目、索引、辞书和文摘等。其中，目录索引需要着重地强调一下。目录索引是打开资料宝库的钥匙，是研究学问的指路灯。学会利用目录索引，对查资料而言无疑是最科学有效的方法。

1. 为什么要查目录索引

首先，目录索引是信息海洋中的指南针。在海量数据中，快速准确地找到所需信息往往如同大海捞针，目录索引则提供了清晰的导航和定位功能，帮助我们迅速锁定目标。其次，目录索引能够提高信息检索效率。通过科学的分类和编排，目录索引将相关信息整合在一起，避免了逐一筛选的烦琐过程。这不仅节省了宝贵的时间，还提升了工作和学习的效率。最后，目录索引是知识管理的重要工具。它能够帮助我们系统地整理和存储知识，构建起个人的知识库。在需要时，只需查阅目录索引，便能轻松找到所需的知识点，为个人的成长和发展提供有力支持。

2. 怎样运用目录索引

目录索引对于科研工作的开展是非常有实践意义的，陈垣就是一个典型例子。他研究任何论题，必然先进行书目罗列，教学生也必从目录开始。他的治学是通过目录的帮助而走上成功之路的，所以他希望他教的学生都有这把钥匙。现在的图书量巨大，个人藏书绝对是有限的，做学问必须充分利用图书馆。蔡尚思认为图书馆是“太上研究院”。他曾在南京图书馆读书一年多，虽然吃的是粗茶淡饭，但是知识增长得很快。他曾说在南京图书馆读书的主要目的是做一件别人没有做过的事，那就是搜集中国的思想史资料，为写出一套中国思想研究法而做准备。按照集部目录不遗漏地一本本翻阅，随后对文集作各种记号。当然，记号是记在他自己购买的书上的，而不是记在图书馆的书上。他还把需要的书做出索引，给自己日后腾出更多的时间翻阅学习。陈垣也是如此，没有现成目录就自己编。即使写单篇的学术论文，也要把搜集到的资料和书里的相关内容编制出一个属于自己的目录索引，为写作奠定坚实基础。

事实上，一些学者在做论文开题报告时罗列出的参考书目大多是他们自己编撰的索引。在撰写论文时，可以预先将自己手中的相关资料编制出相应的目录索引，这样在论文写作上会比较顺利，论文质量也有了可靠的保证。

（五）图书馆的互借服务

图书馆建设发展的目标之一是资源共享。只靠一个图书馆就搜集到各式各样的图书是不太可能的，因为一个图书馆的经费有限，收藏能力也十分有限；再者，有些图书馆是根据服务对象有具体倾向地收藏图书，所以会有局限性。为使信息资源能够达成共享的目标，馆际互借就成了必需。也就是说，如果图书馆之间达成互借协议后，一个图书馆不能满足读者们的特定需求时，可以向别处图书馆借用文献资料。了解这个服务，对于资料的灵活运用具有很重要的实用价值。

二、工具书的使用方法

对于读书研学而言，必不可少的钥匙是工具书。在资料的准备、查找和使用过程中，必须要有工具书的帮助。从汇集材料的范围来看，工具书很全面，它会把相关的资料尽量都搜集过来，然后加以总结概括，完备性方面做得很好。它提供的材料，从时间范围来看，包括搜集整理时段能涉及的全部资料；从空间范围来看，包括能涉及的地域内的所有有关资料。那是否都能照单全收呢？这是不太可能的，因为人、事、物总是在不断变化的，但最基本、最重要和最典型的资料一定不会漏掉。

工具书的编制方法多种多样，并综合运用多种方式，比如按时间、地域、分类、字顺、音序等方式来编制，可以使得各类材料井然有序，系统性也较强。对学科性质的专业书来说，大多数是按照分类来编排的；百科全书内容分析的索引是按照主题编排的，也就是字顺法。归根到底，无论用什么方法编排，都是为了方便读者查阅。编撰工具书不是让我们从头到尾一点一点去细细品读的，而是有针对性地方便读者查阅翻读、解决疑难问题，是一种具有便检性质的图书。

三、电子资源的使用方法

与前辈们相比，如今获取资料的途径便捷了很多，网络为我们提供了丰富的电子信息资源。一些学者愿意在某些网站上共享他们的学术成果，因此可以在网络上检索出一些高质量论文和著作。当然，网络是一把双刃剑，它在提供高质量材料的同时，劣质信息也在其中鱼龙混杂。对于检索到的电子资源，务必要再三斟酌，看其是否具有学术性和可靠性。那么如何辨别呢？我们可以利用自己的专业知识或一些辅助手段，比如查看发布论文资料的作者是否具有一定的学术地位和声誉，或者以其他文献为佐证验证内容的可靠性。

四、原始资料的使用方法

为使研究更加真实可靠，必须客观准确地使用原始资料。用批判性思维公正地理解和分析资料的观点，然后认真核实得出的结论。与此同时，我们不仅需要记录自己的想法和结论，还应记录资料的细节，这一过程中应时刻保持准确无误。

（一）通过阅读原始资料找到灵感

如果在某一研究过程中遇到了困难，就需要阅读原始资料来找出答案。那些让我们感到困惑、不太明确或太过简化的观点，通过原始资料的阅读也许会找出其他人容易忽略、没有继续探究的数据。例如，有一份比较中意的原始资料，其中提及了某一历史人物，那么可以对与该历史人物相关的人或事提出类似的问题，然后浏览资料的结论部分，著者通常在这部分会指出他们仍未解决的问题，这会给我们带来新的研究启示。这属于快速式阅读，必须保持高度敏感地对待那些引发我们兴趣、刺激我们思考的东西，边阅读边记录有用内容。如果遇到一份我们可能会用到的资料，只需记录它的出处就可以，无须详写内容。一旦确定了准确的主题，再把文献资料的有关内容准确地记录下来，方便以后查找使用。

（二）通过阅读原始资料提出论证

与寻找问题的快速式阅读相反，寻找论证时的阅读要小心细致。慢慢细读原始资料，在前后语境中准确掌握论证的完整意义。由于很多人习惯碎片化的零散阅读，所以在细读原始资料过程中很容易出错，这就需要我们培养自己沉心慢品、在细节中发现关联的发散性思维能力。

（三）广泛并带有批判性地阅读

阅读的材料当然是越多越好，但首先应保证阅读的理解质量。广泛阅读不代表草草了事，有必要放慢自己的阅读速度、反复阅读不懂的部分，如果最终没有在脑海中概括出内容，那么这部分就不足以支撑论证。这里所谓的批判性的阅读不是在阅读之初就对原始资料抱有批判态度，而要在初始尽量克制这种习惯。我们首先应客观、不带偏私地阅读，当了解比较充分的时候，发现与自己的观点有所出入时，再有理有据地提出自己的反对意见。

（四）著作权归属要厘清

在记录原始资料提出的观点时，注意其在原文中的重要程度。再三确认著者在提出有关观点时所使用的词汇，以及内容里用了怎样的词语表示程度。在参考原始资料的时候，要将自己的话和原始资料区分清楚。为保证准确引述原始资料里的内容，在记录时要写下较长的引文而不是寥寥几行，并把页码标示清楚。仔细和重复阅读与结论相关的内容时，要在最要紧的前后文语境中概述引文。

经过阅读和思考，用得出的论点反过来去印证资料的有用性，重新筛选资料。筛选过程要按照真实、典型、新颖三项要求来逐个审视，弃掉不合要求的，补充需要增加的，直到资料充分为止。例如，石碑文献用来考察官爵、地理等较客观的史实是比较可靠的，但不可忽视的是，它有时会歌功颂德、过于美化或隐藏恶处，对事实也会夸大或缩小。所以在使用原始资料的时候也一定要仔细甄别，不可尽信全信。

五、资料的整理和归纳

（一）影印资料的整理

整理影印资料时需要注意的是，封面和书名页也要印上，免得以后找起来麻烦。整理影印资料常用以下几种方法。

（1）把内容相同的放在一起。

（2）利用数据夹，把数据按类别分好放入其中。

（3）利用效率柜来整理。效率柜中有数十个小抽屉，每一个抽屉放一类数据，这是一种方便操作的物理整理方式。

（二）思考研读阅读资料

资料的搜集是一项日积月累的长期工作，越搜越多，最终免不了有些东西会被遗忘。通过反复地阅读，才能够进一步熟知资料。在这个过程中，不知不觉地会对掌握的材料进行深度思考，边阅读边动脑，逐渐对所涉及的论题产生更深刻的认识。这时回过头会发现，之前掌握的零碎、片面、复杂的知识通过思考阅读后，已变得相对清晰，能够呈体系化地表达出来。

（三）摘记和分类组合卡片

利用卡片来摘记数据，既可以增强我们对材料的记忆程度，又可以锻炼自己的思考、组织和整合能力。即使计算机再方便，也无法取代卡片的实用性。通常情况下，卡片可分为书目卡和数据卡。前者专门用于记载专著和学术论文等数据，可以随用随拿；后者用于摘取零碎的资料。

1. 书目卡

卡中的数据目录项必须完备，在书目卡上可以记录相关书籍的收藏位置和书号，方便后续复查使用。除此之外，在卡片上还可以记录书里的重要论点和自己的观点，为自己的治学之路尽可能提供便捷，因此卡片成为我们辅助记忆的有力工具。鉴于图书的出版来源不同，英语、法语、德语、日语、韩国语，再加上中文，出版的书籍都有各自的纪年。为使各数据有出版的先后顺序，对一些数据出现的时间，须尽量加上公元年代，在旁边准备一本对照表方便随时查阅。书目卡最主要的目的是完成论文，或是便于随时检索，再或是编辑书目。

2. 数据卡

成篇的整套论文想要方便使用，可用影印本进行保存。但是，过于分散的知识点若使用影印方式就不是很方便，而且有些古籍是不允许被影印的，数据卡在这时就派上了用场。在结束数据抄录后，要进行校对工作，一旦出现错误的时候要找原书核对，以免浪费不必要的时间。数据卡的制作可以通过以下几种方式。一是摘录原文。摘录原文是制作数据卡片比较常用的一种方式。摘录时务必要忠实于原文，即使原文中有错误的地方，也要照书抄录。可以用括号在错误后面补充说明，自己的观点和想法也要在卡片上明确标记，方便以后查找。二是改写原文。一些著作由于时间的间隔过长，表达方式也与现在有所不同，读起来过于冗长，所以在做资料卡的时候可对这部分进行重新改写。这样一来，既方便理解，又能够加深对原著的解读。但是值得注意的是，用此方法记录时一定不能够断章取义，要忠实于原文。三是叙述大意。把一篇文章或一本书用两三句话概括并记录下来，那就不得不事先细细阅读全文，提高自己的理解和归纳整理能力。四是中外互译。外语学习者不可避免地需要时常找一些外文论著来看，论点如需要借用的话，就必须有较强的语言翻译功底，不确定的可以请专家过目，再把确定下来的内容记到数据卡上。

卡片做成后，可以把内容相似的数据卡片放在一起，提取出各类小论点；再根据内容的相似度把已经分好类的小卡片群分成中卡片群，写出各类论点；最后再分成大卡片群。这样由小及大的分类，便于我们提炼出中心论点。

值得注意的是，所有记录的数据要忠实于原始资料，对于重要问题也要给出明确的解答，体现出自己不断深入的理解。从数据中反映出论证的思考，定期去回顾它们，以便自己判断研究的进展。综上所述，资料整合的具体步骤为搜集资料、整理资料、提取中心、建立论证。了解各类资料的使用方法，会为论文写作提供巨大帮助。

学位论文的撰写

第一节　确立学位论文的观点

学位论文在确定选题和资料搜集完成以后，就要进行最为重要的一步——论文撰写。这一步既是对前期准备工作的一个检验，也为后期答辩打下重要的基础。在众多资料的阅读过程中，需要选取与撰写内容密切相关的部分，并进行记录、分析和分类，在此基础上形成自己独特的、有别于前人的观点和想法。这种观点和想法既可能是对先行研究疏漏的补充，也可能是对先行体系的重构，还可能是对前沿问题缺失的添加。这里的观点不是独立的，而是成体系、成框架的，在阅读的过程中要不断记录、思考和整理，经过几周甚至几个月的累积才会在头脑中形成较为清晰的框架。这一框架也不是一成不变的，在接下来的阅读过程中还可以不断地修改、调整和润色。所以，进入写作阶段，才是真正锻炼和打磨意志与耐力的过程。

一、资料的选取、记录和整理

在资料选取阶段，我们需广泛搜集相关领域的文献、数据等信息，通过对比、分析，筛选出最具权威性、时效性、相关性的资料。这一过程能够帮助我们明确研究方向，避免在海量信息中迷失，确保研究的针对性和深入性。而资料整理则是对选取的资料加以系统化、条理化的处理，包括分类、归纳、提炼等。通过整理，我们能够更加清晰地把握研究现状，发现研究空白与创新点，为后续的研究工作奠定坚实的基础。在浩如烟海的资料中，有针对性地选取有价值的内容并提出新观点和新见解，需要长时间的阅读积累、清晰的洞察能力和敏锐的眼光。

（一）资料的选取

1. 资料的选取种类

根据论文内容，既需要选择具有专业知识性的理论资料，也需要选择支撑理论的实践资料。根据论点关系，既需要选择具有核心意义的主论点的资料，也需要选择与核心意义相关的资料从旁佐证。根据论点性质，既需要选择能直接证明论点的正面资料，也需要选择从旁论证论点的反面资料。根据论文论证内容的时间关系，既需要选择与论点相关的当下资料，也需要选择与论点相关的历史资料。根据论点的广度和深度，既需要具体的资料，也需要简略的资料；既需要广泛的资料，也需要典型的资料。根据论文论述的区域，既需要本地区本专业的资料，也需要其他地区、其他专业的资料。就论文论述的国家和民族而言，既需要有本国、本民族的资料，也需要有其他国家、其他民族的资料。只有量的积累，才能引起质的改变。只有从多层次、多角度、多领域来选取资料，才能进行创造性思维探究，提出创新性的观点，并进行全方位的论证。

2. 资料的选取数量

毕业论文可选的分支主题数量非常多，而根据主题产生的论点更数不胜数。在竭尽所能广泛搜集资料的同时，要随时根据论文的论点来判断资料是否与之相关，相关的程度如何，是否选择了最有价值的资料。因为时间、精力有限，我们在最初搜索和选择资料时，就要最精确、最小范围地去寻找相关性较强的资料，以避免因为寻找材料的范围过大、占据时间过长而导致资料选择只有广泛性，没有精准性，无法做到广博和精准的统一。

3. 资料的选取标准

首先，应遵循必要性原则。根据论文的论点分析资料，与论点相关的便留下；与论点无关的应及时舍去。若是介于两者之间，也应留下，静观其变。其次，应遵循真实性原则。真实性是资料的生命，资料一定要符合实际，有出处、有根据。值得注意的是，资料中的事实与根据资料所进行的事实推论是有差别的。在选取二手资料时，一定要先和原始资料进行核对，不可拿来就用。再次，应遵循新颖性原则。新问题、新想法、新结论，基本是在阅读新资料中发现的，所以新资料或者新方法都可以促成新结论。最后，应遵循充分性原则。充分性不仅指材料的数量，也指材料的质量。数量若是不足，则无法充分说明问题；质量若是不高，则不能有效地激发创造性思维。

（二）资料的记录

网络上的资料可以用下载、复制等方式进行保存。如果是书刊资料，可以复印、借阅或者使用活页纸、卡片、笔记本等摘抄的方式进行保存。在资料的记录过程中，最重要的就是记录已经出现的问题和由这个问题引发的思考，总结有证明力的论据。同时，还要记录论据论证的过程，形成严密的思维逻辑，为论文形成论点、确立大纲、划分层次做好准备。根据搜集采用的事实资料，分析资料的价值。比如，资料中的事实是否具有典型性，是否具有该领域事物的基本特征，是否可以代表该事物的某一方面；对于论点具有积极影响还是消极影响，是否符合价值取向，造成这样事实的原因是什么；事实的发展阶段是什么样的，以后的趋势又是怎样的；它与什么事物有紧密联系，又影响了什么的发展；该内容在各个国家有什么相同之处或者不同之处，各个国家之间对该内容是否有相互的承袭和发展。对于这些资料的记录，需要按照材料的性质、价值、重要性、门类等进行分类，根据逻辑关系分析重点的资料排列。在这个过程中，也会发现资料的不足或缺失，这时就需要去寻找不足或者缺失的资料，补充论证新的资料，并对新资料再进行鉴别归纳。

（三）资料的整理

为避免在浩如烟海的文献中感到无所适从，首先应对文献的主要观点、论据和研究方法进行分类、整理，以避免资料杂乱无章，使人毫无头绪、晕头转向。例如，分析同一问题的研究有几种主要观点，其主要代表人物都有谁，其观点不同的核心点在哪里，争议各方的理由主要是什么，如何看待他们之间的争议等。

在分类、整理的过程中，应当对参考文献中的学术观点进行反复咀嚼、消化，对主要观点之间的差异认真进行比较，冷静、客观地思考，鉴别错误的数据、论点和研究方法，做到去粗取精、去伪存真、为我所用。国内外研究综述通常是论文作者进行论文选题研究的基础工作，需要对相关问题进行系统、全面的研究，这样不仅可以知道什么问题被提出来了、什么问题被解决了、什么问题还没有被解决，还可以知道以往人们提出解决这类问题的方法有哪些、是否存在局限

性，从而更加方便地对论文观点加以论述支持。只有在反复比较、鉴别、思考的过程中，论文撰写者才会逐步发现理论研究的缺陷和不足，寻找自己研究的切入点。

在确定论文观点的过程中，应当随时记录下脑海中闪现出的火花，敢于提出自己的观点，并进行持之以恒的研究。切忌仅阅读几篇论文，就以为自己理解了问题的精髓，盲目地确定论文的观点，导致后续频繁更换论文题目。如果已经花了很长时间研究某一问题，再转向其他方向进行研究，会浪费很多时间和精力，有可能在规定的时间内无法完成论文。因此，在这一过程中应多与导师商量，认真听取导师的意见和建议。

二、确立论点

资料的选取和记录完成以后，问题就像冰川浮于海面一样，逐渐清晰。在这个过程中，或许会出现推翻论点的情况，或许会出现违背自我认知的情况。这时不要紧张，也不要担心，应该坚定自己的立场和观点，继续深挖和论证。如果确实发现自己之前的观点有问题，并且证据确凿，就需要大胆提出与之前完全相反的结论。一般来说，只要论述言之成理、材料真实准确、分析无逻辑错误，就可以称其为科学准确的结论。

首先，大量阅读是确立论文观点的前提。伟大的历史学家范文澜先生在自己的书斋中悬挂了一副对联以自勉"板凳要坐十年冷，文章不写一句空"。这句话是说，要做好学术研究，需要较长时间的专业学习和研究准备，广泛地阅读参考书目，克服经济上的贫困和精神上的孤独，更要忍受"十年寒窗无人问"的压力，并克服各种困难。因此，学术研究之路是痛苦、艰辛且寂寞的，喜欢喧嚣、急功近利、坐不住冷板凳的人不适合走学术研究之路。大量阅读是进行科学研究的第一步，知识、理论从来都不是凭空产生的，而是历史发展、传承的结果，大量阅读是进行学术积累和提高学术素养的重要途径。只有大量阅读，才能对前人的研究成果有一个总体的把握，才能找出需要解决的问题及解决问题的方向。许多归之于伟人的"发现"，其实已经被人预见过了，甚至已经由被人遗忘的前辈明确提出过了。这就说明，真理的发现是一代代人薪火相传的结果，是具有历史延续性的。如果不了解相关的文献资料，就不会发现这种连续性，更有可能误入歧途。

其次，沟通交流是确定论文观点的有效途径。沟通、交流是启发思路、碰撞思想火花的重要方法之一。许多专家、学者在相互交流、学习中相互启发、相互借鉴，以促进学术研究的发展。沟通和交流的方式可以多种多样，不拘泥于形式。学术沟通交流是指针对某一选题由相关专业的研究者和学习者共同探讨、研究和学习的活动。学术交流可以采取座谈会、讨论、演讲、实验和发表成果等方式进行，学术交流的目的是交换信息、思想和观点，以启发人们进一步的思考。同样，沟通交流也是确定论文选题的有效途径之一。沟通交流需要有学术自由的氛围，即人们在学术问题上可以自由地畅想、研究、发表看法。学术自由不仅是沟通交流的需要，也是学术研究创新和发展的需要。

确定论点的过程，往往是综合运用各种研究方法的过程，主要的研究方法包括以下几种。

1. 调查法

调查法也称经验积累法，是指在自己从事的工作或反复试验、访谈中发现需要解决的问题。调查法是确定论文观点常用的基础方法，在描述性、解释性和探索性研究中都可以使用调查法。

2. 文献分析法

文献是指包含各种研究对象信息载体的总称，通常包括书籍、报纸、杂志等公开出版物，也包括档案、计算机网络中的内容等。通过搜集、整理、分析和鉴别前人或者其他人的研究成果发现问题，最后确定需要研究的论文观点。

3. 趋势分析法

趋势分析法是指在学术研究或者专业学习基础上分析理论或者实践发展的方向和态势，以取得前瞻性研究成果的方法。趋势分析法往往需要借助统计数据、财务报表、数理模型等分析工具进行实证分析。

4. 比较研究法

比较研究法是指对物与物或人与人之间的相似性或者相异性进行研究与判断的分析方法。比较研究法会根据一定的标准对两个或者两个以上相互关联的事物进行考察，寻找其异同点，探求事物的普遍或特殊规律。

5. 关联法

关联是指事物之间的联系和影响。关联法是指根据事物之间的逻辑联系找出影响事物的主要因素或核心因素的研究方法。用关联法考察一个事物同其他事物之间的联系，有助于抓住事物的主要矛盾或者核心问题，揭示事物的发展规律或者实践中需要重点解决的具体问题。

实践表明，总论点和分论点不可能在确定选题时就产生，而是在围绕选题、深入研读参考文献的基础上，进行一系列逻辑思维，如分析综合、比较、抽象、概括、归纳、演绎、联想、集中、优选等之后才逐渐形成并确定下来的。可以说，总论点与分论点的形成是研究成果的初现。在围绕选题的一系列思考过程中，往往是先分后总，从局部到整体。但就学术论文的写作而言，其论点的确定则是先总后分，即先把统帅全篇的总论点明确下来，再追寻前段思考过程中出现过的小论点，对其进行仔细筛选，把其中充分、必要、可行的论点确定为服务于总论点的分论点。总论点在某种程度上决定了一篇论文的价值，要力求具有科学性、创新性、现实性和指导性。此外，还需注意涉及的范围不宜太大，即外延适中，只集中于选题的某一层面或侧面即可。特别是对于毕业论文或学年论文，只求能有一个有价值的富有新意的“一孔之见”。若总论点太大，因为理论水平、研究能力及掌握材料的局限，容易导致论证之力。对于分论点，则首先要求其能够卓有成效地为总论点服务。要注意几个分论点彼此的内在联系，从而产生支撑总论点的整合效应。分论点与总论点之间，以及各分论点之间应符合逻辑思维规律。此外，与总论点关系不大的分论点不应列入，否则会影响论文的逻辑紧凑性，俗称“跑题”。

除以上方法外，还需要组织、整理并清晰地表达自己的观点。为使观点清晰且有序地呈现出来，可以使用标题、段落、列表等形式来进行观点的组织，用证据、事实、数据等对自己的观点进行论证支持。在表达观点、描述事物或解释概念时必须明确且清楚，避免含糊不清。为了实现这一点，可采取以下措施：一是澄清概念，在表达之前确保自己对相关概念和信息有清晰的理解，阅读相关资料、参考专业术语和查找权威资料都是提高信息准确性的有效途径；二是使用简明扼要的语言，避免冗长和复杂的句子，因为简单而直接的语言更容易被理解和记忆；三是提供具体例子，在解释抽象概念或复杂问题时，使用具体的案例或实例能够帮助读者更好地理解和记忆，还可为观点提供实际证据和支持。

最后，在确立论点过程中，还有几个重要问题需要注意。

(1) 中心论点一定是对论题本质的概括。论文的研究目的是找到对论题的真理性认识，得出对论题规律性的总结，所以中心论点一定要包含整个论题的内容，而不能只是某个论题某个方面得出的结论。值得注意的是，专业性论文和实践性论文的中心论点的概括是不同的。专业性论文一般是对专业上某个知识点的总结和拓展，或者对已有概念进行否定，或者对某一

模糊认识的澄清，或者找出两个概念之间新的关系，或者在研究时提出新的研究方法，这些都可以算是专业性论文讨论的内容，所以专业性论文的中心论点应注重总结规律、拓展概念。而实践性论文则更注重对现实问题的分析和推理，往往根据已有的基本思路或理论体系，对某一方面的现实问题进行深入研究，所以实践性论文的中心论点往往侧重对问题进行本质性概括、讨论产生原因、研究发展趋向、解释可能产生的危害或者陈述影响和意义。还有一种是专业性和实践性结合而成的论文，这种论文的内容一般是基于实践问题的研究提出新的理论知识，或是基于实践问题对现有理论进行补充或澄清。这种论文的中心论点必须逻辑十分严谨，分论点相互依存且具有推导关系。

(2) 论点必须是专业化的总结、理性知识的概括。论点一般在论文中起到纲领性作用，人们在阅读文章时通常会依据论点来判断文章的逻辑性和整体性。所以，论点必须言简意赅、简洁明了，用准确的专业术语表达，而且论点必须是一种理性的判断，是作者经过大量的文章阅读总结出的规律，具有事实依据，而不是感性的理解。首先，专业化是论文的基石。论点作为论文的核心观点，必须建立在深厚的专业知识基础上，以确保其准确性和可靠性。通过专业化的总结，能够展现作者对相关领域的深入理解，提升论文的学术价值。其次，理性知识是论文的支撑。论点不应是主观臆断或感性认知的产物，而应是通过逻辑推理、数据分析等理性方法得出的结论。理性知识的概括能够确保论点的客观性，增强论文的说服力。最后，专业化的总结与理性知识的概括有助于提升论文的整体质量。它们能够使论点更加明确、精炼，便于读者理解和接受。同时，它们也是论文严谨性、科学性的重要体现，有助于提升论文在学术界的影响力。因此，在撰写论文时，应注重论点的专业化与理性化。

(3) 要用判断性或陈述性的语句来表达观点。用判断性或陈述性的语句来表达论文的观点，可以及时有效地传达信息，避免误解。学术型论文对于专业性和严谨性的要求较高，因此要尽量避免口语化表达、情感抒发和文学性的描述，这正是论文与其他文体最大的区别。论文的重点在于“论”，而不是“述”和“抒”，从句型上来说，判断句和陈述句是最为适合的。作为一篇正式的学术论文，几乎很少看到疑问句和感叹句，其理由正是其直指核心的内在要求决定的。用陈述句来表达论文观点是十分常见的。例如，“商品通过交换而满足他人需要并进入消费领域，实现其使用价值”。此外，需要注意的是，作为以“议论”为主的文体，对于大众约定俗成的内容没有必要赘述，开门见山、直指核心、抽丝剥茧、层层递进才是正确的观点表达方式。

注意以上三个方面，结合所搜集的资料，即可准确概括出所表达的论点。

三、拟定结构和框架

（一）明确毕业论文的类型和样式

1. 综述型论文

综述型论文是在专业领域内研究某一理论的现状，分析问题并结合已有的观点进行综合叙述的论文。它的目的是让读者清楚某一个研究领域内现有的成果性质、进程、规模、趋势和状态，其重点是对现有理论观点进行梳理和归纳。综述型论文分为横向论述、纵向论述和横纵向综合论述三类。横向论述是依据时间而创作的论文，对同一时期同一主题的论文结果进行研究梳理，呈现其中的关系，以表达自己的观点。纵向论述是以研究对象为依据，对其在不同时期的存在进行论述。它的特点是以该研究对象为线索，层层递进，将论点的神秘面纱逐步向读者揭开。横纵向综合论述既有横向论述的特点，又有纵向论述的特点，两种论述方式在论文中相辅相成、相互依托。

2. 论述型论文

论述型论文是在某一专业领域内对某一理论进行探讨，通常会使用说明、议论等表达方式，也会使用概括性的语言，通过推理、判断等形式来具体分析事物，阐明作者在这一领域内的新观点或重要的见解和发现。论述型论文具体分为立论型论文和驳论型论文。立论型论文是通过对资料的搜集和整理，发现新的观点或见解对其进行论证，这一类论文最重要的是提出自己的观点进行论证。而驳论型论文恰好相反，驳论型论文主要是通过辩驳他人的观点来确立自己的观点，通常是针对同一事物发表不同的观点和看法，且这种观点和看法往往都与先行研究大相径庭。在驳论型论文中常使用的论证手段有归谬、反证等逻辑方法。

3. 对策型论文

对策型论文往往是针对某一具体的现实情况进行分析和解释，进而提出解决这一情况的对策。对策型论文的特点在于综合性和实践性，重在提出现实问题的解决方法。这一类论文一般由基本情况、分析和看法、对策和建议三部分组成。

（二）确定论文的结构

撰写论文既要准确地反映客观事实、清晰地表达自己的观点，又要按照规律将内容有先后次序、有逻辑性地体现出来，做到有头有尾、层次清晰。论文的结构一般由绪论、本论和结论组成。

首先是绪论。绪论主要阐述课题的研究目的、研究意义和研究方法。当然，有时也需要进行一些历史的回顾。比如前人在研究这个课题时得出过什么结论、有哪些纰漏和不足、哪些部分还需要补充。总之，绪论的核心是提出问题并将其简洁明了地表述出来。

其次是本论。本论即论文的主体部分，这一部分需要十分详细地写出论述的核心内容，论文的主要框架和中心思想都在本论部分表达出来。在本论中，有并列分论和直线推论两种讨论方式。并列分论是将论文的几个基本论点逐一论述，分论点之间的关系是并列关系。直线推论是在提出论点后逐步进行论述，可以遵循逻辑顺序、时间顺序等进行论述。当然在讨论过程中也有将二者结合起来讨论的混合论述方法，二者交叉重合、相辅相成，会使论文更加紧凑。

最后是结论。结论是在论文最后所做的结语，其主要内容是对论文整体内容进行综合概括、得出结论，或者对所讨论的未尽问题进行说明或展望。值得注意的是，结论部分是对论文论点的强调，而不是对论文论点的重复。它是对全文的概括与总结，也是进一步提升文章内涵的重要部分。

（三）确定论文的层次

在撰写论文过程中，一定要注重逻辑关系，让论文具有条理性和系统性。在论述上可以分为总分式、递进式、并列式和综合式。

（1）总分式结构是将文章的层次呈现出有总有分的状态，一般情况下是在论文的开始阶段就提出中心论点，然后进行分层论述。每一个分论点都由中心论点统领，且对中心论点起支撑作用。

（2）递进式结构是层层深入、由表及里、由浅入深，循序渐进地论证。前一层是后一层的基础，后一层是前一层的升华。基本上遵循提出问题、叙述现象、分析原因、找出症结和解决问题五个步骤进行论述。

（3）并列式结构是各个论点之间的关系是并列的，没有强弱主次之分。并列式结构分为同向并列式和反向并列式，同向并列式即从同一方向来进行论述，既可以都是正方，也可以都

是反方；反向并列式则既包括正方也包括反方，通过正、反两方面对比论证来加深对观点的论证，使读者更加信服。

(4) 综合式结构是将以上三种论述方式结合起来进行论述。这样的论文往往涉及多事物和多方面，论证复杂且多面，不能用单一的结构来表达时才会采用这种方式来安排论述。

(四) 注重段落的划分

段落是构成论文形式结构的基本单位，它可以表达思维的停顿、转折、间歇。分段的主要目的在于便于读者阅读。在划分段落时，需要注重完整性和单一性。完整性是指相同意思的语句要写在一段内容中，单一性即在该段落中只有一个中心思想。段落与段落之间一定要有内在的联系，每一个段落都是不可替代的一部分，每一个段落在表达某一层次内容或全篇内容时都是不可替代的。注意在分段时各段之间大体也要匀称。

(五) 找出疑点并解决

在论述论点时，要注意论文的中心论点是否明确集中，基本论点是否有力地支撑中心论点，论述是否符合逻辑、有无矛盾，层次是否清晰合理，段落是否匀称，是否有离题的材料等。如果没有问题，当然是皆大欢喜；如果有问题，就要及时发现并解决，保证错误在自查阶段就被消灭在萌芽中。

论文的主要观点是后期论文工作的中心。当然，主要观点不是一成不变的，可以随着论文的发展加以修改和完善。当发现更多的信息时，可能会稍微改变自己的观点，有时可能还会出现较大的改动。但无论怎样改动，一定要在最后确保每个小论点都是为分论点服务的，每个分论点都是为总论点服务的。只有每一箭都射中靶心，才能保证最终成绩的优秀。

第二节　构建学位论文的写作提纲

提纲是论文的缩影，它既可以帮助作者梳理内容层次、厘清框架思路，也为论文布局做进一步的准备。前期的选题和资料搜集整理都是为了构建提纲。构建写作提纲，是用清晰简洁的语言将全文结构体现出来。体现结构的方法有很多，而构建提纲是应用最广泛、最便捷的方法。可以说，资料为提纲服务，提纲为题目服务，由此形成一个完整、系统的结构。读者在阅读绪论、正文、结论之前，可以通过提纲大概了解论文的主要内容，进而判断是否可在文章中获取自己所需的信息。

那么提纲在学位论文撰写过程中的重要性体现在哪些方面呢？首先，它有利于流畅串联思路，为全篇布局打下良好的基础。通过构建写作提纲，作者将脑海中分散、碎片化的想法和资料整理得清晰、简洁，形成大致的论文框架。构建提纲后，作者还可以在原有想法上推敲，对其进行修改和升华，使论文成熟完善。其次，它有利于作者把握论文的整体进程，做到内容不脱节、节奏不错乱。一个连贯流畅、统筹全面的写作提纲，会使作者心中有数，更加得心应手、一气呵成，避免出现不知写什么或怎么写，以及松散不规整、游离拖沓等状况。同时，提前构建提纲还能方便作者及时调整和更正突发问题，避免返工的发生。再次，它有利于作者灵活选择顺序，更加合理地安排写作时间。作者可根据自己的实际情况来确定是先写本论再写开头和结尾，还是根据灵感撰写论文中的任意一部分，然后补充其他部分，还是按照论文的顺序依次写开头、本论、结尾等。在写作时间上，作者既可以在一段时间内集中精力将论文初稿一次完成，也可以分段利用碎片化时间分部分地写出来，最终串联起来。最后，它有利于确定最优的写作方法，力争做到尽善尽美。如果在撰写中突然迸发新灵感或新见解，也可清楚补充在哪里或舍弃哪一部分，及时调整和修改论文的整体框架和结构。通过不断地对比、分析、改正和添加，使论文尽善尽美，精益求精。

一、构建写作提纲的意义

（一）构建提纲是写作论文前不可缺少的环节

在学位论文正式写作初稿之前，凡是有导师指导的论文必须先上交写作提纲，在导师批准后再开始写作初稿，若导师未批准则需要继续完善和修改提纲。即使没有导师指导的论文，也需要提前构建好写作提纲，再开始初稿论文的撰写。提纲在一定程度上对于我们树立全局观念有很大帮助。从论文整体出发，检验论文中每一个部分的地位和作用，相互间的逻辑联系是否紧密；每一个部分所占的篇幅与其在论文中占有的地位和作用是否相称；各个部分之间的比例是否恰当和谐，能否成为论文整体的有机组成部分。经过这样的考虑，论文的结构才会统一且完整，才能更好地为内容表达而服务。

（二）构建提纲后有助于作者迸发出更多的灵感，有利于论文内容的构思

论文的写作提纲是作者对全文整体的概要，也是全文思想的体现，是作者在阅读完先行资料后总结出来的核心内容，是对全文的总体设计。提纲是由文字和序码组合而成的一种逻辑图表，对于论文全篇逻辑的完成以及写作设计图稿的完成有很大帮助。不仅如此，它可以使作者更容易把握论文全局的结构，明确论文的重点与结构层次，同时文字的表达简洁干练、内容一目了然。构建论文的写作提纲不可急于求成，必须一丝不苟、细致入微，经历一个由浅入深、由模糊到清晰、由简单到详细的过程。在构建写作提纲的过程中，要不断丰富其中包含的内容，逐渐将模糊的大框变得扼要明了，最后形成一个框架清晰、内容饱满的论文提纲。

（三）构建写作提纲有利于在日后的写作中避免重大过失，节省宝贵的时间和精力

构建完提纲后，作者在完善和修改已初步成稿的写作提纲过程中会反复斟酌，发现问题后逐一对其进行修改和深入探究。若没有写作提纲的构建，一旦出现分论点不正确、论据难以支撑论点等情况，作者则需将已完成的部分论文重新返工、修改不正确的某一点内容，甚至是重新撰写全文。在论文研究和写作过程中，作者本身的思维是不断活跃跳动的，即便是一些平时看起来很无关紧要的资料，在经过作者的深入思考之后，也可能产生一些新的想法与观点。如果我们在前期不认真编写写作提纲，那么在后期撰写时，被这种情况影响的概率会很大，以至于我们不得不暂时停下笔来，重新对论文内容进行考量。更甚者要推翻已经完成的部分重新开始，这样不仅会增加工作量，还会影响写作情绪。

有了写作提纲，就能让作者在撰写中做到心中有数、思路清晰明了、纵观全局。在提纲的引领下，论文内容会安排得合理且详略得当，自身的论据也足以支撑论点，避免了跑题、不知写什么或怎么写的情况出现。同时，构建写作提纲也能够节省作者宝贵的时间和精力。由此可见，构建写作提纲有百利而无一害。有导师指导的论文写作，将论文提纲交由导师审定，就能在成文前及早发现问题，避免日后发现失误造成时间、精力、体力的大量浪费。对导师来说，这种指导方式也更加科学合理，指导效果事半功倍。

（四）构建写作提纲有助于文章脉络的疏通及连贯

外语学位论文需要作者用所学语种来撰写，且字数在五千字以上，一气呵成对初次进行外

语写作的人来说难度不言而喻。学术论文篇幅大、难度高，是对撰写者已学四年或三年知识的检验。如此浩大的工程，若在没有图纸的情况下直接施工，势必容易发生重大问题。而构建写作提纲，根据提纲内容分步骤书写初稿，能使文章脉络清晰连贯、行文流畅。构建写作提纲后，作者可根据提纲内容逐步完成，全神贯注地分别写其中各部分，再合并成一篇文章，最后修改完善其中不连贯、不合理的部分。在写作中断的时候，提纲能够帮助作者回忆起之前的构架，使其在短时间内回想起之前的思路，连贯地书写下文。

提纲在写作中具有重要作用。它不但能引领全篇脉络的发展、保证写作的进度和督促作者的完成度，也能保证写作内容的条理和结构，让作者思路清晰地完成初稿。此外，在论文提纲构建过程中，可以向老师和同学寻求指导与建议，在完善自己论文提纲的同时，增进师生和同学之间的沟通与感情。

二、制订粗略的写作提纲

提纲是论文的大体框架，可以帮助作者把握全篇论文的整体脉络。在制订粗略的写作提纲之前，要先明确如何编写写作大纲。构建提纲要从全局出发，审查思考全文的布局，统筹规划。论文的写作目的是构建提纲的前提，根据目的和内容对结构进行分析，决定从哪里入手，怎样开始写出一篇文章。粗略地制订每一部分的提纲，作者应明确以下五点内容。第一，立论点，首先要拟出标题，标题的拟定相当于敲定了这一部分的中心论点。作者应该明确要立什么样的中心论点、运用哪种方式、从哪一角度提出问题等。第二，找材料，即根据选定的分论点，选择相应的论证材料，尽量避免陈旧、“烂大街”的材料，尽可能查找具有代表性、新颖、能抓人眼球的新材料。将搜集到的材料分类整理好，以便写作时参考。第三，分段落，即在完成前两点后思考这一部分大致的样子，在哪一段放置哪些材料，要有什么样的层次和结构。第四，谋全篇，即考虑全篇总体的布局和安排，从几个方面来说、以什么顺序来论述，然后写出总论点和分论点。明确开头和结尾该如何统领、从哪几方面进行论述、中间的衔接部分怎样处理等。第五，统全局，即在大致构建完写作提纲后，协调各个部分和各个方面，不论是从写作手法还是材料内容上，都要考虑如何连贯内容让其不分散、不突兀，如何使这一部分做到和谐通顺、疏密得当等。除此之外，还要对提纲整体进行全面检查，不能一味追求字数和段落的平衡，要根据内容做必要的增添或删减。

对已经搜集并整理完成的资料进行查阅，通常有四种方法。第一是顺查法，即以研究主题所发生的时间作为起点，按照事件发生和发展的时序，由旧到新、由近到远地进行查找。这样在一般情况下是可以查全所需资料的。顺查法多适用于论文涉及范围比较广泛、项目情况比较复杂、所需要的文献比较系统的研究主题的普查。第二是逆查法，也称倒查法。倒查法与顺查法是完全不同的，它是按照事件发生的时序由新及旧、由近到远地进行查找。此方法多使用于搜集新文献和研究新主题，逆查法对历史渊源可能关注得不够全面系统，同时容易漏检。第三是引文查法，也称跟踪法，即以已掌握的资料作为线索，查找与主题相符合的文献资料。它的优点是文献涉及的范围广，可方便快捷地获取文献资料，还可以不断地扩大线索；缺点是以这种方法查找到的文献资料，会受到原作者引用文献资料的局限以及主观随意性的影响，资料会没有时代特点并且杂乱无章。所以，我们在查找文献时一定要注意资料的可靠性。第四是综合查法。所谓综合查法，顾名思义就是将上述三种方法进行整合使用，也是我们查询文献的一种可行的方法。

论文提纲的制订在通常情况下按照“总—分—总”的思维方式，或者“绪论—本论—结论”

的三段式结构来完成。在撰写提纲时，人们通常会采用以下两种写法。

（一）标题式写法

标题式写法简称简要提纲。这种写法要求作者用最简洁的语言或文字把文章分成各个层次。同时要写出各个标题的要点，把内容用最简洁的话语表达概括出来。与此同时，还要列出论文的主要纲目，分清论文的段落、层次，同时对论文的中心思想、重点难点、主要观点、创新之处及研究结论等方面进行进一步的阐述说明。也就是说，在撰写写作提纲时，仅需运用一些简单的句子，甚至是一些简单的词或者词组作为提示，把材料与它相对应的论点组织串连起来，制成有机的序列即可。它可以简洁干练地表明论文的要点、编排目次，使人一目了然。

这类提纲的特点是内容简洁明了，但只有作者自身把握和理解。如果作者在撰写提纲时没有做到心中有数，在实际论文撰写时无法将具体内容展开，则会存在很大的可能性要推倒重新来过，这样不仅费时费力，还会影响论文写作的整体进度。所以当作者使用这类方法时，一定要慎重再慎重，免得自己的努力功亏一篑。这种方法，除非自己有百分之九十以上的把握，否则在一般情况下尽量不要使用。

（二）句子式写法

句子式写法简称详细提纲，即以一个完整句子的形式把每部分内容全部概括出来。这种类型的提纲不仅有框架、有纲目，而且有内容、有细目。也就是说，它在标示文章内部各部分标题的同时，还会把具体内容要点用完整句子概括出来，甚至在文章的转折、过渡之处都会使用必要的文字来对其进行解释说明。由于这类论文提纲有具体详细的优点，所以在行文时就会比较省时省力。这种类型的写法具体而明确，不仅作者本人容易看明白，其他人看了也会立马领悟。使用句子式写法要求我们的提纲有三级或者是四级的纲目，每个纲目下面还应有分目，纲目不仅有标题形式的表达，还有句子式的表达，只有这样才能使论文的纲目丰满起来。虽然这类写法耗时较长，但依然推荐在毕业论文撰写时使用，因为这样有利于老师的理解和对学生进行指导。

事实上，可以根据研究对象的复杂程度、自身对于研究内容的熟悉与把握程度，以及文章的具体篇幅等多方面的情况来决定使用标题式写法还是句子式写法。如果研究对象易于控制且简单、研究内容是比较容易把握而且非常熟悉的，适合用标题式写法；如果初次撰写论文或者文章的篇幅较长，则采用句子式写法是更优选择。

除此以外，构建一个大致的提纲，要做到论题、材料、结构及语言等要素俱全，要素要有效连接、形成一个有联系的整体。论题需要统领全篇、抓住中心、突显重点，材料要与主题密切相关、纵横兼顾，结构要框架清晰、逻辑完整，语言要清晰简洁、高度总结。构建提纲，打腹稿也是起草的一种类型。运用纸笔是一种具体的起草，而打腹稿是一种虚拟的起草，通常适用于短篇论文的写作。有的作者没有拟写提纲的习惯，在打腹稿之后执笔成文、一气呵成，即古人所说的“袖手于前，疾书于后”。作者按照习惯选择起草的类型，起草结束后，主动寻求帮助、征询意见。在此之后，反复推敲、修改，寻找最佳的写作方案，构建出较为完善的写作提纲。由此可以看出，自古以来人们写作都是始于提纲的，无论是具象的还是虚拟的，作者都应首先构建一个粗略的写作提纲，明确本篇论文该如何写、写什么，有一个大致的思路后再对其进行详细的补充，为接下来的写作提供便利，避免出现摸不清头绪、不知从何落笔等问题。构建写作提纲，并没有具体的固定格式，可以选择多种方式，或详细或简略。

总之，构建粗略的写作提纲，对行文有利，对作者和读者都有一定的帮助，构建自己熟悉和习惯的写作提纲将大幅提升撰写效率。提纲的拟制标志着学术论文起草的准备工作已经开启，接下来要进一步完善提纲。

三、丰富及规整写作提纲

在制订粗略的提纲后需要进行资料信息的细致查找工作，再将其分类插入粗略的写作提纲中，丰富写作提纲的内容，这样一份详细的提纲就制订出来了。最常见的提纲样式是结构提纲，又称层次段落提纲。结构提纲主要由三部分组成：第一部分是作者自拟的论文题目；第二部分是作者想写的论文主题；第三部分是全文大致的层次结构、段落安排，以及开头结尾、层次过渡、材料的选取和安排等。构建结构提纲有利于清晰明了地展现全篇的写作内容和主题，避免遗漏重要的信息和内容。结构提纲相比其他样式的提纲更为清晰明确，也更适于初学者和普通文章的写作。除结构提纲外，还有图表提纲、要点提纲、说明提纲等。

在论文中，无论是标题、分论点还是句子，都要尽可能地使其形式保持一致。换言之，在大纲中罗列的想法要以相同的形式出现，这样可以清晰明了地看出论文的整体层次和结构，让作者轻松地写作，也让读者容易读懂作者的心思，以避免因为格式混乱而打乱写作思路。相同形式的提纲，从格式上能更加清晰明了地表达作者的想法，从内容上能更加简洁干练地让读者理解其含义。在制订粗略的写作提纲后，通过搜集不同类型的资料，将大纲用完整的句子填充、丰富起来。但需要注意的是，随着资料的不断积累和自身的深入思考，提纲的内容和结构也会随之而改变。

此外，论文提纲的格式也是不可忽视的。写作提纲的基本格式有标题、前言、主体和结语。就外语学位论文而言，详细的写作提纲应包括以下四个部分：第一，论文题目，论文的题目要简洁明了，不要过于烦琐，尽可能醒目简洁地表达出作者的核心思想；第二，绪论，在构建绪论的写作提纲中，作者要明确中心论题和本篇论文的写作意图；第三，本论，即论文的正文，论文的正文包括引言和正文，其中正文又包括论点、论据论证、结论三部分，引言要简述写作的原因、目的和意义，并且说明写作的范围。要与主题密切相关、短小精练，不要与主题脱节、过于烦琐。正文的提纲大致可列为提出论点、分析问题（即论据和论证）、解决问题（即论证步骤）小结，在本论部分中，撰写者最好将每一个分论点及每一条分论点下论述时所需的材料同时列出来，以便在写作初稿时能够直接使用；第四，结论，结论部分要概述一下论题的内容，也就是本论的部分，要和开头的序言相呼应。

在丰富完论文提纲后，不要认为前期工作就此结束了，可以立马按照提纲进入写作阶段。至此，还有一项非常重要的工作要做，那就是对暂时完成好的提纲进行反复地推敲和修改。在这一过程中，一定要把握好几项原则：一是对于论文的题目进行反复敲定，即题目是否符合主旨。二是反复思考写作提纲的结构，围绕要阐述的中心论点或是要说明的中心论题，对已经划分的部分和层次进行检查，确认其是否充分佐证和说明了主题的要求。三是检查文字过渡是否自然，复查总体布局是否合理，微调各个层次间的论述次序。

详细的写作提纲，首先能够统领写作的主题，对全篇的内容、逻辑等有一个明确的限定，让作者时刻牢记主题，在行文过程中不跑题；其次可以掌握整体框架，有了整体框架就会在写作初稿前对写作内容做进一步的思考，避免作者的思路混乱，忘记哪一部分是否被遗漏；最后详细的写作提纲可以督促写作进度，列制了详细的提纲后，写了哪一部分、没写哪一部分一清二楚，在客观上督促了作者的写作节奏。提纲主要有纲要性和条理性两个特点。所谓纲要性，是把要传递的信息要点发表出来，做到一字不漏、突出要点；所谓条理性，是将要表述的内容清晰地表达出来，使内容一目了然、显而易见。

四、修改和完善写作提纲

对外语专业的同学而言，中国的文献资料不足以支撑自己的论点，还需要查阅相关国家的书籍，透彻地了解要书写的内容在该国的先行研究，不能一股脑儿地只查阅中国的书籍。在查阅资料后，会突然爆发很多灵感，这时通常要将从灵感中迸发出的各个主题先列出来，然后慢慢地完善提纲。通常情况下，前期的准备工作做得越多，后续的写作过程就会越顺利，下笔有如神助一般。

当列出外国资料涵盖的主题后，会产生一个分散的框架，作者应按照段落将分散的主题规整起来后划分段落，再将分好的段落插进之前的框架中。这个过程中要考虑分散的主体框架之间的联系、全篇的起承转合、前文的描述能否更好地为下文做铺垫等。在编排完成之后，可以根据需求再对其进行删减或扩充。

修改和完善写作提纲，我们要坚持“四看”。

(1) 看提纲关于立论正确与否，是否符合客观实际，是否符合党的路线、方针和政策，还要看其是否具有相应的科学价值。

(2) 看提纲框架的完成程度，是否需要更进一步的调整完善。

(3) 看论证能否站得住脚，是否有新的论点或新的证据需要补充。

(4) 看提纲的逻辑体系是否存在问题。

“四看”完成后，说明提纲在大的方面或方向上是符合基本要求的，但仅做到这些还远远不够，还要进行“四查”。

(1) 提纲的论点一定要正确，而且要有新意。

(2) 要有全局观念，从整体出发的同时，还要确认每部分在论文结构中所分配的比例是否恰当，即每部分的篇幅长短是否合适。此外，还要保证每一部分都是为中心论点服务的，反映了中心论点要表达的核心思想。

(3) 一定要围绕选题的中心论点来对材料进行取舍，与主题无关或关系不大的材料要毫不犹豫地舍弃，即便是花费了很多精力搜集的材料也不例外。

(4) 要考虑到论文各个部分之间的从属关系、总分关系和并列关系，其中也包括内部细致的逻辑关系等。

在总体完成提纲之后，应对提纲再做全面的检视，找到自身的不足和需要改进的地方。如果发现大小主题不呼应、分论点逻辑不清晰等明显的错误要及时改正，避免越写越偏，最后跑题还要费时费力地重新返工。如果发现观点没有足够的论据支撑，要么搜集更多的信息和材料来支撑这个论点，要么重新排列段落的顺序使内容更顺畅和自然。如果自己反复检查都认为没有问题，不妨寻求老师、同学或者朋友的帮助，他们可能会注意到作者自己注意不到的细节。总之，要细致反复地梳理大纲。

当作者对构建的提纲结构非常满意，即没有逻辑、顺序、语病等问题时，就可以开始添加引用的参考资料和查阅的相关书目了。在提纲中直接列出参考资料，有利于作者在写作初稿引用内容时更加方便快捷地标明脚注，能够直接找到原参考资料的位置，甚至是书名、作者、页数等信息。如果是纸质材料无法查询到的内容，可借助百度、知网、知乎等网站信息，尽可能丰富写作时可用的原点资料，但要将其来源标示准确。

从上述内容可以看出，在外语学位论文的写作过程中，构建提纲是必不可少的步骤。撰写者要花费大量的时间和耐心来坚持写作，有了提纲能减少很多不必要的困难。先用自己喜欢的方式、尽可能轻松快速地列完大框，再填充内容，然后根据大框流畅连贯地撰写初稿。这样不但使撰写者的整体写作相对轻松，而且在时间和精力上也相对自由，可以以一种轻松愉快的状态完成论文。

第三节　学位论文的基本格式

格式是指规格和样式，论文格式是指在进行论文写作时对样式的要求和写作标准。论文的基本构成可以分为四个部分，即前置部分、主体部分、附录部分和附件部分。前置部分一般包括论文的封面、中文和外文摘要、关键词及目录等。主体部分一般包括绪论、正文、文章中所涉及的注释、结论、论文所需的参考文献及致谢等。主体部分从阿拉伯数字 1 开始标页码，标于底端居中的位置，直到结束。附录部分一般包括论文所需的关键原始数据、辅助论文内容的调查问卷等。附件部分包括论文的任务书、指导记录表及答辩记录表。

一、论文封面的内容和格式

论文封面一般由学校统一印制，具体内容由学生来填写。对外语专业的学生来说，应有中文和外文两张封面，外文封面为第一封面，中文封面为第二封面，两张封面格式需要完全一致。封面的内容一般包括毕业论文题目、论文分类号、密级、院（系）、专业、学生姓名、年级班级、学生学号、指导教师及其职称、论文写作的具体日期。此处要注意，封面页是不能加页码的。

二、论文标题的分类和注意事项

标题是指文章的题目。论文的标题可以分为三部分，即正标题、副标题和分标题。

(1) 正标题是文章总体内容的体现。首页居中的位置是正标题，其可以分为四种类型：第一，提出问题型，这类标题通过设问句的表现形式，隐藏实际需要回答的问题内容，委婉地表达作者的观点；第二，概括中心型，顾名思义，这类标题是文章中心内容的高度概括；第三，限定范围型，这类标题限定了文章的内容，具体化、狭窄化了研究对象，从细微之处着眼，从宏大之处着手；第四，结论判断型，这类标题在语言表达上是结论性或者判断性的语句。

(2) 副标题是对正标题的补充、解释和说明，为了指明论文的内容、目的、研究对象。此外，为了强调论文研究的某个侧重面，也可以用副标题。

(3) 分标题是为了紧扣文章内容各部分所属层次和文章的上下文内容。其可分为两种类型：第一，文字类，即把某一部分的中心内容放在这部分首行上方居中位置；第二，数码类，即通过标数码顺序一、二、三等，起到承接上文和引起下文的作用。

文章的标题样式各种各样，但无论形式如何表现，作者写作的意图、文章的主旨总是要通过全部或者不同的侧面来展现。论文的标题应尽可能地紧扣文章的主题，首先，要具有概括性，让读者看标题就知道文章的中心内容和大体框架结构。其次，要具有凝练性，语言表达简洁和清晰、用词准确、值得深入思考。此外，创新性也很重要，只有独具匠心的论文标题才能脱颖而出。论文的标题切忌词不达意，用词一定要准确恰当。尤其是外语学位论文的标题，特别要考虑到东西方文化的差异性。中文在论文标题的表现上大多数会出现“浅析、浅谈、浅述”等不适配的语言，而这些词语被翻译成英文后会变得十分牵强和难以理解，这种表达方式会给人造成学术研究不透彻和不深入的错觉。一般来说，西方人的论文标题都是开门见山的，直接写出自己的研究内容，无须礼让和谦虚。标题字数不要过多，一般论文标题不超过 20 个字，英文正标题所有字母开头需要大写。

三、论文摘要的类型和格式

摘要即概要或者内容提要，是指摘抄记录下来的要点。摘要的目的是提供文章内容的梗概，简明扼要地表达论文的论证范围和论点，不对全文进行评论，也不加以补充、解释和说明。论文的摘要在写法上有三个特点，即完整性、精练性、简短性。摘要需要勾勒出论文的整体框架，精巧简练的提炼出文章的精华，篇幅要短小，字数要少，一般论文摘要的字数为 300～500 字。

根据摘要的不同表现功能，可以分为两种类型：第一种是报道性摘要，报道性摘要主要介绍研究的方法、范围和内容，对论文内容的提示较为全面，报道性摘要的字数一般为 300 字左右；第二种是指示性摘要，指示性摘要只是简明扼要地叙述表达研究的成果，而不包括运用何种方法以及研究过程。指示性摘要的字数一般为 100 字左右，毕业论文的摘要以指示性摘要为主。

摘要具有独立性和自含性两种特性，即不阅读论文的全篇文章，就能从中得到必要的信息，其中应包括研究的意图、方法和结论，最重要的是结果和结论。以英语专业为例，使用语言要规范，一般不使用公式和非规范的符号术语，不能以第一人称进行撰写。同时，摘要开头应尽量避免使用“本研究”“本文”等字样，中文与英文摘要的字数为 200～300 字，表述的内容也需要一致。此外，还要注意摘要与引言不能够雷同。摘要的位置有两种，第一种是在论文封皮的后面，单独成为一篇文章。第二种是放在论文标题的下面和正文的上面，作为独立的一段内容。

四、论文关键词的含义和格式

“关键”是事物中最重要的部分，是对事情起决定性的要素。关键词是指能够体现文章或者作品中心概念的词，为满足文献标引或检索工作的需要从论文中选取出的用以表示全文主题内容信息的词或词组。关键词大多数为名词。在一篇毕业论文中作者会使用大量的单词，但这些单词不全是关键词。关键词是在文章中出现的次数多、专业性相对较强的词汇，一般要列出 3～5 个，它们要能反映论文的主旨内容。在外语论文中，中文关键词与外文关键词要一一对应。关键词位于毕业论文摘要下面、正文上面的位置，一般要另起一行。

五、论文目录的含义和格式

目录起初是记录一些相关文献，把它们按照一定顺序进行编辑排序而形成的显示文献内容的工具。由于大量的文献产生及人们对文献查找和利用的需求增加，所以产生了目录。而论文目录是指论文的提纲，即各个组成部分的标题，把它们按照顺序排列起来。论文的目录页一般包括摘要、绪论、正文、结论、参考文献、致谢等，每行都由标题名称和页码组成。

六、论文正文的内容和格式

正文是著作的本文。正文是论文的主体部分，是撰写者科研成果的具体反映和表述，包括绪论、本论和结论三部分。

（一）绪论的内容和核心

绪论也可称作导言或者引言，是方便读者对论文总体有一个大致的了解。首先，绪论主要是用来说明论文的主题及选题的范围或者研究背景、原因、意义。通过凝练的语言和明晰的层次，给读者呈现出文章研究的背景及研究的实际问题。其次，绪论部分的任务焦点是提出详细具体的问题。对本篇论文研究范围内已经存在的文献进行评述，先行者研究了哪些方面、研究到了何种深度，作者个人会如何进行研究、会吸取哪些优点发展、会如何纠正误区、会如何进行补充说明和深化。最后，要表达明确本篇论文要解决的问题是什么。需要注意的是，绪论不能与摘要内容完全相同。绪论部分应明确标注出同一类型相近和已取得的成果，避免抄袭的嫌疑。

（二）本论的内容和格式

本论是一篇论文的核心部分，占据论文的主要篇幅。本论主要包括论点、论据、论证三部分内容。

(1) 论点也称论断，是一篇论文的灵魂要素，是决定论文能否成立的关键。论点是作者对论述问题提出的个人主张、见解、表达态度。论点回答了“论证什么”的问题，清晰明了地展示出作者的观点，对什么观点表示赞同、对什么观点表示反对。论点提出的方法主要有五个：一是通过因果分析提出论点；二是通过背景分析提出论点；三是通过谈论是非提出论点；四是通过排他提出论点；五是通过泛论提出论点。

论点的特点有六个。第一，准确性，即论点要符合客观的实际情况。虽然论点通过准确反映客观事物来体现其说服力，但它容易受到撰写者的主观影响。撰写者的立场、态度、方法、观点是否正确非常重要，如果论点不准确，就没有说服力，因此准确是最基本的要求。第二，针对性，即论点是针对具体的某一个问题。第三，深刻性，即论点要紧紧握住问题的关键核心，科学、深入地揭示出研究事物的本质。第四，鲜明性，即要明晰地表达作者的观点，避免观点模棱两可、云里雾里。第五，新颖性和突出性，即论点要有创新和主见，能够发人深省、给人启发。只有避免千篇一律，才能在众多材料中脱颖而出。第六，同一性，即要避免偷换和转移论题的情况，保持思维的统一和明确。

(2) 论据是用来证明论点的材料和依据，其数量和质量直接关系到论点的说服力。论据的特点主要有真实性、充分性、典型性、新鲜性四个。论据主要分为两类：一类是事实论据，确切地形容和概括客观事物，体现了直接现实性，是说服力最强的论据，可以概括为具体的事件例子、概括的事情情况、统计的准确数字、亲身感受和经验四点；另一类是理论论据，即源于实践，通过长时间的实践进行检验和证明，被判断和确定为准确的观点。理论论据的来源主要有三部分：先行者的名作和名言、民间的俗语和谚语、科学上的规律和公理。

(3) 论证起到连接论点和论据的作用，是通过论据来证明论点的流程。论证的方式主要有两个：一是立论，即提出一个确切的观点，以论据验证阐明其准确性；二是驳论，即对其他人的立论表示质疑、进行反驳，并提出与之相反的看法和观点。

（三）结论的内容和注意事项

结论可以分为论述整合、观点立场、理论价值与实际应用、研究的限度和未来的可能。也就是说，结论要对正文内容进行概括、梳理和总结，同时要明确作者自身的观点、态度及立场，之后要表明论文研究的不足之处和未来发展值得研究的学术方向。论文结论要与引言相互呼应，总结全文并加深题意。

论文结论写作要注意的问题是，需要从理论层面与实践层面两个角度进行总结归纳，结论词语的选择运用应凝练和精准，避免出现“也许”“大概”等不精确的词语，同时要规避“我认为”“我觉得”等主观色彩强烈的词语，减少对文章研究价值的损坏。结论部分要起到结束全文的作用，一般不提出新的看法、观点或材料。

以英语专业论文写作规范为例。论文一律用英语撰写；在字数上，正文字数不少于5000字，论文的录入、排版一般使用Word编辑；在纸型上，论文必须用A4标准纸张，单面打印完成；在页边距上，左2.5cm，上方、下方、右侧均为2cm，左侧装订；在字体上，正文字号为小四，英文用Times New Roman字体，中文字体为宋体；在段落格式上，要求每段的第一行缩进2个字符，也就是每段开头空4个格，段落的前面和后面均为0行，取消网格对齐的选项，行距为1.5倍。

七、参考文献的作用和格式

参考文献是指撰写论文时参考的资料，包括引用过和借鉴过的经典作品或者重要文章。标注出参考文献的目的和作用：一是尊重原创作品和原作者，避免夺取别人美名的嫌疑，也体现作者治学严谨的态度；二是文中引用的文章如果有错误时方便及时查找和校对；三是方便指导教师清楚地认识到作者研究问题的深度；四是能够反映作者撰写论文时阅读材料所涉及的范围和水平；五是对于相近或相同主题进行研究的读者可以从参考文献中得到启示、了解内容；六是在进行毕业论文答辩时方便进行审查阅读和评判决定成绩。

列举参考文献时需要注意以下几点：一是按照毕业论文引用资料顺序的先后排列；二是参考文献应为正式的出版物，如期刊、书籍等；三是要标明序号、作者（编者、译者）姓名、书名或报纸杂志的篇名、出版单位（报纸、杂志名）、出版时间（杂志期数、报纸版数）等。参考文献的著录格式参考国标相关要求。

以英语专业为例，参考文献的数量应不少于10个，其中英文文献不少于5个。应尽可能选择一手和比较新近的资料。参考文献一般采用MLA格式。

八、论文注释的格式

注释是在论文撰写时对正文中出现的内容、词语等进行解释说明的文字。注释分为以下四种。

一是夹注，在正文中用括号边引边注，一般只使用两三次。

二是脚注，在每页的下方，常用来标注引用的书刊。

三是章、节附注，顾名思义是在某一章、一节之后，常用于特别长的论文。

四是尾注，一般用在文章的结尾或整本书的末尾，对引用内容统一进行编码和注释。

毕业论文可用脚注和尾注，一篇论文一般采用同一种注释方式。

九、论文附录的格式

为体现一篇论文的内容流畅性和结构完整性，对写入正文影响逻辑和条理的部分会写进附录。例如，实验过程的记录、调查问卷、设计的图表、公式的推算、专业术语的解释等。需要说明的是，不是所有的论文都有附录。

十、论文谢词的格式

谢词是对在论文写作、主题研究过程中帮助、支持和鼓励自己的人，表达真诚感谢的文字。谢词按照实际情况进行书写，如老师、父母、朋友等依次列出，不需要考虑职位的高低，只要语言真诚、有分寸、讲礼貌，表达简洁清晰即可。谢词的字数在400字左右即可，也可以根据所在学校专业要求进行书写。

对外语专业学生来说，不论是英语、朝鲜语和日语，还是俄语、西班牙语和德语，每个语种都有各自的写作规范和要求。在整体上参照以上的论述内容外，不同学校对毕业论文写作格式的要求都会有所差异，应根据具体要求进行论文撰写。

第四节　学位论文的撰写过程

完成前期的论文选题、资料的搜集和阅读之后，就要进入正式的论文写作了。学位论文的撰写和修改是最考验我们语言组织能力和知识运用能力的一个步骤。虽然确定了选题，搜集并整理了资料，但如何来拆解选题和运用资料也是一大难题。我们需要将资料融入论文，并紧扣主题进行深入分析，这一过程是对我们思维的灵活性和深入性的再一次检验。本节将主要从阅读资料并制订写作计划、确定研究设计与方法、撰写文献综述和初稿、修改论文和论文定稿五个方面展开论述。其中阅读资料并制订写作计划、确定研究设计与方法属于前期阶段，撰写文献综述和初稿、数据分析与实施论证属于中期阶段，修改论文和论文定稿属于后期阶段。三个阶段所花时间占比可按4∶4∶2进行分配，前期花费较长时间阅读资料、制订计划和确定方法，有利于中期的撰写和论证，而后期的修改和定稿决定了论文的整体质量。

一、阅读资料并制订写作计划

在阅读资料过程中，我们会发现很多之前不了解的知识，这个过程是最快乐的，类似于哥伦布发现新大陆的感觉，会让我们对专业的理解焕然一新。虽然阅读过程漫长而艰辛，却痛并幸福着。阅读不能"只读不思"，而要"既读又思"，这非常考验我们对知识的理解能力和对材料的运用能力。那么如何把资料阅读融入撰写中去呢？

首先以选题为中心，将阅读到的内容做成思维导图，并对自己感兴趣的点进行标注。思维导图有助于将资料内容系统化，形象化的导图也有助于大脑进行发散性思维，将资料内容和论文框架紧密联系在一起。此外，将不理解的地方标注上问号，在查找答案的时候就可以快速准确地回到问题源头，避免走弯路和做无用功。

其次经过理解、消化、吸收后，大致确定其适用于自己论文的哪一章节。这里需要注意的是，"适用"并不是剽窃和抄袭，而是将思考和重组后形成的新观点和新视角用于自己的论文。这种撰写模式是站在前人肩膀上的一种创新，既包括先行研究成果的基础，又融入自己的新观点和新思想。这里要注意一点，所谓的"创新"并非闭门造车、空穴来风，而是经过大量搜集、整理、阅读后形成自己的新框架、新方法、新视角，并不仅限于新观点和新发现。

阅读资料是写作前十分重要的环节，千万不要抱着侥幸心理认为资料做好搜集和分类即可，不必进行细致的阅读就能写出一篇完美的论文。任何输出的前提都是输入，没有大量资料的输入，大脑无法形成重组性输出，所言之物也只能是无源之水、无本之木。只有细读、真读、品读，才能让大脑真正运转起来，为论文提供源源不竭的写作素材。

在细致阅读资料后，就可以开始制订写作计划了。作为论文写作必不可少的一个环节，制订写作计划可以帮助我们合理分配时间和精力，高效地完成论文。

(1) 确定论文的研究范围。在制订写作计划之前，需要确定论文的主攻方向和范围。范围的确定可以帮助我们更加明确论文的目标和要求，为写作计划的制订奠定基础。

(2) 分解论文的结构和内容。在制订写作计划时，需要分解论文的结构和内容。具体来说，将论文写作分解为引言、文献综述、研究方法、细节敲定、论证过程和结论等部分，并确定每个部分的内容和要求。

(3) 确定时间表。具体来说，可以根据论文的截止日期和各部分的要求，确定各个阶段的时间表。例如，将各部分的完成时间、初稿提交时间、修改时间等确定下来，以便更好地掌握进度。

(4) 考虑并列和交错式写作计划。并列式写作计划是指将每个部分的完成时间并列排列，以便掌握整个论文的进度和时间。交错式写作计划是指将每个部分的完成时间交错排列，以便平衡每个部分的时间和精力。

(5) 适时调整和修正写作计划。在制订写作计划之后，可能在生活中遇到不可预见的突发问题和困难，导致无法按时完成，这时就需要适时调整和修正写作计划。具体来说，可以根据实际情况来调整计划表，以更好地掌握进度。

二、确定研究设计与方法

确定研究设计与方法是学位论文中的一个关键环节，它直接影响研究的可行性、结果的可信度及最终结论的科学性。在这一阶段，需要认真思考研究的整体框架，明确研究问题的策略和步骤，并选择合适的方法。

(1) 设计应根据研究问题明确研究类型。研究类型可以分为定量研究和定性研究。定量研究以数据量化为主，借助统计工具进行数据分析，强调大样本的代表性。而定性研究更注重对现象的深入理解，通常采用开放式、非结构性的研究方法，如访谈、观察、内容分析等。在确定研究类型的同时，需要综合考虑研究对象、研究领域和研究目的，确保选择的类型能够客观地回答研究问题。

(2) 明确研究对象是设计中的一个重要环节。研究对象的选择需要与研究问题紧密关联，确保研究的实用性和代表性。研究对象可以是个体、组织、社会群体等，需要考虑研究对象的特点和研究问题的需求，以便开展后续工作。

(3) 设计研究时还需充分考虑实际操作的可行性。研究方法的选择应与实际能力和资源水平相匹配，以确保研究能够在规定的时间和预算内完成。在研究过程中，及时调整研究设计和方法，灵活应对可能出现的问题，也是确保研究顺利进行的重要策略。

(4) 研究设计与方法的详细描述是学位论文中的一个重要组成部分。在论文中，需要清晰地阐述研究设计的理论基础、研究问题的提出、研究类型的选择、研究对象的确定、数据采集与分析的步骤等内容。通过透彻的方法论描述，保证研究的科学性和合理性。

总体而言，研究设计与方法是学位论文中关键的科研过程，决定了研究的方向和实施方式。科学合理的设计和方法能够确保研究的严谨性和有效性，为学术推进打下坚实的基础。

三、撰写文献综述和初稿

撰写文献综述是学位论文中的不可或缺的环节，通过对相关研究文献的系统梳理，可深入了解当前研究领域的理论、方法和研究进展，为自己的研究提供有力的理论支持和参考依据。

首先，文献综述不是简单罗列前人的研究成果，更要追求深度和广度的结合。在综述文献时，应注重对相关研究理论框架、方法论和实证结果的详细解读。通过研究方法和观点的对比，可以更全面地了解研究领域的争议和共识，为研究提供理论依据。

其次，文献综述需要关注国内外研究的最新动态。定期关注国际期刊、学术会议以及领域内重要学者的研究成果。通过及时获取最新成果，保持对研究领域前沿的了解，及时调整自己的研究方向。

再次，在进行文献综述时，还应注意对不同研究方法的评价和分析。评价不同研究方法的优缺点，理解它们在解决特定问题上的适用性，有助于在后续研究中选择适当的方法，提高研究的可靠性和有效性。

同时，文献综述也是识别研究领域亮点和未解之谜的关键环节。通过对文献的综合分析，可以发现前人研究中的不足之处，找到尚未解决的问题，为自己的研究提供创新空间。在综述中对前人研究的贡献和局限性进行全面分析，有助于对领域形成更为深刻的理解。

此外，在进行文献综述时，还应当注重文献的质量和来源的权威性。选择权威期刊、学术出版物和具有较高影响力的研究机构的文献，有助于确保综述的内容具有学术可信度。对于一些有争议或具有特殊立场的文献，也需要审慎分析，以免误入歧途。

最后，撰写文献综述时应当注重逻辑清晰和表达准确。避免简单堆砌引文，而是通过合理的篇章结构，将前人研究有机地串联起来，形成一个系统而完整的论述。在文献综述的结尾，可以提出一些对当前研究领域的看法和展望，为后续工作提供新的思路。文献综述是学位论文中不可或缺的一个关键部分，通过深入细致地展开对前人研究的梳理和分析，能够更好地为自己的研究提供理论支持，确保问题研究的深度和广度。

在完成文献综述之后，就可以撰写初稿了。撰写初稿是论文撰写的重要一步，它可以帮助我们更好地组织思路，完善论文的内容和结构。提纲在写作工作中承担着构架文章脉络的重要作用，在学位论文写作中更是担当着树立全篇基本骨架的作用。美国国家科学院院士、哈佛大学化学和化学生物系怀特塞兹教授认为，在研究工作开始的时候，应有完善的提纲；在研究过程中，要反复修改和完善提纲内容；在研究结束后，要有充分的总结。

论文结构是对论文内容进行的编排，其编排得好不好一定程度上决定了论文质量的优劣。文章的写作要有层次性、条理清晰、逻辑性强、主题性强等特点。在论文写作过程中，应着重关注以下问题。一是分级。每篇文章都有自己的层次结构，论文的层次包括标题、引言、主体、结论这四个方面，如果层次无法区分就会导致整篇论文行文非常混乱，内容杂乱无章。二是组织，即条理清晰。在一篇论文中，每句话之间都必须具有某种逻辑联系，而不是断断续续地凌乱陈述；每个段落的开头应当是全文的概括，结尾应当与上一段落的结尾连贯一致；每一部分都要有单独的题目，不要写成“流水账”。三是中心观点鲜明。一篇论文中的主要思想和内容一定要有自己独到的见解，不能随波逐流；要虚心接受修改，同时对某些重要的事实和资料作出自己的判断和分析；在发布之前，要将他人已提出的建议用自己的语言和方式进行整理。论文内容具体的编排步骤包括以下几个方面。

(1) 写出完整的论文框架。具体来说，可根据论文的主题和范围，确定每个部分的内容和要求，并将其组织成完整的框架。初稿中符号、单位、图、表的书写要符合规范要求；书面应干净清楚，不可粗制滥造、马虎从事；观点、语法、文字均应认真对待，避免出现差错。

（2）注重思路和逻辑的连贯性。通过分析和比较不同的观点和证据，构建自己的思路和逻辑，使论文的内容和结构清晰且连贯。

（3）注意语言表达和文献引用。通过查阅相关书籍和文献，掌握正确的语言表达和文献引用方法。

（4）多次进行修改和润色。根据实际情况和意见反馈，对论文的内容和结构进行多次修改和润色，以提高论文质量。

（5）寻求他人的建议。初稿完成后，可交给导师、同学或专业人士进行评审和指导，以便及早发现问题。

初稿的成败决定着论文的成败，这一阶段千万不可掉以轻心或者粗心大意，否则会给后面的修改带来很多麻烦。

四、修改论文

修改和润色可以帮助我们发现并纠正论文中存在的问题，提高论文的质量和可读性。修改论文内容可培养批判性思维，即对事物提出赞同或反对的观点。批判性分析一般会非常自然地融入日常谈话中，表现在对话双方间的一问一答中。但是比起对话的直接性，写作中的辩论则需要作者运用批判性分析来考虑读者对论点的疑问，便于作者将辩论的内容提前进行表达，以此弥补不能进行面对面交流的缺陷。美国学者诺希克（Robert Nozick）认为，我们可以把批判性思维看作一组屏风或过滤器，对我们接收到的信息进行批判性分析，筛出那些不清晰、不准确、不相关、不重要、不一致的信息。那么在论文的检查过程中，具体有哪些可修改的内容呢？

（1）以审查者的身份通读全篇。站在审视者的角度，抱着挑毛病的态度去阅读，会发现很多在撰写过程中自己未能及时察觉到的问题。这些问题既可能是框架的逻辑关系，也可能是衔接的顺序，也可能是用词的啰唆或词不达意。

（2）检查语言表达和拼写错误。具体来说，可以通过语言工具或在线拼写检查工具，检视论文中存在的语言表达和拼写错误，并及时修改。

（3）检查论文的逻辑和结构。这一步骤，需要重新细致地分析论文的内容和结构，发现其中存在的问题和自相矛盾的地方，在调整和改进中完善论文的逻辑规划。

（4）检查论文的格式和引用。以相关的格式和引用要求为标准，检查本文格式和引用是否符合要求，使论文格式合规、提高引用质量。

（5）进行多次修改和润色。在自我修整过程中，可根据实际情况对论文的内容和结构进行修改和润色，找出细节性和不易察觉的问题。

（6）寻求他人的意见和建议。在自我检查完成后，可将论文交给导师、同学或专业人士评审和指导，发现问题并及时整改。

在论文重审过程中，要求撰写者对证明其观点的前提条件进行深入研究和分析，这个过程是撰写者增强批判性思维能力、审视文章内容的好机会。

五、论文定稿

定稿是指在文章修改完成后，进行最后的校对和审定，以确保论文的准确性和完整性。

(1) 仔细校对文章。在进行定稿之前,需要对文章进行仔细的校对,检查文章中是否存在拼写错误、语法错误和标点符号错误等问题。

(2) 检查格式要求。检查文章是否符合格式要求,包括字数、字体、行距、页码、参考文献格式等。

(3) 检查内容的准确性。检查文章中的事实、数据、引用文献等内容是否准确可信,重点检查文章的引言、结论、重要论据和分析部分,确保这些部分没有差池。

(4) 检查文章结构和逻辑性。检查文章的组织结构、段落的连贯性、逻辑推理清晰度,确保文章的条理性和逻辑性。

(5) 进行备份以防丢失。备份是非常重要的,一旦资料丢失,前面所有努力都将会付诸东流。备份不止一份,计算机、U 盘和邮箱都要留存。备份的习惯,可以在无形中免去很多麻烦。

定稿完成以后,论文的主体部分就完成了,接下来即可提交指导教师的审阅,然后进入答辩环节。

综上所述,我们在撰写学位论文的过程中应树立全局思维,统筹规划好每一个环节。由小写大、深入思考。知识的储备量对论文的写作有很大影响,所以在学习的道路上我们应秉承"量质变"的原则,对专业的了解程度、对课题的理解深度,都影响论文写作的质量。撰写论文是每一位获得学位的人都必须经历的过程,不能把这个过程当作"敌人",而是要将其当作"盟友"。虽然这个过程是艰难的,但收获却是巨大的。对专业的认知会在撰写过程中前进一大步,研究能力也会在这一过程中得以提升。

学位论文的答辩

第一节　答辩的目的和意义

论文答辩是毕业论文的最后一项工作，也是评定毕业论文质量的有效手段。对学校来说，毕业论文答辩的目的在于考查学生对相关理论知识的掌握程度，检验学生分析解决问题的能力与外语口语表达能力。同时，还可以鉴别毕业论文是否为学生亲笔所写，检验学生的随机应变能力、对自己毕业论文的了解程度和思维活跃程度。在答辩过程中，教师能够考查学生是否真正地理解提问的内涵和主旨，答辩内容是否合理，对于自己论文观点的理解是否透彻。此外，教师也能对学生论文进行指导并提出改进建议，让学生认识到写作中存在的问题，并在以后的撰写和研究中规避。

对学生来说，论文答辩不仅可以锻炼多方面的能力，还是一个增长见识、交流信息的过程。由于外语论文答辩是用外语进行的，所以对于学生的听说能力也是一项综合考验。如果没有较高的听力水平，学生很有可能无法理解教师提出的问题。同时，运用外语回答问题也能对学生的语音面貌进行一系列的检验与纠正。此外，答辩也是一次充分接触各位学术专家的机会，在与指导老师和专家的交流探讨中，可以很好地开阔眼界、提高专业水平。不仅如此，在毕业论文答辩前做的周密准备，包括构思论文简介、制作答辩幻灯片等一系列过程，都是提升能力和展示自我的好机会。

一、外语学位论文答辩的重要性

（一）全面评估学生的学术水平和能力

通过答辩，教师能够对学生的论文内容、研究方法、数据分析和研究结论进行详细审查与评估。答辩不仅可以考查学生对所选研究课题的掌握程度，还可以评估学生在研究过程中是否运用了合理的方法与技巧。因此，论文答辩是对学生的学术研究能力的综合检验，对于判断学生是否达到学位授予标准具有重要意义。

（二）有助于发现和纠正论文中的问题

教师在学生答辩中提出质疑，同时指出论文的潜在问题，促使学生反思和改进自己的研究工作。通过与答辩教师的交流和讨论，学生可以进一步整合和思考自己的研究，发现逻辑漏洞、数据不足、方法不合理等问题，并加以修正和改进。论文答辩为学生提供了接受反馈与指导的机会，并帮助他们提升论文质量和学术水平。

（三）有助于促进学术交流和知识传播

论文答辩是学生与专业领域专家进行深入交流和讨论的机会。学生通过与答辩教师的互动，分享自己的研究成果、汲取专家的意见和建议、拓宽学术视野。同时，答辩教师也可以通过论文答辩了解学生的研究成果，推进学术界对相关领域的讨论和研究进展。论文答辩不仅是学术交流的平台，也是知识传播的重要环节。

（四）有助于学生的个人成长和职业发展

答辩不仅能提升学生的学术能力和研究技巧，还能够培养他们的自信心和表达能力。论文答辩可以锻炼学生的思维逻辑、语言组织能力和临场应变能力。此外，还会为他们未来的学术研究和职业发展打下坚实的基础。

二、外语学位论文答辩的目的

（一）检验学术能力和研究成果

外语学位论文答辩的首要目的是检验学生的学术能力和研究成果。通过答辩，教师能够对学生的研究深度、学术方法进行全方面评估，进而判断学生是否具备获得学位的资格。答辩过程中，评估学术水平主要分为以下几方面。

（1）论文质量。答辩教师通过阅读学生的论文，对论文质量进行评估，并针对研究课题的科学性、创新性和实用性考核学生的知识结构和研究深度。论文的质量是评估学术水平的重要指标之一。

（2）研究方法。答辩教师考查学生应用实证研究、文献综述、数据分析等研究方法是否恰当。

（3）学术能力。答辩教师通过学生的口头陈述和回答问题的表现来评估学生的学术能力，包括课题研究的广度、理解的深度、学术表达能力、批判性思维和问题解决能力、外语语音基本功、语法基本功和口语表达能力等。

外语学位论文答辩是答辩教师检验学生水平的最有效方法，因为书面的论文表达并不能充分反映学生的学术水平，而论文答辩正好对此进行补充。通过评估学生的论文质量、研究方法和学术能力，可使答辩教师更全面、直观、生动地了解各个学生的能力差距及其本身对于学术研讨的重视程度。在论文答辩过程中，教师通过问答形式测试学生的临场应变能力及口语水平，是对日常学习是否有所懈怠的结论性考核手段之一。与此同时，学生的个人能力水平也得到了全面的体现，论文答辩的目的便是将外语学习成果进行具象化体现。

（二）检验论文内容的真伪

论文内容是否真实是指论文是否为撰写者本人的研究和写作成果，内容中有无抄袭他人之作或他人代写的行为。这是判断毕业论文能否顺利通过的一个原则性问题。

首先，外语学位论文答辩通过学生口头陈述和回答问题的方式，检验学生对所选研究课题的真实了解。论文答辩过程中，答辩教师就论文的研究动机、研究问题、理论框架和研究方法等方面进行提问，以确保学生对论文的各个方面有充分的了解。如果学生对自己的研究课题缺乏深入的理解或对论文的观点、数据等存在模糊或错误的理解，答辩教师可通过提问表达质疑，进而检验其真实性。

其次，外语学位论文答辩可以评估学生的研究方法是否合理。答辩教师可就论文研究方法的选择、数据搜集和分析等方面进行深入询问和讨论。通过提问，可了解学生是否掌握了研究的基本原则和方法，是否具备正确运用研究方法的能力。如果学生在答辩过程中不能合理地解释研究方法的选择基准和操作流程，答辩教师可质疑论文中的数据可信度和研究结论的可靠性，进而检验论文的真伪。

最后，外语学位论文答辩是评估学生学术交流能力的重要环节。尤其针对外语专业的学生，论文答辩直观地展现外语学生的语音基本功、语法基本功、口语表达能力等。随着学界对于学术交流的要求越来越高，学生应具备清晰表达观点的能力、严谨的逻辑思维方式及对他人提问的回应能力。在论文答辩中，学生需要准备充分的口头陈述，能够准确、清晰地介绍论文的研究内容，并能够针对答辩教师的问题进行理性回答。答辩教师通过学生的口头表达来评估学生的学术交流能力，进一步验证论文的真伪。

近年来，对于广播电视大学、职业大学、函授大学和开放大学等成人高等教育院校专科学生的毕业论文，答辩往往以考查真实性作为主要目的。

（三）评估学位授予资格

外语学位论文答辩是学位授予的重要环节之一。答辩教师通过集体合议对学生的论文质量、研究方法和学术能力进行评估，并给予适当的分数和等级来确保学位授予具备一定的学术标准和质量保障。通过评估，学校能够更准确地辨明学生是否具备学位授予资格。这对于保障学位质量和学校声誉具有非常重要的意义。答辩过程中，评估学位授予资格包括以下几方面。

（1）学术能力评估。外语学位论文答辩是对学生学术能力的评估，包括研究能力、学科知识的掌握程度、独立思考和创新能力、语音基本功、语法基本功、口语表达能力等。通过答辩，教师可以对学生的学术水平进行全面的了解，从而判断学生是否具备获得学位的能力和资格。

（2）研究成果展示。答辩是学生展示研究成果和研究过程的机会。学生通过口头陈述和回答问题，向答辩教师介绍自己的研究课题、研究方法、理论基础和实证结果。答辩教师根据学生的答辩内容和表现，评估其研究成果的质量和学术价值。

（3）学术交流与讨论。答辩过程中，学生与答辩教师之间进行学术交流和讨论，答辩教师提问学生对于研究领域相关问题的理解和看法，学生需要准确回答并展示自己的学术思维和分析能力，这种交流和讨论的过程对于评估学生的学术素养和综合能力至关重要。

（4）学位授予的准确性和可靠性。学位是对学生学术能力和知识水平的认可和肯定，学位授予的过程是严肃、准确且可靠的。通过论文答辩，学校和答辩教师有机会对学生的学术能力进行深入评估，以确保学位授予的公正性和准确性。

综上所述，外语学位论文答辩的目的是评估学生是否具备获得学位的资格。通过评估学生的学术能力、研究成果展示、学术交流与讨论，确保学位授予的准确性与可靠性。

（四）修改、补充并完善论文

外语学位论文答辩的目的在于修改、补充并完善论文。论文答辩为学生提供了与专业领域专家进行深入讨论和交流的机会。在这个过程中，学生根据答辩教师的反馈和建议进一步改进论文中的不足之处。

首先，外语学位论文答辩可以帮助学生发现论文中存在的问题和不足。在答辩过程中，答辩教师会对论文进行全面审查并提出质疑，指出论文的潜在问题和需要改进的地方。这些质疑和建议能够帮助学生从一个新的角度审视自己的研究工作，认识到论文中存在的逻辑漏洞、研究方法错误、数据分析不准确等问题。通过答辩教师的指导，学生能够对论文进行修正和补充，从而提升论文的质量和可信度。

其次，外语学位论文答辩促使学生进行更深入的研究和探索。答辩教师的提问和讨论能够激发学生对研究课题的深入思考,并引导他们对相关领域进行更广泛的文献阅读和实际调研。通过与答辩教师的交流,学生可以了解到该领域的最新进展和前沿问题,对自己的研究进行补充和完善。答辩过程中的反馈和建议为学生提供了深入探讨和拓展研究的机会,帮助他们更全面地理解研究问题。

综上所述,外语学位论文答辩的目的在于修改、补充并完善论文。

(五) 推进学术研究发展

外语学位论文答辩对推进学术研究和学术发展具有重要作用。论文答辩作为学术交流、知识传递和学术提升的方式之一,旨在提高学生的学术水平并培养创新能力。同时,论文答辩也为学术界提供了一个重要的学术交流平台,促进了学术思想的碰撞和学科的发展。通过答辩,学生的研究成果和学术观点可以为相关领域的学术研究提供新的思路和启示,进而推动学术领域的进步与发展。

1. 论文答辩之于学生

(1) 学术提升。论文答辩鼓励学生深入研究自己的课题,提高其学术能力。

(2) 知识传递。学生在答辩过程中向答辩教师传递自己的研究成果,促进知识的交流和共享。

2. 论文答辩之于学术界

(1) 学术交流。答辩过程中,答辩教师提出问题和建议,促进学术思想的碰撞和学术观点的交流。

(2) 学术质量保障。答辩作为学术评估的重要环节,对确保学术研究的质量和可靠性具有重要作用。

3. 论文答辩之于专业

(1) 学科发展。答辩过程中涉及的学术观点、研究方法和创新思维等方面的交流和探讨,促进了学科的发展和进步。

(2) 人才培养。通过答辩,锻炼了学生独立思考、解决问题和创新能力等重要的学术素养,为培养优秀人才打下了基础。

由此可以看出,外语学位论文答辩旨在促进学术研究和发展、检验论文真伪、评估学位授予资格,在此基础上修改和补充论文。正所谓"百尺竿头犹进步,十方沙界现全身",只有通过检验才能出真知,通过实践才能促进学术思想的交流和碰撞。此外,答辩作为一个重要的学术交流平台,在推进学科发展的同时培养了优秀人才。

三、外语学位论文答辩的意义

(一) 为学术进阶和职业发展做铺垫

外语学位论文答辩是学生进入研究生阶段的必经之路,也为学生的学术进阶和职业发展打下基础。通过答辩,学生锻炼了学术思维和学术表达能力,进一步明确了自己的研究兴趣和方向,并能从评委的意见和建议中获得对未来研究方向的启示。这有助于学生在研究生阶段选择合适的研究课题和导师,为未来的学术发展做好准备。

学术思维是研究生阶段的核心能力之一,它要求学生能够独立思考、发现问题、提出假设并进行科学论证。通过外语学位论文答辩,学生能够锻炼学术能力、逻辑思维和创新能力。同时,在答辩过程中,学生需要说明自己在论文研究中采用的方法和技巧,并对其进行合理的解释和阐述。因此，学生能够深入理解研究方法的选择和运用，提升研究能力。

学术表达能力也是学术研究过程中不可或缺的能力。在外语学位论文答辩中，要求学生具备清晰、准确、流畅的口语表达能力，并能够用学术语言和论证方式有效地传达自己的想法。通过答辩的训练，学生提升了学术表达能力。同时，答辩的成功也是学生进入研究生阶段的重要敲门砖，为未来的学术道路开辟更广阔的空间。

综上所述，外语学位论文答辩的意义之一是为学生未来的学术进阶和职业发展做铺垫。通过答辩，学生锻炼了学术思维、提升了学术表达能力，为深入研究和进阶学术发展奠定了基础。此外，答辩还对学生的研究方向选择、学术声誉和职业发展具有积极影响。

（二）培养批判性思维能力

答辩是完成外语学位论文过程的重要环节，它不仅可以评估学生的学术能力和研究水平，更重要的是培养他们的批判性思维能力。通过与答辩教师的互动，学生可以锻炼自身的学术思维和口语表达能力。在这个过程中，学生需要展现出一定水平的创新性思维、问题解决能力及临场应变能力。他们必须对自己的论文有深入的理解，回答答辩教师提出的问题时必须思路清晰、表达准确。外语学位论文答辩不仅是一个简单的审核环节，更是一次全方位地展示并培养学生综合素质和潜力的机会。

在答辩过程中，答辩教师提出的问题可能涉及论文的理论基础、方法论、数据分析和结论等内容，要求学生能够对问题进行全面且合理的分析和回答。这一过程中，学生需要运用批判性思维深入思考问题，发现本质的同时给出令人信服的回应。

在问答中，学生的回答表现是评估其批判性思维能力的重要指标。回答时，学生应展示出对研究课题的深入思考和独立分析能力，并提出自己的观点和创新性思维。因此，学生必须具备挑战传统观念、多角度分析问题并提供创新解决方案的批判性思维能力。

通过答辩，学生可以逐渐掌握批判性思维方法和技巧，为未来从事的学术研究奠定坚实的个人能力基础。除此之外，交流与互动环节也极大地促进了学生批判性思维能力的进阶，与答辩教师深入的学术讨论还可以拓宽自己的视野并获取不同意见和观点。这种交流互动为学生进一步思考和验证自己的观点提供了机会，使学生不断改进、完善自己的研究成果。同时，批判性思维能力对学生的终身发展也具有重要意义。在现代社会中，批判性思维能力是解决问题和面对挑战的关键能力。外语学位论文答辩可培养学生批判性思维的习惯和能力，并推进其运用到日常学习与工作之中，为个人的终身发展奠定基础。

通过答辩的问题质疑和回答表现，能够培养学生独立思考、分析问题和提出创新观点的能力。批判性思维能力不仅对学术研究和职业发展具有重要意义，对个人的终身发展也起到至关重要的作用。因此，外语学位论文答辩的意义不仅是评估学生的学术能力，也是培养学生批判性思维能力的重要途径。

（三）提供成果展示和学术交流的平台

答辩为学生提供了一个展示研究成果、交流学术观点和促进学术合作的平台。在答辩过程中，通过口头陈述、讨论和问答，学生能够表达自己对研究课题的理解和思考。学生与答辩教师进行深入的学术交流，也有助于学生拓宽研究思路、激发新的思考，并从中获取宝贵的反馈和建议。

除展示个人研究成果外，答辩也促进了学术合作和交流。在讨论和解决问题时，大家可以相互启发和补充。答辩环节中尽力地呈现自己、说服他人，也有助于提高学术交流能力和优化

个人的沟通技巧。另外,在答辩过程中,学生需要做好充足的准备并合理规划时间,这些都是培养自我管理能力和时间管理能力的重要机会。同时,毕业论文答辩是同专业同学在相似的基础和专业理论水平上,各自从不同的侧面撰写论文,通过理论与实践的结合来分析和解决问题。大家各有所长,所持所述观点不尽相同,通过观摩教师所提问题和其他同学的回答,学生可从多角度、多层次提升对学术问题的认知水平。

综上所述,外语学位论文答辩作为一个重要的学术交流平台,不仅对学生的自身素养提出了更高的要求,还有助于展示研究成果、交流观点和促进合作。

外语学位论文答辩的目的和意义不仅在于评估学生的学术能力和学位授予资格,更体现在提供学术交流和展示成果的平台、培养学术能力和批判性思维及为未来职业打下基础等方面。通过答辩,外语专业学生可以更深入理解答辩选题的拓展内容,同时提升学术能力、展示研究成果、交流学术心得,为未来的职业发展做好铺垫。

第二节　答辩前的准备

答辩既是对论文作者学术实力的全面检验,也是对其论文深度理解和批判性思维能力的全面考验。在这个环节,研究者需要展示多方面的素养,不仅要呈现研究的学术水平,还要在紧张的提问环节灵活应对,充分展现学术素养和应变能力。答辩并非简单的论文内容重述,而是对思考深度和学术敏感性的真实验证。这一过程要求研究者全面表达其对研究问题的透彻理解,并在学术辩证中体现出对批判性思维的高度驾驭。因此,在答辩前的准备阶段,明确答辩的核心目的至关重要,只有这样才能确保其在答辩中全面地展示自身在学术领域的实力。

一、外语学位论文答辩中存在的问题

从学生层面来看,学生在学期间并没有机会接触毕业答辩,以至于对毕业答辩的流程和方法都不甚了解,加之缺少主动去课外学习的意识,答辩时很多学生会存在紧张的情况。有的学生无法顺利完成既定流程,会出现操作幻灯片失误等情况;也有的学生因为过度紧张,无法回答出自己原本擅长的问题。此外,外语论文答辩全程运用外语进行听说交流,不仅对学生的语言流畅度有很高的要求,而且对学生的发音、语调等语音面貌也是一个较大的考验。很多学生只专注于毕业论文相关问题的准备,却忽视了自己语音面貌的准备,外语语言表达能力与沟通能力不足的问题在答辩中频繁出现。外语水平达不到要求,就无法准确听懂老师提出的问题、无法清晰明确地表达自己的观点,也就无法顺利完成答辩。在外语论文答辩过程中,学生可能会被要求对论文某段内容进行翻译或解释,如果学生没有较好的语言技能,或是对自己的论文不甚了解,便无法顺利完成。

从教师层面来看,导致学生不了解外语毕业论文答辩流程的现状,最主要的责任在于指导教师及任课教师缺少对学生毕业论文答辩流程的指导。论文答辩评分过程缺少统一且公平公正的评分方式,使评分负责教师带有一定的主观性。缺少客观公正的评分标准,不利于对答辩作出公平、公正、客观的评判,也会一定程度上影响学生对外语论文答辩的积极性。此外,在答辩过程中也会出现没有相关研究方向指导教师在场的情况,以至于无法为学生提出建设性的建议和意见。不仅如此,外语毕业论文答辩还可能会因为参加答辩的人数较多,没有充足的时间展开细致的讨论,导致答辩形式化和表面化。

二、答辩存在问题的解决方案

从学生层面来看，面对答辩时的紧张情绪，学生应平时加强相关训练，对于答辩场面进行多次的模拟训练，培养自己面对未知情况的应对能力。最主要的是对自己的论文内容做到烂熟于心，能够从各个角度流畅地回答老师提出的问题、表达自己的观点。从长远的角度来看，要想从根本上解决学生对外语论文答辩手足无措的现状，可邀请其他年级的学生作为观众参加答辩，这样能够使其他年级的同学提前了解外语毕业论文的答辩方式和流程，对于低年级的学生了解专业内容也会有很大帮助。

在答辩中，流畅而清晰的口语表达和演讲技巧是确保观点清晰、表达自信的关键。那么，如何做到这一点呢？

1. 语言表达能力

使用简练而清晰的语言是确保观点被理解的基础。避免使用过于专业或复杂的术语，更能让答辩教师明确你的论点。此外，语言的准确性也是传达信息的重要保障。选择准确的词汇和语法，避免模糊和不准确的表达，有助于精准地阐释自己的研究内容。在回答答辩教师问题时，一定要将句子表述完整，否则会使答辩教师认为该学生语言基础不扎实、表达能力欠缺。

2. 发音和语调

清晰而准确的发音有助于信息传递的完整性。对外语答辩的同学来说，此时的"母语式"发音会让自己的印象大打折扣。尽量避免母语的影响，无论发音还是选词造句都使用外语的正式用语表达，会在无形中为答辩加分。此外，通过变化的语调表达重点和问题点、突出关键观点，也会引起答辩教师的兴趣。避免单调的语调使答辩更具有生动性和吸引力。

3. 语速

控制语速是确保导师理解和吸收有用信息的关键。避免过快或过慢的说话速度，才能保证答辩教师跟上答辩者的思路，同时给予他们足够的时间理解和思考。语速过快，听讲人可能无法及时理解传达的信息，答辩者也容易出现卡顿和思路混乱；语速过慢，会使听讲人失去耐性而对答辩人的印象变差，答辩者也无法在规定时间内完成全部表述。

4. 自信和姿态

保持自信是展现研究信心和理解深度的重要方式。答辩中坚定的态度和铿锵有力的表达，能体现答辩人对研究有充分的把握，进而提升对此项研究的信心。此外，良好的身体语言可以强化演讲效果，适时的手势、微表情的融入会让答辩更具生动性和说服力，挺拔的身姿会展现专业和自信的形象，使答辩教师更容易接受你的观点。

从教师层面来看，学生对答辩流程不清楚、不了解的问题，指导教师们应完善相关的论文答辩的教学方案，做到经常演练、将论文答辩融入日常教学生活，使学生在答辩中从容不乱。不仅如此，教师还应着力提高学生的语言水平，在开设的相关课程中加强对学生外语听说能力的培养，以提升其在答辩时的口语表达能力；加强学生对科技手段的运用，使其能够熟练操作和运用多媒体设备。与此同时，对学生的提前培训也是必不可少的，告知学生有关答辩流程的细节、注意事项和可能出现的问题。此外，要想对外语毕业论文答辩作出公平公正的评价，还应推出具体的评分方式。论文是否科学严谨、具有创新性，答辩回答内容是否准确合理、表达是否流畅，在相关外语表述中语音语调语法是否准确，能否科学合理地使用幻灯片等多媒体技术辅助手段等，都可能作为评分的具体细则。如有跨学科论文，在答辩前还应提前聘请相关专业教师，以便对学生的论文和答辩作出更好的指导。

对于个别外语毕业论文答辩流于形式的问题，一方面要合理安排答辩时间，另一方面要对答辩教师的整体资质严格把关，完善答辩评价工作，成立相关答辩小组，负责整个答辩流程的开展和实施，确保公平公正。答辩是审查论文写作质量的一种补充形式，从秩序、质量等多方面加强管理，解决现存的问题，才能全面提升外语毕业论文答辩的质量。

三、答辩前的准备

在意识到外语毕业论文的问题后，就能更有针对性地对外语论文答辩作出相应准备。首先，需要了解学位论文答辩的流程，如图 4-1 所示。

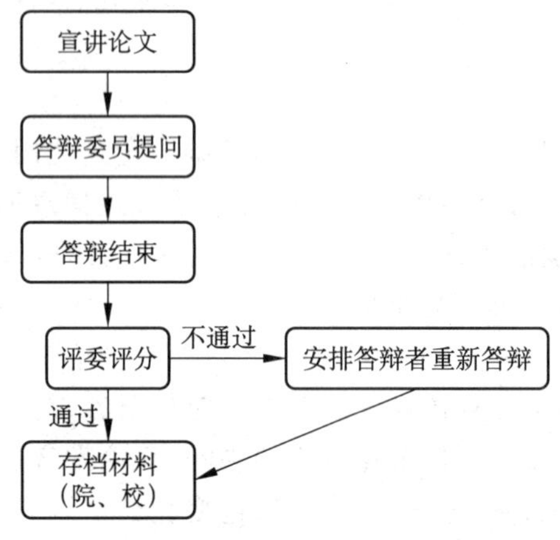

图 4-1　学位论文答辩的流程

在知晓答辩流程后，学生应针对流程做好准备。

（一）接受论文审查并预测可能的问题

在正式答辩之前，学校一般会对学位论文进行初审。审查学位论文的首要任务是深入了解论文的核心观点，这要求撰写者在论文中表达对研究立场有清晰认识，准确而简明地阐述研究目的。此外，审查还会对论文的方法论和实证研究结果加以了解，对潜在的批评点和可能引发争议的矛盾点予以关注。这种审查不仅有助于答辩教师更好地理解研究内容，还可为答辩中可能出现的质疑和争辩提前做好准备。答辩者应在此前对每一个论点和数据都进行细致的准备，认真思考回应和反驳质疑的方式，确保答辩时从容应对。

审查学位论文，不仅可以确认论文的逻辑结构和方法的合理性，还能够发现潜在的漏洞或需进一步阐述的地方，为答辩的交流提供有力支持。答辩者如果事先站在审查者的视角对可能提出的问题做出预测，则有助于其深刻理解自己研究的出发点。这种深度理解不仅体现在对论文内容的把握上，还表现在对学术定位的全面认识上。这将使研究者在答辩时更有自信，更能够清晰地回答评委的质疑，展现出对研究的深刻理解。

（二）论文内容的准备

在答辩前要充分熟悉自己的论文，明确自己的基本观点、论据，了解论文中相关引用的出处及含义，掌握论证材料的来源，熟知自己论文的创新点及其现实意义。另外，要对于论文内容进行仔细审查，反复检查其中是否有不准确的词汇使用、不正确的语法现象、不恰当的行文方式等。此外，还要仔细检查论文中是否有和国家政策相冲突的地方，若发现问题，应立即修正和补充。学生要做到对自己的论文了然于心，才能在答辩过程中冷静应对，同时要对自己论文的研究方向在学术界的位置了如指掌，其中是否存在争议的问题，以及可能涉及的相关知识，提前做好调查了解。学生通过细致全面的答辩准备，不仅可以增长知识、温故知新，还可以拓宽专业认知广度和深度。最后，还应对自己的论文进行总结，有哪些问题仍未解决、哪些方面自己还没有做出深刻的研究，以及对没有做出深刻研究的原因都要做到心中有数，这样才能在面对答辩教师的提问时做到对答如流。

在充分了解论文内容的前提下，要认真准备好自己的论文简介，论文简介最好以 PPT 的形式呈现。论文简介实则是一个详细的论文提纲，其中应包括论文选题的相关背景和含义、选题的依据、该主题的研究现状和存在的问题，以及自己的论证过程。总结相关的研究成果，说明其对相关领域带来的影响和实践意义，也可以强调自己论文的研究价值，说明该研究成果对未来的影响。简介应做到短小精悍，在不长的篇幅中尽量展现出自己论文的闪光点，对论点和论据以及文章的主旨进行高度概括。除简介外，学生还应准备好自我介绍和开场白，写好后多加练习、提高熟练程度，避免答辩现场因为紧张而无法发挥。

（三）多媒体设备的准备

在论文答辩过程中如何更好地运用多媒体设备，也是关系到能否顺利完成答辩的重要因素。在介绍论文简介和回答问题的过程中，如果单凭口述难免缺少根据或让指导教师觉得枯燥，选择多媒体设备进行解说，可以附上相关论证图片、让自己的论据更有说服力，也有更直观的表达效果。

准备幻灯片有很多应注意的事项，用于毕业论文答辩的幻灯片与寻常的课堂展示不同，幻灯片的整体氛围应该较为严肃。如果是在网络上查找的模板，应注意模板上不应存在不合时宜的水印，可以用自己学校的校徽等标志加以遮盖。如没有找到合适的幻灯片模板，也可自己制作符合答辩主题的幻灯片样式，在毕业答辩过程中起到事半功倍的效果。

在幻灯片的制作过程中，文字和图片的选择都应该慎重考虑，不可过于接近幻灯片的底色，要和幻灯片的模板颜色有一定的对比度，这样才能更好地突出主题、避免本末倒置。例如，幻灯片模板的颜色为白色，在文字和图片的选择上则可以倾向于黑色、红色、蓝色等，要着重突出幻灯片的文字和图片。同一张幻灯片上尽量不要出现过多的颜色，避免让答辩教师眼花缭乱。同一张幻灯片中不宜出现过多的文字，尽量使用一些提示性的文字，精简表达。为避免幻灯片播放用的计算机没有制作时的字体，应尽量不使用罕见字体。由于外语论文答辩的特殊性，需要运用外语表达，所以在制作过程中更应注意外语表达的准确性，以及是否会在幻灯片中出现串行、乱码等现象。如无法确认答辩当天的设备播放环境，可以准备两份幻灯片，一份浅色系，适合有较好投影效果的教室；另一份深色系，适合投影不佳的教室。

在幻灯片中要时刻谨记层次分明的重要性，合理运用大标题和小标题，使自己的幻灯片清晰明了。要确保幻灯片中包含信息的准确性，保证和论文中的信息一致，避免出现错别字或文献引用不一致等低级错误。在幻灯片中，引用他人图标时一样要在幻灯片底部注明。如有较多的图片插入，最好统一图片的格式、大小、位置，使图片的大小和位置适中，充分考虑现场的投影效果。幻灯片的播放要遵循按顺序播放的原则，避免跳跃给答辩教师造成视觉困扰。

此外，幻灯片的内容要全面包含论文内容，避免出现缺少必要条件的情况，如论文的标题、答辩人、指导教师、答辩时间等必要条件缺一不可，最好要包含论文的研究目的、方案设计、研究成果、论文的创新性、论文的应用价值等。在幻灯片播放过程中可适当使用激光笔，起到一定的辅助作用，但不宜一直使用。同时，还应该注意幻灯片的播放速度，不宜过快或过慢，确保答辩教师看完本页内容后再翻页。

（四）答辩内容的准备

在答辩时，学生应携带必要的答辩资料，当遇到自己无法顺利回答的问题时，这些资料可以让答辩人胸有成竹，不至于手足无措。学生还可以带上笔和笔记本，在答辩教师提出建设性的建议时做好记录，以便后续修改。

个人陈述在答辩中扮演着至关重要的角色，是研究者向评委介绍自己研究成果的关键机会。为了确保陈述的清晰有力，提前制定详尽的提纲至关重要。这个提纲不仅是一份简单的目录，更是对整个研究的有序梳理，能够让研究者在答辩中有条不紊地展示学术实力，为答辩成功奠定基础。在制定个人陈述提纲时，需要特别关注以下几个方面。

(1) 清晰度和逻辑性。确保提纲的结构清晰，每个部分之间有明确的逻辑关系，这不仅有助于评委更好地理解研究者的论文，也使整个陈述更加井然有序。清晰的逻辑结构使导师能够更容易跟随研究者的思路，理解论文的主线。

(2) 关键信息的突出。在提纲中要突出论文的核心观点、研究方法和主要成果，评委在有限的时间内需要快速了解研究的亮点。因此，确保这些关键信息能够在提纲中得到充分而明显的呈现，对于说服评委至关重要。

(3) 应对可能批评的准备。考虑提纲中可能的缺点，并提前做好应对的准备。对自身弱点的了解反映了研究者对研究的深度理解，同时表明其对学术辩证的成熟应对能力。在答辩过程中，对批评的理性回应不仅能够化解质疑，还有助于提升研究者在学术领域的可信度。

在答辩的准备过程中，可以根据自己的论文内容，提前准备一些可能会被问到的相关问题，也可以把自己想象成答辩教师，设想一些可能会被提出的问题。通常答辩教师的考察会涉及以下几个方面：学生对自己的论文的了解程度，学生是否对自己的论文有着独特的见解或特别的想法，论文中是否存在错误和相关领域未涉及的内容，学生的表达能力和学术能力等。此外，选题缘由、选题的科学价值和研讨意义、论文的主要思想观点和论据、参考文献的出处及该参考文献作者的相关事迹、某些观点的提出根据、该课题仍未解决的问题、是否有想要进一步研究的问题等，都是指导教师提问频率较高的问题。参加答辩的学生可提前做好准备，以便作出更好的回答。

除对答辩内容做好准备外，也要做足充分的心理准备。放轻松的前提是已做好万全的准备，关于自己论文的一切都烂熟于心。只有满怀信心地迎接答辩，才有最大的可能取得成功。学生应在充分准备的前提下沉着冷静，在答辩时发挥出最好的水平。

比起闭门造车，不如广泛搜集相关信息，答辩前可以向往届毕业生寻求经验、了解情况、吸取教训。此外，还可以参加其他人的答辩会或者通过指导教师了解答辩教师的情况，如其是哪方面的专家、擅长哪方面研究、在哪些领域取得了成就等，这样就会在答辩前掌握流程，并做到知己知彼，百战不殆。为避免忙乱和紧张，也可以进行一些试讲练习，如提前去往毕业答辩教室进行演练，让同学担任评委，指出自己存在的问题以便做出改进。

由于外语答辩的特殊性，在准备答辩内容的同时不能忽视自己外语发音的练习。声音的表现力很重要，如果答辩时语速过快或过慢、音量过高或过低，都可能影响答辩的效果。在教室试讲时，应确认是否需要提前准备麦克风等辅助设备，以保证声音的传达效果。答辩过程的语言表现固然重要，非语言的交际也会影响成败。

在答辩中，着装是给答辩教师的第一印象，它是反映答辩者精神面貌的重要手段。男生的着装可以选择合身的西装、领带，款式简单大方，避免过于花哨或正式，同时要注意自己的发型和仪容仪表，整体应保持干净整洁的形象。女生可选择稍微正式的裙装或裤装，避免过短的裙子或过于暴露的衣服，避免化浓妆、喷香水，以免给答辩教师带来不适。毕业答辩的着装方面大方得体即可，无须过于正式夸张。对于新准备的衣服应提前试穿，避免当天出现不合身等问题来不及补救。

（五）相关指导教师的准备

不仅学生需要做充足的准备，负责答辩的指导教师也应做好相应的准备。在以往的答辩过程中，存在相关指导教师对答辩程序重视程度不够的情况，甚至有些教师认为答辩只是走流程、走过场，但事实并非如此。毕业论文答辩能够让学生对自己的毕业论文无论在体系上还是结构上都会有更深的理解，而且是其十分重要的人生经历，所以答辩有着无可替代的重要意义。

在正式的答辩前，指导教师可以组织预答辩。通过预答辩可以更好地了解学生对论文的理解程度和表达能力，给学生做相应的指导。指导教师还可根据学生预答辩的表现提出部分建议或修改意见，让学生在正式答辩时更加从容不迫。

同时，指导教师应在毕业答辩前认真向学生传达毕业论文答辩的重要性。答辩不仅是对学生论文深度了解的过程，更是对学生辛苦付出做出评价的机会。好的毕业答辩流程能够进一步激励学生的学习热情，进一步推进其专业技能的提升。

指导教师在答辩前应熟读本组学生的毕业论文，对内容有大致的了解，并提出一系列建设性的问题和建议。此外，在毕业论文答辩前也应准备好一套系统的答辩评分体系，对学生的表现做出公平公正的评价。

四、提问环节的应对策略

（一）预测可能的问题

在答辩中，预测可能的问题是一项关键的准备工作，有助于答辩者展示自己对研究的全面了解和深度思考。以下是一些可能出现的问题及相应的应对策略。

1. 关于研究方法的问题

可能问题：选择这种研究方法的原因是什么？

应对策略：强调该方法对于解决研究问题的有效性，并结合具体实例说明该方法在研究中的应用。这样的回答方法有助于展现答辩者对研究设计的深刻理解和明智选择。

2. 关于论文观点的问题

可能问题：有没有其他的观点或研究支持你的论点？

应对策略：回答这类问题时，可以提及相关的学术文献和研究，强调自己的观点在学术界的根基。同时，突出研究在论点上的独特性和创新性，使评委认识到答辩者的回答独特且切中主题。

3. 关于研究结果的问题

可能问题：你的研究结果有哪些实际应用的价值？

应对策略：列举一些潜在的应用场景，说明研究如何为实际问题提供解决方案。这样的回答方式有助于展现答辩者的研究不仅具有学术意义，对社会和行业也具有实际价值。

4. 其他可能的问题

可能问题：在研究过程中遇到的主要困难是什么？

应对策略：坦诚地陈述研究过程中遇到的挑战，重点在于强调自己是如何克服这些困难并取得研究成果的，凸显自己解决问题的能力和对科研工作的执着，使评委对研究过程有更深刻的了解。

预测可能的问题并制定应对策略，将使答辩者更有信心地应对提问环节，展现其在研究领域的深刻思考和对问题的全面准备。这不仅有助于答辩的顺利进行，还能够增强评委对答辩者学术水平和研究贡献的认可。

（二）应对批评和质疑

答辩中的批评和质疑是学术交流的正常环节，而学会冷静和理性地回应这些批评是确保答辩成功的关键。

1. 保持冷静

在面对批评时，首要的原则是保持冷静。情绪的控制对有效地应对批评至关重要。不论批评的性质如何，都要认真倾听评委的观点，展现出对学术讨论的专业态度。冷静的反应有助于建立良好的学术形象，使自身的研究更具有说服力。

2. 接受合理的批评

如果批评是合理的，切忌回避，要坦然接受合理的批评，并明确表达对评委宝贵建议的感激之情。接下来，说明如何在未来的研究中改进或修正，展现出自己对学术进步的渴望和责任心。

3. 为自己的研究辩护

当面对自己认为不合理的批评时，要有理有据地进行辩护。可使用实际数据和学术支持，明确阐述自己研究方法和结论的合理性。这种辩护既包含对研究的深刻理解，也包括对学术规范的严格遵循，同时明确自己的学术立场。

4. 提出未来的研究方向

在回应批评时，除应对当前研究的问题，还可以巧妙地提示未来研究的方向。强调自己的研究只是学术领域中的一小步，并提出可能拓展和深化的方向。这不仅展现出答辩者对学术领域的远见，也为未来的学术探索打下基础。

合理地预测可能问题和冷静理性地应对批评和质疑，使答辩者将更加自信而专业地展示出自己的研究成果，为成功答辩创造有利条件。细致周全的准备应在答辩前由师生共同认真完成，以期圆满完成答辩。

第三节　答辩流程与相应技巧

一、学位论文答辩流程

答辩委员会由几位答辩教师组成，设立多个答辩小组，由答辩者（学生）组成。学位论文答辩一般要经过五个环节，具体流程如下。

（一）准备工作

（1）答辩委员会委员（教师）、记录员、答辩者（学生）各自就座。

（2）答辩委员会主席宣布答辩开始，并向全体师生宣读以下内容：①介绍答辩委员会各位教师的姓名、职称等基本信息；②介绍答辩者(学生)的姓名及论文题目；③介绍答辩过程中的安排、规则和注意事项；④介绍答辩的流程；⑤介绍答辩者的答辩顺序。

(二)正式答辩环节

正式答辩分为五个环节，分别是答辩者做自我陈述、答辩教师向答辩者提问、答辩者根据答辩教师的问题进行准备、答辩者回答和答辩小结。

1. 答辩者做自我陈述

首先，对自己进行陈述。也就是介绍自己的姓名、学号和论文题目(考虑到答辩教师会进行记录，此时应该语速慢一些)，大方得体、热情友好地用简练的语言自我介绍，不应过于紧张、语无伦次。

其次，对论文进行陈述。简单介绍自己的论文选题，为什么选择这个题目、选择题目的背景、该课题的科学依据和价值。然后，介绍论文的大纲和构思、本论文值得论证及思考的问题，并对问题进行分析。为了表达自然和真诚，介绍论文时不要照本宣科，应脱稿讲解，使用书面语，注意语言的简洁和概括。如果介绍论文时语调自然、节奏舒缓，有表情的变化，也会为论文答辩增光添彩。

最后，对论文进行自我评价。也就是答辩者用简洁明了的语言陈述研究的意义、完成论文的心得体会，以及在哪些方面有所不足等。正所谓“吾日三省吾身”，一个深刻的反思会让自我陈述全面而真实，给答辩教师留下较好的印象。

论文答辩自我陈述环节有一定的时间限制，一般在 15～20 分钟，答辩学生要充分把握和利用时间，把陈述部分讲圆满。论文答辩自我陈述不宜累赘无序，超出规定时间；也不宜过短，词不达意，使答辩教师无法理解。在陈述过程中，需要做到突出重点、观点明确、思路清晰、谈吐大方、语速适当。

2. 答辩教师向答辩者提问

这一环节是答辩者进行自我陈述后由答辩教师根据论文内容进行提问。答辩教师通过答辩者对论文的大致讲解，已经掌握了答辩者的写作意图、写作方法、基本观点及文章的结构等。提问一般只涉及论文中的内容，不会向外延伸。答辩者要认真倾听答辩教师的问题，如有必要，可以简单记录，没听清楚的可以请答辩教师重复。这些问题往往是论文的核心内容或者是答辩者未太在意的薄弱之处。也就是说，答辩教师提出的问题可以大致反映答辩者的学术能力和水平，具体包括以下几方面内容：①考查此篇论文是否为答辩者本人所写，并检验答辩者对此篇论文的熟悉程度；②指引答辩者对论文中具有创新性和创造性的内容做更深一步的思考和阐述；③询问论文中存在的错误、模糊和不翔实的内容，以及答辩者未提及的重要内容；④请答辩者对论文进行自我评价并谈谈今后继续研究的方向；⑤提出论文答辩的相关问题，考查答辩者的学术水平、学习态度、解决问题的能力、应变能力和语言表达能力。

3. 答辩者根据答辩教师的问题进行准备

答辩教师提出问题之后，答辩者要快速、仔细地准备，做到随机应变。准备时要掌握以下三点。

(1) 仔细审题，掌握关键。审题关系到答辩的成败。审题的过程中要仔细思考：该问题的内涵是什么、包含了几道题、包含了哪些知识点、教师出这道题的目的是什么。出现审题错误的情况可能有对题目的不理解，造成答非所问；或没有摸清问题的主次，造成本末倒置。“大节不可失，小节不可纵"，不要因为审题的错误而导致答辩的失败。

(2) 积极思考，列好提纲。审好题之后，要思考从哪几方面进行回答，并把这些想法写下来。同时根据自己的构思从纵横两方面列出提纲，做到条理清晰、突出重点。

(3) 反复揣摩。认真确认自己是否考虑到中心论点间的内在联系，是否准确回答了答辩教师的核心疑问等。

4. 答辩者回答

答辩者对答辩教师提问的内容做好准备后，在限定的时间内按照提问的要求做出相应的回答，这种方式叫作有准备的回答。还有一种回答方式叫作即刻回答，即答辩教师根据答辩现场的情况发问或追问，也可以提出反向论点让答辩者当场回答。这时特别考验人的应变能力。如果是答辩者自己写的论文，又做了充足的准备，一般不会出现回答不出来的情况，只是在充分度和透彻度上会有差异。一场优秀的论文答辩往往是答辩者和答辩教师在学术方面进行的深刻交流，或是思想上的交锋。对答辩者来说，既要有信心面对此时严肃的氛围，又要有积极探索真理、改正不足之处的勇气。答辩者要做到态度端正、思路有条理、语言有分寸，不要固执己见。而对于教师来说，也应该有一种坦诚相见的态度。通过双方的共同努力，使答辩流程积极而严肃地进行下去，取得最佳的答辩效果。

5. 答辩小结

每个答辩者回答完问题后，答辩教师要根据学生的论文内容和答辩表现做现场小结，每个答辩教师都可以提出自己的建议和观点，由记录员做简单的总评。最后询问答辩者的想法，如果没有问题和异议，请答辩者就座。其他答辩者也按照该流程进行，直至所有答辩者答辩结束。结束后，答辩者退场休息，等待答辩教师商议后宣读答辩成绩。

(三) 合议、评定论文及答辩成绩

在答辩过程中，每位答辩教师都会对答辩者进行逐一评价，包括优缺点和表达能力等方面。待全部答辩结束后，答辩教师会采取无记名投票方式给每一位答辩者评分。三分之二的答辩教师予以通过，结果即可生效。

合议评定论文成绩后，各答辩委员会汇报成绩结果，对合议成绩进行复议。在正常情况下，如无不正当行为及现象，即默认答辩委员会合议的结果。

(四) 宣布结果

经过一系列的合议、复议后，记录员在所有答辩者和答辩教师在场的情况下，宣布答辩者的最终答辩成绩，同时宣读"通过答辩"的学生名单。为尊重每一位答辩者，"未通过答辩"的学生名单不宜在当场宣读，等后续学院或专业审批通过后再进行公布。

(五) 善后工作

善后工作是现场答辩结束后进行的工作，主要分为以下三项。

(1) 整理和填写"学生毕业论文答辩成绩评定表"。这项工作一定要细心、全面，不可有疏漏，尤其教师的"提问要点"和学生的"答辩要点"要仔细填写。这两个要点是对答辩者成绩评定的根据，也是备查的依据。如果没有认真填写、敷衍了事，就无法记录和反映答辩者在答辩中的真实情况，会给成绩评定造成很大的麻烦。

(2) 签名负责。记录员认真填写"提问要点"和"答辩要点"后要进行签名。"答辩委员会评语"由主席、副主席和委员等三人签名，以此表示负责。"答辩是否通过"和"论文答辩的评定等级"由副主席认真填好后签字。

（3）按规定时间向学校汇报成绩。“毕业论文答辩成绩评定表”报给教学秘书审定后，根据这一结果填写“毕业论文答辩成绩单”，一式两份。待主管领导检查审批签字后，一份放在教务部门留存档案，另一份送去学籍科登记成绩。

以上是论文答辩的具体流程，论文答辩既是对答辩者知识能力的考验，也是对其心理素质的考验，二者是缺一不可、相辅相成的。

二、学位论文答辩的相应技巧

论文答辩技巧是指使用巧妙的方法和策略顺利地完成答辩。由于答辩和其他考试不同，场面比较严肃，所以对答辩者来说，可能是一场心理考验。比如，由于紧张或信心不足，出现声音颤抖、结结巴巴、吐字不清晰等怯场的尴尬场面；由于答辩前准备不充分，无法说明论文的中心论点和基本理念，出现回答不上来的窘迫局面；由于平时的知识储备量不足，对论文涉及的领域研究得不透彻，造成答非所问、囫囵吞枣、破绽百出的难堪状况。因此，正确运用技巧会使答辩者临危不乱、从容应对，取得理想的答辩效果。在实际的情况中，学位论文答辩通常包括两方面的技巧，即理性的思维方法和巧妙的实践策略。

（一）理性的思维方法

1. 灵感型思维

灵感往往源于不经意之间，当灵感来临的时候，要善于捕捉、善于运用。灵感有时也来自对他人答辩过程的倾听，对产生的灵感及时记录，以备需要时使用。

2. 发散型思维

头脑中的思维不要固定在一个点上，要从多方位展开思考。答辩中的多个角度，就是发散型思维的具体运用。在答辩过程中，发散型思维引导答辩者从多个角度考虑论题，最后选出最佳答案回答。如果一时忘记了论题的答案，也可换个角度回答。

3. 直觉型思维

现实生活中的所感所闻会影响沉淀在脑中的印象，让人直击事物的规律和本质。答辩者可以根据自己的阅历，凭直觉对论题进行言简意赅地回答，也是一种可行的方法。

4. 求同型思维

求同型思维是根据自己内在模型集中做出回答的思维，也可以说是单一性发展的思维。在答辩过程中，如果论题可从多个角度进行回答，不妨用这种思维方式选择最佳的答案，也可以理解为最贴题的回答选择。

（二）巧妙的实践策略

1. 听清题意，掌握题旨

听清楚教师的提问才能迅速弄清提问的目的，倾听也是答辩过程中的一种重要技巧。答辩者做完自我陈述后的首要任务就是倾听答辩教师的提问，这时答辩者要迅速把教师的问题记录下来，思考并摸清教师提问的目的，仔细揣摩题意和实质，不要答非所问。如果答辩者没有听清教师的问题，可以不失礼貌地请答辩教师重新复述一遍。

2. 缩小题目，抓住重点

如果答辩教师提问的问题太广泛，让答辩者摸不着头脑，答辩者可以自己在头脑中贯穿一下问题，迅速反应哪些是重点，做到缩小题目从而缩小难度。回答时不可零碎，而是要抓住重点说得透彻且深奥，对不重要的部分一句带过即可。比如：“您提出的这个问题我认为主要是……”或者“对这个问题，我重点讲述……”。如果答辩教师提出的问题太复杂，答辩者可以抓住问题的重点、以点代面，展开回答。

3. 先简后繁，逻辑清晰

在答辩过程中，如果答辩教师在提问完问题后给出了准备和思考的时间，那么答辩者应充分利用这段时间。根据问题的难易程度进行思考，回答问题时不必按照答辩教师提问的顺序回答，可以先回答简单的问题，这样可以增强自己的信心，同时克服紧张情绪。如果先回答难的问题，可能使答辩者受到打击而退缩。

回答问题时，要避免语无伦次，在头脑中形成一定的逻辑顺序用数字来引出几点回答。比如“首先”“其次”，或者“对于这个问题，我将从以下几点进行回答，第一点……，第二点……”，也可以适当进行语言顿挫，以表明逻辑性。

4. 精练简洁，文从字顺

对教师的提问做好准备后，尽量在回答时表现得具有逻辑性和简洁性。如果回答太烦琐、太冗长，会显得语无伦次，失去了中心论点。特别是对简单的问题，一定要讲究干净利落，用简单的话语表明要害。还要就题论题，尽可能不随意发挥。因为答辩的时间有限，应避免在时间结束前还没有说到重点，而且“祸从口出”，话说多了反而可能引起很多失误。

5. 坦诚直言，修正错误

在论文中难免会存在意见不同或者失误之处，如果当场被答辩教师指出来，不要急于反驳，要虚心接受并改正，小小的失误并不会影响论文的成绩。由于紧张造成的口误，答辩教师会根据表现情况给予谅解的。

如果答辩教师提出的问题是自己没有考虑到的领域，或对自己很有启发但是在短时间内难以回答的问题，答辩者可坦诚地告知答辩教师。可以直接和答辩教师说：“老师，我对这个问题很感兴趣，但是我还不能完美地回答这个问题，回去以后我一定多加研究。”这不仅可以表现出很强的应变能力，还不失礼貌。对自己来说，既是一种缓解，也是一种应答。

6. 引而不发，设置悬念

答辩者对论文中自己研究最透彻的部分和最感兴趣、最了解的部分，或委婉道出，或点到为止。少一些肯定，多一些引导。这样不仅可以增加答辩过程中的研究氛围，还可以吸引答辩教师，引起答辩教师探求的心理。这样一来，答辩教师很有可能进一步提问。即使不提问，也不会因此降低论文成绩。而一旦发出这样的提问，答辩者一定要做到胸有成竹、底气十足，才能做到不被答辩教师问住。

7. 把握分寸，懂得进退

答辩者在答辩过程中要注意讲究分寸，一定要清楚哪些内容可以表达，哪些内容不可以表达；哪些内容要展开叙述，哪些内容要简略概述；哪些问题要特别强调，哪些问题要适可而止。特别是对某些事物或人进行评价的时候，一定要做到客观端正。

答辩时可多观察答辩教师的神态和表情，对于答辩教师认可和加以肯定的部分，可以展开详细叙述、稍作发挥。而对答辩教师不太认可的部分，一定要注意分寸，以免对答辩造成不利影响。一般的观点只要表达基本的论点即可，不必蔓生枝节、画蛇添足。那样往往会引火烧身、难以脱身，给自己带来麻烦。

8. 巧妙应对，积极探索

如果答辩教师提出了特别难的问题，一定不要自暴自弃，也不能沉思太久，要防止给教师留下不好的印象。可采用委婉的方式，希望教师给予提示，这样可以争取时机、使思路流通。

比如,“老师,您提的这个问题可不可以换一种表达方式表述”,或者“老师,您提出的这个问题是不是与某方面相关”。此外,也可以请答辩教师重复一下问题,为自己争取时间思考。比如,“老师,这个问题我听得不是很清楚,能请您再重复一遍吗”。

一般来说,遇到比较难的问题,只要答辩者开口,答辩教师就会指引方向,或换一个角度重新提问,引导答辩者。此时,答辩者要注意聆听答辩教师的指引,以便从中受到启发,立刻抓住关键信息,发表自己的观点。特别是针对具有启发性的问题,即使答辩者回答得不够完美,但其积极探索的精神也会给答辩教师留下深刻印象,更不会影响论文答辩的成绩。

9. 脱稿讲述,增进生动感

在答辩中,答辩者往往因为紧张而语无伦次,此时便想照着稿子念,这其实不是一个好的选择。因为念稿子会大幅减弱听者的注意力,所以一定要脱稿且自然。答辩者表现得体、大方,才能增进答辩的生动感。另外,即使脱稿,稿子也不宜太长。时间占用太多会很啰唆、无法突出重点,也不能显现出答辩的氛围和意义。在答辩时,要全程面带微笑,给答辩教师一种亲切感。

10. 放平心态,平稳发挥

对从未进行过论文答辩或很少经历论文答辩的学生来说,在这种场合往往会感到紧张。这是因为他们无法放平心态、平稳发挥,甚至有时达不到自己的正常水平。解决这一问题的办法主要有两种:第一种是多参与答辩会场的旁听,积极主动了解答辩的流程,在熟知论文答辩的流程后,就可以泰然自若,不再受紧张心态的影响;第二种是满怀自信,胸有成竹,在撰写论文的过程中,从论文的选题、材料的搜集和选取到论文提纲的拟制,再到最后的定稿和格式都是由答辩者自己独立思考、修改和完成的,最终的论文一定是个人思想的结晶。既然如此,我们就没有理由去怀疑自己。所以在答辩时,一定要相信自己、相信论文。这样,答辩者就不会紧张,能够顺利完成论文答辩。

答辩结束后,一定要认真总结。作为答辩者,答辩通过只是意味着完成了这一时期的特定任务。在今后的日子里,将会开启更有深度的学习。具体来说,答辩结束后应把重心放在扩展知识面、全面提升答辩成效和素质等方面。

首先,答辩人通过在答辩过程中的体验,反复思考答辩教师提出的疑难问题,寻求在自我陈述及回答问题中的不足之处,及时吸取教训、取长补短、弥补不足,对论文进行全面深入的研究,使之不断完善。

其次,通过论文答辩,答辩者应该认真思考自己在基础知识和学术研究方面有哪些不足,及时查漏补缺、攻破薄弱环节,打牢基础、拓宽知识面。这样,再次遇到类似的面试或者考试,就可以以一个崭新的姿态去应对。

最后,通过答辩,答辩者可以很清晰地了解自己的科学研究水平。在此基础上,把握住自己擅长的一个领域、扬长避短,在这一方向上继续钻研,挖掘自己的潜力。

以上三点的最终目的就是全面提高自己的素养。其中包括知识层面的素养、修养层面的素养、能力层面的素养。在知识层面上,不仅要对自己的专业知识深入研究,还要在文学、哲学、历史等各个方面都有一定的了解,也可在某个相关专业做深入的研究。在修养层面上,要培养健康的心理和高尚的品德,提高文化修养,在答辩时表现得文明有礼、不卑不亢。在能力层面上,要培养听、说、读、写、译等各方面的能力,增强表达、分析和实践能力,让自己成为具备综合素质的人才。

答辩过程虽然只有短短的几分钟或者几十分钟,却需要长时间的准备和努力。“不积跬步，无以至千里；不积小流，无以成江海”，只要不断积累和坚持，总会得到满意的结果，但是在努力和坚持中，也需要一定的技巧来支撑。掌握论文答辩的技巧，会让我们少走一些弯路，帮助我们表现得更好。

第四节　答辩后需完善的工作

完成学位论文答辩后，答辩人的工作并没有结束，还有一些善后任务需要完成。本节将对外语学位论文答辩后需完善的后续工作展开叙述，具体分为以下几个方面。

一、填写答辩记录表并修改论文

（一）填写答辩记录表

答辩记录表是用来记录学生答辩的过程和审核学生答辩是否合格的依据，需要真实、仔细地填写。

1. 所需填写的内容

学生在结束自己的毕业论文答辩后，需记住整个答辩过程，并总结写入答辩记录表中。内容包括答辩时的流程及个人信息等，如学生答辩内容摘要、答辩教师的提问与学生的回答、论文需要改进之处、答辩成绩及教师签字和日期等。填写时要保证记录表内容的完整性。

2. 填写时的注意事项说明

在填写答辩记录表时需要注意以下四点。

（1）答辩记录表的内容不能有误，需仔细核实查对。

（2）需注意答辩记录表的日期，保证准确性和真实性。

（3）及时填写答辩记录表，在答辩结束后直接交给导师审核并签字。

（4）准备好答辩记录表纸质版多份，根据学校要求进行多份打印和上交。

（二）修改论文

在答辩过程中，答辩教师会根据论文情况进行评价，并提出意见和建议。根据这些评价，答辩人应在导师的指导下修改论文，并确定论文内容的最终稿，以保证在学校规定时间内按时提交。对答辩论文的修改包括内容和格式两个方面。

1. 内容修改

仔细阅读答辩老师提出的建议，对基本内容进行改正和增减。首先，抓住答辩教师建议的重点，重复审核论文的内容，反复修改和完善。其次，在自我完善后，需要发给自己的导师，与导师商议是否需要再次修改。论文内容尽量使用简洁、通俗易懂的语言，以增加逻辑性和可读性。最后，需要在封面后加入诚信承诺书及使用授权书等，这部分主要按照各学校要求完成。

在内容修改中需要确认的细节如下。

（1）内容的顺序是否正确并符合要求。

（2）盲审后的论文信息不完整，此时学生和导师的姓名和单位名称应根据学校规定进行添加或修改。

（3）了解并熟知学校规定的最终截止提交时间，在最终截止时间之前完成论文的全部修改。

2. 格式修改

对答辩论文格式的修改也同样重要。

(1) 整个论文的格式一定是 PDF 格式。在上交电子版时，必须为 PDF 格式。

(2) 要注意封面、摘要(前言)、目录、参考文献、致谢和附录等部分的格式，应根据学校要求进行排版修改。

(3) 整篇论文的字体大小以及行间距、页边距、页码页尾等格式，需要注意检查并完全符合要求。在格式设置好之后，还需交给导师进行检查与审核。

3. 答辩论文的查重报告

为保证内容的自主性和真实性，学生的毕业论文的查重率也是有要求的。本科生和研究生的论文查重率一般控制在 15%～20%。检查最终稿时，不仅要完善内容，查重率也应符合学校规定，最后的查重报告需附在论文最后。

4. 答辩论文的签字要求

在完善毕业论文最终稿时，需要添加学生的手写签字、指导教师的手写签字。如有引用他人作品，则需要添加引用作品的作者手写签字。签字时，需本人手写签字，不可以用打印和图片等形式。在提交电子版论文需要签字时，一定要经过本人允许，才能以图片签名的方式提取添加。

二、通过人员回复学位委员会的评价意见

学位评定委员会作为决定学位授予的机构，在论文答辩中扮演着重要角色。在答辩过程中，学位委员会会给出相对客观、准确和公正的评价意见。对于答辩者来说，必须对学位委员会给出的意见进行认真的反思和反馈。

1. 思考修改方法

认真思考在答辩中详细记录的委员意见和讨论内容，将关键信息和重要观点与自己的论文内容相结合，认为确有必要修改的部分和指导教师讨论修改方法和内容。如果认为答辩教师提出的问题无法修改或没有必要修改，也需要和指导教师请教，获得肯定答复后思考回复方式，这里要注意，需要委婉地回复和表达。

2. 回复建议

回复修改建议时尽可能分条目回答。对于不同答辩教师提出的建议按照先后顺序给出修改方法，如果有需要解释的部分，也要有理有据地详细陈述。回复时间尽量在答辩后的三天之内，拖得过久会失去时效性，答辩教师也可能会忘记当时的思路和想法，导致无法进行后续的沟通。

3. 反思修改结果

回复结束后，要总结讨论和修改结果。回顾委员对论文的评价意见，从中找出自己答辩过程中的不足和缺陷，在以后的工作和研究中尽可能避免。

总之，回复应以尊重答辩教师为原则，以准确回复意见为目标，在详尽地记录讨论内容的基础上给出真诚、合理、科学的说明。

三、未通过人员再答辩时需完成的工作

首先，准备再答辩之前应确保认真阅读答辩委员会提出的意见，并重新整理总结，了解自己论文存在的漏洞和不足之处。其次，在准备过程中，不仅要对论文结构、观点等进行修改，还

要思考原论文出现问题的根源在哪里，以及自己的表达方式是否合理，切记不可带有情绪或意气用事。

回复答辩委员会的意见时，要尊重答辩委员会的审阅，理解其对文章的观点和提出的建议，同时积极说明自己的见解。如果论文确实存在问题，建议对每个问题进行详细的回答，以证明论文的客观性、真实性和可信度。如果在答辩现场已准备好相关的佐证材料，可向答辩委员会提交。如果没有准备，需要在回复建议之前准备完整。在回复答辩委员会的修改意见时，需要注意使用精炼的语言表达观点。

修改后的论文再答辩时，可尝试用专业的语言表达自己的修改意见，或者换一个视角去理解和论证主题。同时应牢记，不要为迎合答辩委员会的修改意见而失去自己的独立思考。论文答辩过程中应始终保持礼貌和自信，并且注意语言表达的规范性和准确性，以此提高论文再答辩的通过率。

四、打印并上交论文

论文最终稿完善后，最重要的就是打印论文。很多学生在自己的计算机上排好了格式、内容、顺序等，可是去打印店打印出来的纸稿和自己整理好的电子版大相径庭。因此，在打印这一环节也不能掉以轻心，同样需要严谨地检查需要提交的所有内容和文件。

（一）打印时的注意事项

（1）论文上交时的电子格式必须为PDF格式。在提交电子版论文时，登录页面会明确表示所交文件只能是PDF格式，这是因为PDF格式无法修改。在保证论文真实性和原创性的同时，以防他人篡改。如果论文中有文献引用的地方，便更需要使用PDF格式，因为Word格式打印很有可能出现没有引用上文献或参考文献找不到等诸多情况。所以在论文中出现大量参考文献时，一定要使用PDF格式，否则后期可能需要花费大量时间和精力再去补充和完善。需要注意的是，这并不意味着只留PDF格式的论文就可以了，建议Word和PDF各留一份，在上交论文时提交PDF格式。

（2）打印出来的大小为A4纸大小。A4纸（210mm×297mm）大小是国际上所通用的一个标准格式，大多数高校在上交论文纸质版时都默认要求为A4大小，这也可以从侧面看出一个学生做事是否严谨。

（3）在打印时注意图片、数据、公式、文献等内容，很有可能在打印上出现格式错误、数据串行、公式乱码、图片消失等情况。如果论文中有以上内容，在打印时一定要重视起来。可以在打印店先试打印这些内容，根据打印结果在计算机上作出适当的调整，以确保文件的准确。

（4）注意论文行间距等格式上的问题。由于科技的发达和便利程度不断提高，现在大多数学生使用的都是WPS软件。WPS可以在手机端操作，对着急修改文件却没有随身带计算机的人来说是一个不错的选择。但有些打印店使用的软件是Word。文件在从WPS转向Word时，可能出现较多出入，因此尽量在同一个软件中使用相同的版本打印，以减少格式上的错误。一旦出现错误，修改内容较多，则需要花费更多宝贵的时间和精力。

（5）注意打印论文的正反面问题。以论文的内容是否影响其文本的连续性为基准，目录、摘要以及论文正文前和正文后出现的内容都要求使用单面打印，论文正文内容使用双面打印。如果要求所有内容全部双面打印，则直接在目录、摘要等需要调整的页面后面都加上一张空白页。

把所有内容打印出来，确保各部分按照顺序没有缺失遗漏或者需要添加的内容之后，再进行装订或者胶装，以保证学术论文的完整性和严谨性。

（二）提交电子版毕业论文

很多学校不仅要求打印出论文，还需要提交电子版毕业论文。在学校通告的截止日期前，在学校图书馆官网上选择学位论文提交。这里需要注意的是，要记住自己在学校图书馆官网上登录的账号和密码。如果忘记或者丢失，一定要第一时间联系相关人员，找回账号和密码。不要在马上截止提交学位论文时再去解决，因为这一过程具有滞后性，花费的时间可能会超出自己的预期。与此同时，建议毕业论文尽可能多备份，无论是本科还是研究生，随时提醒自己实时备份毕业论文以及重要表格和数据。如果论文因为某些原因没有被保存，在没有备份的情况下就会十分棘手。备份可以放在自己的邮箱里，如果有多个邮箱账号，可以都备份上，以免意外发生；也可以保存在U盘里；还可以发送到自己的微信或者QQ里。无论哪种方法，一定要记得备份数据。

如果论文提交后，发现论文中仍有问题需要修改，可以分为以下三种情况。第一种是学生已提交完论文，但系统还没有审核。那么直接进入论文提交系统页面，单击“修改我的论文”进入修改页面，把修改好的论文再次提交即可完成。第二种是学生提交完论文，但是系统已审核，结果为未通过。那么学生会收到提交学位论文结果不合格的通知，进入修改系统，重复以上操作即可。第三种是学生提交完论文，但是系统已审核，结果为通过。那么审核通过后的论文是不能修改论文相关信息的。如果因特殊原因必须修改的话，可以重新进入学校图书馆官方网站界面，单击“论文重新提交”。若通过则完成，若未通过，参考上条，继续修改论文即可，同时也要注意提交的截止时间。

学位论文提交审核结果一般在2～3天内出来。查看审核结果有以下三种方法。第一，在图书馆官网查询。登录学校图书馆官网主页，单击“学位论文提交系统”，进入系统后进行查询。第二，登录自己的邮箱。查看自己当时提交论文时填写的电子邮箱，通过邮件信息查询结果。第三，添加学校企业微信号，关注企业号消息。通过查看自己当时绑定的微信，进行论文审核后结果的查询即可。

（三）提交纸质版毕业论文

在打印出自己的毕业论文之后，学校或学院的教务处会统一收取纸质版文件，需要在学校规定的截止时间前提交。一般毕业论文需一式两份，一份作为历届毕业生的论文在学校的档案库中保存，给未来的学弟学妹们查看、提供参考，并提供领导检查。另一份需要放入毕业生本人的档案袋中，所以一定要保证上交的文件无疏漏。作为存入档案的资料，在未来考研、考博、工作、面试等各个方面都有可能会被重复翻阅和查看，所以要慎之又慎。

五、对毕业论文进行总结

（一）回顾研究

回顾所采用的方法、实验结果的可靠性以及其他研究人员的关系等。这将有助于总结研究中遇到的问题、挑战和创新点，为未来的研究提供有力支撑。

（二）总结优势和劣势

将毕业论文放在一边，确保对研究有一个总体概括。从论文撰写到毕业答辩，评估这一过程中自己的优点和缺点、优势和劣势，并总结这些对未来职业和学术生涯的影响和贡献，学会

通过总结反思来提升自己。

（三）考虑可能涉及的其他领域

如果研究涉及其他领域，如教育学、医学、历史学、心理学等，那么这些领域的研究能否成为自己未来职业选择的突破口，和自己专业结合形成的跨专业成果能否给未来的科研提供启示和助力，都是论文和答辩带给我们的礼物。未来社会对外语人才的要求逐渐向一专多能方向发展，论文的其他领域研究可为我们提供一个有价值的选择出口。

（四）提出下一步计划并完成总结报告

毕业答辩后，考虑自己的学术研究是否需要其他支持，在老师和同学的帮助下寻求指导或资金来助力自己进一步的研究和计划。完成一份总结报告，用于未来的参考和回顾。

六、对答辩的总结和反思

（一）对答辩的总体评估

答辩结束后，对整个答辩过程的总体评估是确保自己对答辩有全面认识的重要步骤。

1. 自我表现的评价

（1）表达清晰度：回顾自己的陈述，深入评估语言表达的清晰度。确保观点和结论被导师理解，避免模糊或晦涩，旨在提高沟通效果。

（2）自信度：总体评估自己的表现是否表现出足够的自信。审视自己的语言、姿态和语调，看是否有需要调整的地方，思考如何增强未来整体表现的信服力。

（3）专业性：检视回答问题过程中是否保持专业性。评估自己能否对研究进行深入的解释，确保回答既准确又具备学术深度。

2. 对提问的回应

（1）应对批评：评估在面对批评和质疑时的反应。检视自己是否能冷静应对，给予合理的解答，并展现出对学术讨论的专业态度。

（2）深度思考：总结对提问的回应，检视是否体现了对研究问题的深刻思考。评估自己是否能够清晰地表达对问题的理解，以及是否提出了对未来研究的思考。

3. 改进的空间

（1）反思问题：仔细回想答辩过程中可能存在的问题或不足。涉及表达、回答问题的深度、自信度等方面。

（2）改进计划：制订明确的改进计划，明确未来需要调整和提升的方面。包括进一步提升语言表达能力、加强对研究问题的思考深度，或调整姿态和语调以增强自信度。

通过对整个答辩过程的全面评估和深刻反思，可以更清晰地认识到自身的优势和不足，为未来的学术探索提供有针对性的改进方向。这种自我反思是持续成长和提升的关键。

（二）从答辩中学到的经验和教训

答辩过程中的经验和教训是宝贵的学习机会，能够帮助答辩者更好地应对未来的学术挑战。

1. 成功经验

（1）强项：确认答辩中表现出的强项，包括清晰的陈述、自信的表达等。明确自己的优势是成功的基础。

（2）有效应对：分析在答辩中成功应对问题的经验。试想这些成功的经验是否可以运用到未来的学术交流中，从而保持高效应对问题的能力。

2. 改进点

（1）发现不足：确认答辩中存在的不足，可能涉及回答某个问题时不够详细或对某个批评的回应不够理想。明确问题是改进的第一步。

（2）提出解决方案：提出解决这些问题的具体方案。这可能包括更深入的准备、进一步的研究，或者改善口头表达和演讲技巧，确保解决方案切实可行。

3. 未来计划

（1）学习计划：基于答辩中积累的经验，制订未来的学术学习计划。明确进一步研究的方向、学术交流的提升目标，为未来的学术发展规划清晰路径。

（2）实践机会：将学到的经验付诸实践。通过参与实际项目或学术活动，提升学术领域的实际能力，将理论知识转化为实践成果。

通过对答辩的总体评估和经验教训的深入反思，能够更全面地了解自己在学术交流中的表现。这不仅为当前学位论文的答辩提供参考，也为未来的学术发展打下基础。

七、学位论文档案材料整理与存档

（一）整理

将文献资料进行分类、排序，并按照学校规定的要求进行整理。这一过程中，注意保存原始资料和文学文本，最好将纸质版和电子版同时整理保存，避免丢失或损坏。

（二）审核

在整理完论文档案材料后，需要对资料的真实性、有效性、准确性进行审核。如果发现资料不真实、不准确、不完整，应该及时修改或替换。

（三）归档

审核完成后，需要进行归档工作。归档的材料应该按照学校规定进行分类、编号和归纳。

（四）存档

毕业答辩和论文存档是毕业生离开学校前应完成的重要工作。申请人需要将论文和答辩资料按照规定格式进行最后的修改和检查，然后以纸质版和电子版的形式提交给学校教务部门和图书馆，以便日后其他人有需要时能够快速查找和获取。

以上是针对答辩后需完善的工作进行的叙述，无论哪一步骤，都应认真踏实、稳扎稳打。我们应该清楚，学位论文是在阶段学习过程中对某一学科或专业领域进行深入研究和探究的文本形式。学位论文撰写和答辩，是毕业前的最后一道关口，也是检验学习成果、反映学习水平和学习质量的重要指标，它既是阶段性学习的总结和验收，也是提升专业素养和学术能力的重要途径。尤其要注意的是，无论对于论文撰写还是答辩，都不能敷衍了事。只有严谨求实，才能不断提升自身专业水平和学术能力。

从论文选题到答辩结束，大概需要历时半年到一年。这一过程是对学生体力、脑力、耐力的全面检验。撰写论文需要充分考虑和确定研究的相关性、可行性、科学性和创新性。若研究方法无法支撑论点，则需更为深入地分析和探索。写作过程中，还需注意论文的格式、标点符号使用规范、参考文献等，避免出现引用错误或格式混乱等问题。完成学位论文是一项具有挑

战性和成就感的任务，需要学生具备扎实的学术功底和严谨的研究态度。答辩后的完善工作也十分重要，它可以帮助学生更好地吸收和展示自己的专业知识和学术能力，提升自信心和参与度，从而更好地推进未来的学习和发展。

八、学位授予仪式

在论文评审通过后，学生本人将参加学校的学位授予仪式。学位授予仪式是每个毕业生都期待的重要时刻，它标志着学习生涯中一个重要阶段的结束，同时也是迈向新生活的起点。下面，我们来了解一下学位授予仪式的流程。

(1) 入场。学位授予仪式通常在大礼堂或体育馆等场所举行。仪式开始前，毕业生需按照指定的时间和地点入场，穿着学位服、佩戴学位帽和学位绶带。家长、亲友和教师也需按照指定的时间和地点入场。

(2) 开场致辞。学位授予仪式开始前，主持人发表开场致辞，欢迎所有参加仪式的人员，并介绍授予学位的领导和嘉宾。

(3) 颁发学位证书。在颁发学位证书环节，毕业生们需要按照指定的顺序上台，接收领导或嘉宾颁发的学位证书。接收学位证书时，毕业生需要伸出右手，接过证书，并向颁发证书的领导或嘉宾鞠躬致谢。

(4) 毕业生代表发言。在颁发学位证书环节结束后，毕业生代表上台发言，代表所有毕业生向学校、教师和家长表示感谢，并分享他们的学习和生活经验。

(5) 毕业典礼结束。学位授予仪式在毕业生代表发言后结束，毕业生按照指定的顺序下台，离开会场。家长、亲友和教师也要按照指定的时间和地点离开会场。

学位授予仪式是一个庄严而隆重的仪式，它不仅是毕业生们的荣誉，也是学校和教师们的骄傲。在这个特殊的时刻，毕业生们要珍惜这个机会，感恩学校和教师们的培养，为自己本科阶段的求学生活画上一个圆满的句号。

九、毕业后的人生规划

(一) 出国深造

对外语专业毕业生来说，出国深造的人数比例较其他专业更高。国外全方位的外语授课和沉浸式语言学习对外语毕业生来说是十分有利的语言环境。很多国外大学语言中心的教师就是有名的行业领导人，或是拥有丰富语言教学经验的老师。学生能够在较短时间内熟悉本地的语言文化，系统地进行外语习得，让自己更深刻地体验其语言文化及氛围魅力。

此外，国外的课程选择灵活，学生会有更多属于自己的时间，在完成学业的同时丰富人生阅历。一般学校会针对不同程度的学生开设不同的班级，成立不同的学习小组。语言课程除了教授语言技能外，还会教授学生独立研究的技巧，引导学生批判性思维的习惯，同时也会传授学术论文和研究报告的写作技巧。对于基础稍差的学生，还会提供语法和发音、演讲技巧的学习，进行学术讨论和实践的机会。

(二) 就业

即将选择就业的学生主体可以分为两大类。一是应届毕业生，即在国家规定的学习年限内，即将毕业但还未拿到毕业证的学生。他们可能在实习、等待就业或者准备毕业论文。二是择业期的应届毕业生，这类学生已经拿到了毕业证，但在毕业后的一段时间内尚未开始工作。这个时间通常被称为择业期，不同地区的规定会有所不同，但大部分地方为2～3年。这段期限内，这些毕业生仍被视为应届生。作为择业期的应届毕业生，其身份优势在于考试找工作的机会多，公务员岗位需求量大且稳定性高。同时，应届毕业生没有工作经历，可以更快地进入状态，也有更多的时间积累经验。此外，应届毕业生可以尝试任何种类的工作，没有明显的工作瓶颈。

许多企业在招聘时都会优先考虑应届生，因为应届生具有较大潜力和发展空间，能够更快地适应新环境和新技术。此外，国家也出台了一系列政策，鼓励企业吸纳应届生就业，比如给予他们一定的税费减免等。那么，应届生在就业时都有哪些主要方向呢？

(1) 考取公务员。近些年来考公热度很高，这个职业收入稳定、福利待遇好、受人尊重，还很受家长们的肯定，所以每年的公务员招聘考试都有很多往届大学生参加。这些年的国家公务员招录中，有一大部分岗位会明确要求只招收应届毕业生，这对于应届毕业生来说是绝佳的机会。

(2) 进入国企。目前各大军工、大型央企、国企每年都有招收应届生的指标，而对于往届生则基本上没有招聘指标，除非其为某个行业的大咖或领军人物。从军工、大型央企、国企出来进入社会后，没有应届生身份是很难再次回去的。

(3) 考取选调生或入伍。拥有应届毕业生的身份可以参加各省组织部的选调，而选调生比直接考公更容易进入公务员系统。此外，拥有应届生身份还可以入伍，学校就业招生部门会安排不同的宣讲会。学校越好，到学校要人的单位便越好、级别越高。

(4) 在轮岗中择业。进入大多数军工、央企国企的应届生是可以轮岗的，有机会在单位的各个岗位轮岗，最终找到适合自己的位置，而往届生是没有这样的机会的。

（三）国内读研

相比去国外深造，国内学生往往会积累更多的本土实习经验，在资源和熟悉程度上比留学生更胜一筹，尤其是对于国企、事业单位等而言，国内研究生会更加受欢迎。除此之外，时间空间上，留学生也存在就业劣势，因为国内外院校的毕业时间不同，留学生还在国外，国内企业就已经开始了秋招。虽然企业也接受线上面试，但面对面了解往往会给面试官带来更加直观的印象，而国内春招秋招都是直接对应毕业时间的。此外，国内读研还会节省经济成本。由于国家大力支持国内教育事业，因此设有研究生国家奖学金、研究生国家助学金、研究生学业奖学金、研究生“三助”岗位津贴等优惠政策，这会大大减轻学生在就读期间的经济压力，帮助其顺利完成学业。

学位证是为了证明学生专业知识和技术水平而授予的证书。目前我国的学位有学士学位、硕士学位、博士学位三类。本科毕业对应的是学士学位，本科毕业后考取研究生对应的是硕士学位，硕士研究生毕业后读博对应的是博士学位。学位学历是很好的敲门砖，它可能无法决定你未来的高度，但它一定程度上决定你的起点。在国内很多事业单位，无论是中大型企业还是小型企业，对学历要求都非常高。读取学位的意义不仅在于提升学历、成为少数的高学历人才，也在于增长学识、开阔视野、提升思维格局和实现自我的超越。学习的征途中收获的珍贵友谊，也意味着拥有更多的人脉资源和更大的发展空间。在攻读学位期间，可以在专业领域内深入研究，提升自己的学术水平和科研能力。因为它不仅要求在本专业领域有扎实的基础，

还要求具备跨学科的视野和独立思考的能力。这一过程将帮助我们拓宽视野、培养创新的思维方式。随着学历的提高，专业能力和综合素质也将得到提升，会在就业市场中具有很大的竞争力，为职业发展打下坚实的基础。此外，攻读学位阶段还需要参与课题研究、项目开发等活动，这不仅要求具备扎实的专业知识，还需要具备一定的领导力和创新精神，这种经历将使自己具备在未来职业生涯中担任领导职务和管理工作的能力。因此，攻读学位是求学生涯中的必经之路，而学位论文写作和答辩又是攻读学位的必经之路。只有认真细致地做好万全的准备，才能顺利获得学位，为自己的求学生涯画上一个圆满的句号。

文学类学位论文的写作

第一节　文学类论文的概念和特点

文学类论文的范畴较广，其通常将外国文学、中国古典文学、中国现代文学、文学史、文学理论、文学批评、文学作家、文学作品、比较文学、文学语言研究等作为主要研究领域。

一、文学类论文的概念

关于混淆文学类论文的领域界定，在“新手”研究者中是比较常见的。到目前为止，虽然关于文学大类的选择是比较清楚的，但文学方向的细致归属还需要具体分辨。对此，本节将对文学细类研究方向的概念进行详细整理。

(1) 外国文学是指本国本土以外的世界各国所产生的文学体裁或文学作品的具体样式。许多民族都出现过杰出的文学大师和众多的名家名著，这些名家名著的文学作品样式有诗歌、散文、小说、戏剧等。外国文学作为一门重要学科，以其独特的风格和内涵吸引了无数的读者和研究者。

(2) 中国古典文学是指自先秦至清代末年的中国文学及古典文学作品。按文学史的习惯，可以将其划分为先秦文学、秦汉文学、魏晋南北朝文学、隋唐五代文学、宋元文学、明清文学，有代表性的文学作品样式有诗、词、曲、赋、散文、小说等。中国古典文学是中华民族最宝贵的文化遗产，以多种多样的艺术表现手法吸引了众多的读者和研究者。

(3) 中国现代文学是在中国社会内部发生历史性变化条件下，广泛接受外国文学影响而形成的新的文学。它不仅用现代语言表现现代科学民主思想，而且在艺术形式与表现手法上对传统文学进行了革新，建立了话剧、新诗、现代小说、杂文、散文诗、报告文学等新的文学体裁，具有现代化的特点，与世界文学潮流相一致，是真正现代意义上的文学。

(4) 文学史是人类文化成果之一的文学的历史，是研究文学的历史现象及其发展规律的科学。根据不同国别、地域、民族及不同时期、不同体裁等分类标准，文学史可分为国别史(如中国文学史)、世界或地区史(如世界文学史、欧洲文学史)、通史或断代史(中国现代文学史)、民族史、分体史等。

(5) 文学理论是指有关文学的本质、特征、发展规律和社会作用的原理和原则。文学研究可分为文学理论、文学史和文学批评，它们都以文学为研究对象，要求把历史的和现实的文学理论与文学史和逻辑研究结合起来。文学理论重在对文学做逻辑的研究，从古往今来的文学现象中，找出文学的本质和规律，揭示文学的不同形态的特点。

(6) 文学批评有广义和狭义两种。广义的文学批评属于文学理论研究的范畴，它既是文学理论研究中不可或缺的重要内容，又是文学活动整体中的动力性、引导性和建设性的因素，既推动文学创作、传播与接受，又影响文学思想和理论的发展。其涵盖内容宽泛，从作品评价到理论研究均包含其中，在西方几乎是文学研究的同义语。狭义的文学批评属于文艺学的范畴，是文艺学中最活跃、最经常、最普遍的一种研究形态。它以文学鉴赏为基础，以文学理论为指导，对作家作品、文学创作、文学接受、文学现象、文学运动、文学思潮和文学流派等进行分析、研究、认识和评价，是文学鉴赏的深化和提高。

（7）文学作家是指作家使用的语言及文字在文学领域形成的参与和贡献，以及对文学传统的继承和创新。其相关概念主要涵盖作家对小说、散文、诗歌、戏剧、童话等文学形式的选择，以及在文学创作过程中涉及的对各种审美和人文问题的思考。

（8）文学作品是指通过对社会、自然、生活和人性的思考与探索，以语言为工具、文字为形式，形象地刻画和反映生活，表达作者对人生、社会的认识和情感，以唤起读者的美感，给读者以艺术享受的成果。文学作品区别于科学、技术、学术、历史等专项性著作。

（9）比较文学是指以跨民族、跨语言、跨文化和跨学科为比较视域而展开的文学研究，在学科成立之初以研究主体的比较视域作为安身立命的本体，因此强调研究主体的定位。同时，比较文学把学科的研究客体定位于民族文学之间及文学和其他学科之间形成的三种关系，即事实材料关系、美学价值关系和学科交叉关系。

（10）文学语言研究是研究文学作品中语言运用的学科，主要探索文学作品的语言形式、修辞手法、风格特点，研究并揭示文学作品语言的美感和意义。

二、文学类论文的特点

文学类论文的范畴广泛，但万变不离其宗的特点是以作家、作品、文学事件、文体起源与发展历程、文学运动、流派、文学理论、作家作品的考据和研究为中心。文学类论文不仅要深入分析作家和作品的文学价值、表现手法和艺术特点，还要掌握代表作家、代表作品、文学流派及文学团体的基本情况，分析相关文学现象的起源、兴衰过程及历史影响，并在参考相关文学理论基础上，深入了解文学的本质、构图、创作技巧、文学鉴赏、文学评论及文学发展的内在规律。文学类论文的撰写，最重要的是写作实践，即运用理论知识来指导具体的实践。撰写者通过不断提高观察力、理解力、分析力、解释事物和提炼主题的能力，精准地分析作者的布局、表述和驾驭语言的方法及写作技巧。那么，文学类论文都有哪些具体特点呢？

（一）内容的科学性

（1）文学类论文要求其内容的科学性，科学性是学术论文的灵魂，就是把在实践过程中积累起来的知识系统化，并加以探索、研究。

（2）文学类论文的科学性要求撰写者在立论上要客观，不得带有随意性，不得带有任何个人偏见。此外，要求论文观点正确、材料真实、论证严密。

（3）文学类论文的科学性要求撰写者在论据上要有说服力，不得凭空捏造，要通过缜密的观察、调查、实验、研究，尽可能多地占有材料，以最充分的事实、确凿的证据、可靠的数据作为立论的依据。

（二）理论的逻辑性

（1）不同于一般论文比较自由地展开议论，学术论文写作要求撰写者经过周密的思考，严谨而富有逻辑效果地论证。

(2) 科学对象或现象的复杂性，决定了学术论文写作必须运用科学的概念、判断、推理、证明或反驳等手段，分析、表达在理论、观测方面的研究成果或见解。

(三) 结果的创新性

(1) 文学类论文的特点也包含创新性，有价值的学术论文往往是探索某一学科领域中前人未提出过或没有解决过的问题。

(2) 文学类论文的创新性也包括继承原有的、研究现代的、探索未知的、发现那些尚未被人认识的客观规律。

(四) 论述的专业性

文学类论文选题都是专业性的，撰写者都是具有相关学习经历或者研究经验的专业人员，每一个领域都有自己的专门研究，论文的交流、发表等也都带有明显的专业性。

(五) 格式的规范性

从某种意义上说，没有规范就没有学术论文，没有规范就会损害学术论文的学术价值，影响学术论文的交流。如果说过去是靠权威证明学术结论，那么现在则是靠规范化的学术过程、详尽的文本来证明。

文学类论文写作是高校培养文学研究创新类人才、提升学生文学批评能力的重要组成部分，其共性广泛存在于文学研究与论文写作知识的灌输、选题、构思、文本和文献资料的使用、论证、文本表达等各个方面。目前，争议较大的文学领域论文当属外国文学研究。对于外国文学论文的分类与理解也是众说纷纭，部分研究者认为外国文学研究涉及外语，理应将其划分到语言类别的研究成果里。其实不然，外国文学属于国别与区域研究中的一部分，虽有外语语言的介入，但这一点与其归属于相关的研究领域并不矛盾。

另外，外国文学类论文的特点极为鲜明，既需要外国文学理论、写作基本常识与技巧的加持，又需要了解并掌握国内外相关研究趋势与动态。因此，选择外国文学类论文的学生选题一般很容易分辨，其局限性主要体现在选材范围上。近年来，外国文学研究也尝试着与其他专业相结合进行跨学科研究，但主要的外国文学方面选材范围依然在固定范围内。例如，与社会学理论相关的研究是通过外国文学作品与社会现象的联系进行分析，进而揭示外国文学作品与社会之间的互动关系；与历史学相关的理论研究是运用历史学的研究方法来分析外国文学作品的历史背景和演变过程，揭示外国文学在历史发展中的地位和作用。从上述举例中不难发现，跨学科研究是通过现象看本质较为合理的途径，但外国文学的主要选材依然是文本作品。

就撰写外国文学类论文而言，首先必须掌握外国文学研究的相关理论、相关论文写作的基本常识与技巧。外国文学研究是对该文学背景、理论、作者、作品或创作形式与现象的探究。它主要诉诸相关的研究趋势，因此研究范围极为局限。外国文学类论文的研究需要运用该领域的相关理论或人文社会科学的基本原则，因此，外国文学自身的特点决定了它在研究中不可随意被定义和推理。

第二节　文学类论文的写作要点

初次接触文学类论文写作时，无论作品样式如何，人们都将其理解成对一部或多部作品的自我分析、鉴赏及评论。由于大多数学生对与文学相关的论文写作知识、技巧、基础实践训练不熟悉，难免在撰写中会出现误区。

文学类论文写作与其他文科专业类型论文写作有着不谋而合的一点，即不仅要具备独特性和原创性，还要有新颖的观点与见解。但与其他文章明显不同的是，学位论文不能缺失相关的先行研究框架与研究理论的支撑，空架式的理论不符合学术型写作的方式。在理论价值具备的前提下，也不是所有的文学现象和内容都值得研究，我们必须选择具有研究价值的文学作品。那么，哪些文本无法作为研究对象，必须舍弃呢？第一，相关的文学作品内容过于简略或语言无法理解，虽然这样的文本并不常见，但一些特殊的艺术流派中可能会存在这样的作品，如意识流小说、部分十四行诗等。第二，该文学作品至今无法证明文献的时间、来源、作者的真伪，是否有其他异本的存在，相关文献是否为原版文献等相关要点。第三，作品文献刚刚被发掘，还需要进一步搜集相关文献资料，并且没有进入系统性研究阶段。以上几点是大部分撰写者在对文学类论文写作选材时需注意的要点。如不能自行判断文献的相关内容，要第一时间与导师沟通寻求帮助，以免影响论文下一步的写作。

对外国文学论文来说，其写作要点与整体文学类论文的要点较为相似，而细化各个具体构成要素时会发现，二者还是会有一定的差异，这些差异点具体体现在框架构思与材料的搜集、选题、论证和写作过程等方面。

一、外国文学类论文的框架构思与资料搜集

通常建造房屋需要完成设计图，并找到相应的材料。撰写外国文学论文也需要这样的过程，而对应设计图的就是框架构思。撰写框架构思的目的可概括为三点：第一，评估和总结与论文主题相关的初步知识；第二，确定资料搜集的方向，即确认哪些具体事项应作为调查和研究的主体，并判断信息的性质；第三，为后期的调整和修改提供蓝本，在搜集资料过程中对框架的结构可能会进行修改，因此先期框架具有重要的参考价值。外国文学类论文需要先设计好的框架构思和试行方案，才能进一步系统地整理材料。最理想的情况是初次就能够准确地写出对应的论文主题和框架内容，但在现实中往往很难实现。因此在文献查找和阅读过程中可能会对框架进行反复修改。

寻找外国文献，作为外国文学方向毕业论文的参考资料是非常重要的一环。那么，哪些途径可以高效地获取文献呢？

(1) 学校图书馆资源。许多大学图书馆都有大量的外国文献资源，其中包括外国文学的专著、期刊等。可以直接询问工作人员，了解图书馆的电子资源和实体书资源。

(2) 在线数据库。学校可能订阅了一些外文数据库，如 JSTOR、ProQuest、Springer、ScienceDirect 等，这些数据库中有丰富的外国文献资源。

(3) Google Scholar。谷歌学术是一个非常好的免费资源，输入关键词，就可以找到相关外国文献。注意检查文献的出处和质量。

(4) 国际学术会议资料。参与国际学术会议，或者在线查找国际学术会议的论文集，也是一种找到外国文献的方法。

(5) 联系专业教授或研究人员。如果可能，可以直接联系本领域的外国教授或研究人员，询问他们的研究资料和推荐文献。

(6) 利用互联网开放资源。有些外文文献可能在开放获取平台上可以免费下载，如 PubMed Central、Europe PMC 等。

(7) 合理使用引用管理工具。引用管理工具如 Zotero、EndNote 等可以帮助我们更好地

管理找到的外国文献，也有助于格式化引用。

(8) 国际合作与交流。如果学校有国际交流合作项目，可以尝试与外国合作院校的图书馆或教授进行交流，以获取他们的资源支持。

(9) 查阅学术社群网站。有些学术社群网站，如 ResearchGate、http://Academia.edu 等也可用于查找外国文献。

(10) 咨询导师和同学。有经验的导师和同学可能知道一些找外国文献的捷径和资源，不妨咨询他们。

(11) 购买文献。如果经济条件允许，一些平台如 Elsevier 等也可以购买到所需的外国文献。

二、外国文学类论文选题的要求

选题是论文撰写的重要环节，也是决定论文成败的关键。学生在选题时应尽可能选择感兴趣或专业领域的主题，通常外国文学的选题范围比较狭窄，外国作家、作品、文学现象研究是外国文学论文中常见的比较传统的选题领域，其中关于外国作家或作品的研究占绝大多数。如果选择具体的外国作家作品作为写作对象，需要注意以下三点。

(一) 慎重决定选题方向

通常学生撰写论文都是为了完成任务，在时间紧任务重的情况下，为了确保撰写过程能够顺利完成，一定要谨慎选题，尽量避免难度超标。学生作为论文写作的“新手”，常在选题时无限扩大或缩小选题的范围。无论选题过大还是过小，都属于人为提高难度。只有选择力所能及的主题和方向，才能进行深入透彻的研究。在选题的同时，还要进行合理的规划，明确具体的写作思路。

很多学生误认为想要分析外国作家和作品，专项的研究太单调，最好的方式是从比较文学的视角将其与国内的某个作家或作品进行对比，由此选题就从单一地对外国作家作品的研究变成对中外作家作品的比较研究。因此，选题的难度也就在原有基础上扩大了。这样的比较，可能会使学生面临论文难度的升级并超出自身的可控范围。如果在初始阶段就将选题规划为比较文学的研究并非不可，但在没有做好打算、只是出于心血来潮的情况下改变选题，会使自己陷入研究对象、文献资料、撰写内容、主体框架的工作量翻倍的困境。在不太了解起初准备的外国文学作家作品情况下，后期又增加了与之相比较的国内文学作品或作家，无不是给自己制造难题。

外国文学与比较文学既是两个独立的学科，也可看作一个难舍难分的融合学科。因为国内的外国文学研究一定有比较文学的参与，国内的比较文学研究也必定会涉及外国文学，所以在文学的学科分类里就有“比较文学与世界文学”这一学科专业。

(二) 选择有影响力的作家或作品

尽量选择有影响力的作家或作品作为研究对象的主要原因在于资料的获取。通常在外国文学中，有影响力的作家或作品会有大量的中外先行研究成果及资料供撰写者参考，资料更容易找到。如果确定要对该作家或作品进行进一步研究，应将所有有关作家或作品的先行研究进行全方位的整理，在延续先行研究观点基础上进行发展研究。但在具体研究中，应尽量避免观点的重复。重复意味着老套，严格意义上讲也是一种抄袭。关于这类作家或作品相关的资料中会有大量翻译的书籍及研究成果，可更直观、直接、深入地了解外国学者对该作家或作品的研究情况。在阅读、整理相关资料的过程中，撰写者会逐步形成自己的想法与观点，找到比较关注、感兴趣的选题。虽然这类资料获取较为容易，但也应该清楚这类作家或作品的研究达到了一定的境界，在展开新一轮研究中也会有一定的局限性。

刚接触论文写作就一味地追求新颖和突破，直接选择一些名不见经传，甚至专业研究者都不太熟知的作家或作品，会给论文撰写带来很多的困扰和障碍。首先，由于该作家或作品的知名度低，在资料来源和搜索方面会有很大的局限及阻碍。其次，目前国内关于该作家或作品相关的译著尚未出版或未形成活跃的状态，想要深入研究，需要寻找并阅读外国原著及相关资料，并在准确翻译后整理文本内容。这对一个尚未毕业的学生来说是一个不小的挑战，而且耗时耗力，无法确保在规定时间内完成全部工作。但如果确实有时间、实力和信心能够做好相关的前期工作，并能顺利完成后续的研究，对撰写者来说也是开拓新研究领域的一次机遇。

毕竟，翻译外国原著难度不容小觑。翻译等同于再创作，外国原著与译著难免会有一些差异或再创作的痕迹。但往往急于突破的写作者大多是“新手”，本身并不具备一定的外语阅读能力及翻译能力，又没有任何的论文写作经验，想要“独挑大梁”更是难上加难。因此，应选择被大众熟知的、相关资料的译本较多、研究成果又很丰硕的作家或作品作为相关的研究对象，撰写论文才会有足够的空间展开，论述才会足够准确。

（三）挑选翻译完善的译本

近年来，外国作家或作品的译著出版率很高，同一著作会有诸多的译本。虽然译本的多样性有利于国内相关研究的进一步开展，但大量译本的出现会带来诸多隐患，如译本的参差、内容的删减、译文的曲解、译文有严重错误等。如果研究建立在诸多隐患译本基础上，就会影响立论和判断。因此，挑选出好的译本是研究的关键。撰写者在挑选译本时需要关注的是译者和出版社。首先，需要查找了解译者的相关信息。译者的声望、译者的译龄、译者在出版该译本前后是否对作家或作品进行过相关学术研究、译者之前是否出版过其他译著或相关译著的评论等。其次，选择知名度高、信得过的出版社的译本是较为稳妥的。近年来出版行业鱼龙混杂，出版的书籍量虽在大幅度增长，但在层层把关及筛选水准方面有所降低。对此，选择译本理应遵守的基本原则就是“没有最好只有更好”。如果挑选不到翻译完善的译本，可根据先行研究选择的译本作为论文写作的基础材料，或者尽可能挑选出多个相对完善的译本作为论文写作的基础材料。

有些译本虽然可以作为论文写作的基础材料，但不能作为原始资料。因为翻译这一行为是将内容用其他语言进行有效的传达，只能反映译者的意图或思考。即使译本很好地传达了原来的意思，也不可避免地会反映译者的思想，所以译本只能作为快速理解原始资料的蓝本，完全依靠译本是无法写出一篇高质量的文学研究论文的。

三、外国文学类论文选题的确立

在自主命题的情况下，怎样形成一个具有特色的选题呢？

首先，尽可能多地掌握国内外的前期研究成果，并形成个人观点。如果选择的是具有影响力的作家或作品，相关的研究成果丰富，研究方向也各有不同。论题需要在掌握国内外先行研究成果基础上，延续其部分研究方向去寻找自己的论题。在这一过程中我们需要思考：国内外研究者关注的问题点和研究方向是什么？有哪些问题点和研究方向已达到预期？有哪些问题点和方向可以进行进一步的探索？有哪些观点是不能认同或是论点不充分的？针对这些问题，自己产生了哪些新的观点与见解？其次，将自己初步的想法与相关的先行成果的问题点和研究方向结合在一起，重新阅读并深入探索作品。一方面在深入阅读过程中要把重心集中在自己关心的问题上；另一方面是国内外先行研究成果的观点必然会影响或改变自己对相关研究的见解和认知，从不成熟的想法到逐渐论题成型，形成正式的论文框架，并最终展开论述。

通过上述途径和方法，选择撰写外国文学论文的学生首先充分整理以往的先行研究，这必然会对掌握作家或作品的相关研究动态会有一定的帮助。然后筛选先行研究中的主题，最大限度地避免重复。最后把主题分为未达到预期的和达到预期的，未达到预期的可继续深化，达到预期的则需要另辟蹊径。

除上述途径外，还可以通过自己的阅读来获取选题。这种方法挑战度极高，要反复阅读作家或作品的相关材料后，在阅读的领悟与感受中获得灵感。在本文阅览过程中需要不断地问自己：需要关注的点在哪里？文中的哪些现象值得特别关注？是相关作品的形式、作品的主题，还是作家的真实体验和创作思想？这种形式的主题确立通常会建立在第一视角的阅读和感受上，这是一种直观但比较冒险的方式。特别是初步探索相关论文写作的学生，目前自身的积累还不具备进行相关领域前沿研究的能力。

撰写者通过上述途径获取的选题虽然很多，但都要经过无数次的修改和推敲，甚至可能被完全推翻。推翻选题的主要原因在于难以保障先行研究成果中不会有重复的选题出现、论题的研究方向可能与相关研究的大趋势相悖。除了阅读前期研究成果和文本资料外，由导师提供题目也是一个不错的选择，但很多指导教师并没有现成的选题，只能提供一个大体的方向。在这种情况下，有关外国文学类学位论文的选题，可将以下主题作为参考和借鉴："《榆树下的欲望》与《雷雨》的对比研究""解读布莱克诗篇《老虎》的象征意义""弥尔顿创作目的和结果的矛盾之我见""华兹华斯诗歌的自然观""简析《秋颂》的美学价值""由《云雀颂》看雪莱的诗歌创作观""论叶芝诗歌中的象征主义""狄金森诗歌的现实意义""论现代诗歌与后现代诗歌的异同""解读《麦克白》的创作意义""由海明威的《杀人者》理解客观叙述法""解读福克纳的《干燥七月》"。

四、外国文学类论文的写作过程

外国文学类论文的写作过程涉及选题、资料搜集、阅读与分析、提纲拟定、草稿撰写、修改润色等多个环节。选择一个合适的研究对象至关重要，这将为后续研究奠定坚实的基础。随后，进行大量的资料搜集和阅读，对相关作品文本进行深入分析，确保对研究内容有全面而深入的理解。接下来，根据分析结果撰写论文提纲，并据此初步起草论文内容。在此过程中，需要不断进行修改和完善，直至最终定稿。整个过程不仅需要耗费大量时间和精力，还要求作者具备扎实的外国语言能力和丰富的文学知识。

（一）撰写初稿

撰写论文初稿是根据研究课题系统地整理、分析和阐述相关学术观点和研究成果的过程，旨在实现科学交流和知识传播。在撰写初稿时，应深入综合分析已有文献，并结合自己的研究成果进行逻辑推理和论证。同时，表达应准确清晰、严谨规范，避免主观臆断或情绪化语言，确保内容的客观中立性。此外，还需注重引用规范、排版格式等技术细节，以确保最终呈现出高质量的学术论文初稿。

1. 高效的表达

对于某些主题，按照时间顺序展开；而其他主题，则遵循逻辑顺序阐述。即使个人拥有富有创意和创新的想法，如果不能正确表达，这些想法也会失去其实际价值，有效的表达是确保想法能够准确传达给他人的关键。

2. 考虑受众对象

阅读者不仅影响论文遣词造句的方式，还决定了写作形式。论文并非仅针对指导教师或评委的工作，更应成为大众和与该专业无直接关联的学习者阅读和参考的资料。

3. 明确开头与结尾的界限

我们需要确定研究的起点，即从哪里开始探讨，也要确定研究的终点，即讨论到何种程度。此外，明确研究的最终目的有助于我们保持写作的连贯性和方向性。

4. 具有文学创意性

与艺术的创意性不同，学术创意性并非仅仅体现在“新的表达”上，而是更多源于新表达所揭示的“新事实的发现”或“对事物认知的新方式”。因此，学术论文的创意性不仅限于表达方式的创新，更在于对学术热情的展现、对问题的深入探究及对研究对象的不断挖掘。

5. 保持思维的连续性

明确阅读对象和主题范围，接下来便是如何展开写作。这是一个棘手的问题，因为并没有固定的规则可循。然而，我们仍然可以参考一些普遍原则。无论我们搜集了多少资料，对其进行整理并系统性地展开逻辑都是必不可少的。如果没有从最初的设想到最终的结论保持一贯的思考，那么我们的学术主张将难以得到认可。因此，保持最初设想的稳定性至关重要。

6. 在特定范围内对主题进行准确的陈述

段落作为研究过程的记述单位，应包含预想的阶段、顺序及一贯遵循的表达方式。一旦主题确定，段落将围绕支持与反对、内部与外部、因果关系等要素展开。这些内容应以简洁明了的方式呈现，可以是几行文字或一个简短的段落。

7. 运用不同的表现方式

在外国文学论文中，使用论述和论证的方式十分常见。

(1) 论述。这是一种广泛且常见的描述形式，主要用于解释某一对象，以便读者理解。论述通常基于一个明确的答案或前提，并涵盖多种表达方式，如概念阐释、举例说明、比较与对照、分类与区分、定义解释及深入分析等。

(2) 论证。当面对多个可能的答案时，论证就会被用来证明自己答案的正确性。论证的核心在于利用对事实或原理的理解来说服读者接受某一观点。论证经常涉及矛盾的处理，并分为被动论证和主动论证，其目的分别旨在使读者信服和引导读者根据论证进行行动和思考。论证必须针对明确的命题展开，且论据的提供是必不可少的。

(3) 描述。描述是一种试图通过语言生动展现某一对象形象的陈述方式，类似于绘画的过程。描述通常不追求详尽，而是聚焦主导印象，即最强烈、最引人注目的特征。主导印象的形成受到观察者视角、态度、位置、个性及情绪等多种因素的影响。

(4) 叙述。叙述主要用于让读者能够切身体验到事件的进展过程。它通常以“发生了什么”“如何发生的”或“处理了怎样的事件”等形式呈现。叙述包含动向、时间和意义三个基本要素，旨在呈现生动的场景和连贯的事件发展。叙述中的时间并非简单的时间片段，而是构成事件流动的重要单位。叙述的事件是一系列有机相连的变化，不仅包含单纯的事件发展，还蕴含深层的意义变化。

8. 论文要素应按照一定的顺序排列

这一顺序的确定与主题密切相关，因为每个主题都有其独特的论述结构和策略。对主题的深入理解有助于在脑海中优先整理构成讨论的多种元素，就像拼图游戏一样，每个资料片段都必须放置在其原本的位置。在文本中，所有元素的最佳顺序是多种多样的，需要根据研究计划对资料进行重新分类，以找到实现最佳平衡的稳定位置。

9. 设定逻辑顺序来组织论点

当资料、事实和论点结合时，有时按时间顺序排列并不适于表达主题，特别是对涉及多个并列构成要素的主题。在这种情况下，可以设定逻辑顺序来组织论点。为了说服读者，写作者应逻辑性地安排论点，从最强到最弱或从最关键到最次要的顺序进行布置。然而，仅依靠这种逻辑顺序可能面临说服力的挑战。因此，调整战略是必要的，如通过从弱到强的顺序来给读者留下易于接受的印象，这更多的是一个心理问题，而非纯逻辑问题。有效的排序可能既不遵循时间顺序，也不完全遵循逻辑顺序，而是基于心理角度进行考虑。一个出色的撰写者可能会选择从次论点开始，并以最有力的论点结束，确保读者的兴趣和说服力逐渐增强。

10. 细致进行撰写比例规划

对主题的谨慎预判、对情境及读者需求的深入了解，以及必要的规划，都是确保主题明确并维持整体平衡的关键。初学者常因过于热衷丰富的材料而陷入“头大身小”的困境，即在绪论部分过于详尽而在后续部分逐渐简略。此外，由于字数限制或交稿日期的压力，撰写过程中也可能出现论文结构失衡。因此，在开始论文写作之前，务必充分考虑并规划各个部分的平衡。例如，在整篇论文中，绪论部分可占20%，本论部分占75%，结论部分占5%，通过合理的比例设置确保论文结构的合理和完整。

（二）外国文学类论文的摘要

对初次进行论文写作的学生来说，摘要撰写是非常重要的一环。一份合格的论文摘要既能够准确地概括整篇论文的核心内容，又能够吸引读者的兴趣，并使其以最快的速度了解整篇论文的大致内容，帮助其判断论文通篇是否具有可读性。另外，学生在初次撰写论文摘要过程中会产生一些误区。大多数同学误以为摘要的顺序位于论文的开端就需要先写，要将所有内容写成将来时态，等同于绪论的一部分，但实际上并不是这样的。确切地说，摘要一定要在整篇内容完成后才撰写，内容的时态是完成时，也就是阐述整篇论文的研究目标、内容、意义与取得的相关成果。

撰写好一篇外国文学的论文摘要需要遵循一定的原则和技巧，主要包括以下六个要点。

1. 明确摘要的目的

摘要应该简洁明了地概括论文的主要内容和观点，让读者能够快速了解论文的核心思想。因此，在写作摘要时要清楚知道自己想要传达什么信息。摘要不应涉及过多细节，而应突出论文的核心思想。

2. 选择合适的摘要类型

根据论文性质和要求选择合适的摘要类型非常重要。指示性摘要侧重于总结论文中提出的问题、方法和结果；报道性摘要则更注重对论文整体内容进行概括；综合性摘要同时兼顾前两种类型的特点。选择合适的摘要类型有助于更好地传达论文信息。

3. 保持摘要的客观和准确

摘要的客观和准确是非常重要的，因为它直接影响读者对论文内容的理解和评价。在撰写摘要时，要避免夸大或缩小事实，应真实地反映论文的主要内容和观点。此外，在选择语言表达时也要注意保持客观和准确，避免受个人情感或偏见影响。只有这样才能让读者形成一个清晰、全面且真实的印象，并且能够正确理解撰写者想传达的信息。因此，务必慎重考虑每一个词语和句子，确保其客观、准确并符合事实。

4. 突出摘要的重点和创新点

摘要突出重点和创新点是非常重要的，因为它直接影响读者对论文内容的理解和评价。想要突出重点，可以简洁明了地概括论文的主题和核心观点。同时，在强调创新点时，着重介绍论文所涉及的新颖思想、方法或发现，并指出其与已有研究成果之间的差异和优势。这样一来，读者就能够快速抓住论文的精髓，并对其产生兴趣。另外，关键词汇也是突出重点和创新点的有效手段之一，选择恰当且具有代表性的关键词汇能够让读者更加迅速地了解论文内容。总之，在撰写摘要时需要注意用语简洁明了、结构清晰，并注重突出论文的亮点和创新之处。

5. 控制摘要的长短

摘要作为论文的开篇，需要既能够准确地概括论文的主要内容，又不能太长以至于让读者失去兴趣。一般来说，摘要的长度应该控制在 200～300 字。如果摘要过短，就无法完整地表达论文的核心观点和结论；如果摘要过长，则会使读者感到枯燥乏味，失去阅读下去的兴趣。因此，在撰写摘要时，作者需要精炼地概括出论文中最重要、最具有代表性的内容，并避免涉及过多细节和背景信息。这样才能确保摘要既简洁明了又能够吸引读者进一步阅读。

6. 遵循学术规范

在写作摘要时，遵循学术规范意味着要使用准确、清晰的学术语言和术语，让读者能够准确理解所表达的内容。同时，在撰写摘要时应该注意保持原创性，不仅在思想上有新颖的见解或观点，还要通过自己的语言表达方式来呈现其独特性。这样才能符合摘要撰写的基本规范和要求。

综合上述要点可知，写好一篇外国文学论文摘要需要认真思考和精心组织。只有遵循上述原则和技巧，才能写出简洁明了、客观准确、突出重点和创新点的摘要，帮助读者快速了解论文的核心思想。

（三）外国文学类论文的文本引用方式

外国文学类论文中需要注意文本引用的方式。通常，引用外国文学文本是为了提高相关研究的论述价值与论证效果。虽然有时取决于引用部分的长度或风格，但如果每次引入引文时都以“像这样”或“如下说”的方式处理，论文整体就会变得很单调，连接的正文论述与论证的效果也会大打折扣。因此，可以采用自然引用的方式，将文本自然引用到论文的正文中。

一般情况下，外国文学类论文中的简短引用可以并入论文的正文论述中，在并入的同时需要把引用加上双引号来标注。与此同时，是否加双引号需要看文本的具体样式。通常叙事类作品样式的文本是可加可不加，加的情况需要将未经改动的原文本编辑到双引号内，不加就必须将文本的内容进行概括、进行适当的编辑处理之后写到正文中并添加注释。注释需要将引用的文本内容进行还原，标注其出处和具体页码。需要注意的是，忽略文本引用注释会带来很大的隐患。如果论文中大多的文本引用未进行注释、概括和编辑，在检测抄袭率上会出现很大的问题。出现问题再重新返工，是非常冒险的行为。因为在浩瀚的原始资料中重新寻找引用内容，犹如大海捞针。但凡步入论文检测阶段，就证明已经进入了最后的修改和答辩准备阶段。如果重复率超标，那么能否参加答辩就会成为悬而未决的问题。即使进入答辩阶段，在审查过程中也会因为抄袭率问题使信誉度大打折扣，答辩通过的概率很小。

在引用诗句文本时，与上述叙事文本引用会有一些不同。一般情况下 3～4 句诗句文本是可以并入正文当中的，若文本过长最好将诗句从正文中分离出来进行单独编辑。在正文中引用诗句文本时，每一句结尾需要用斜线分割号(/)来进行标注。需要特别注意的是，诗句文本不可以进行随意的概括和编辑。将引用的外国文学文本内容与正文分开编辑，并不一定取决于文本的长短。文本和材料的性质、引用的频率、引用的目的及视觉效果都必须考虑在内。对此，即使引文较长也可以并入正文中。相反，即使是较短的引文也可以分开编辑，以突出强调或比较，使引文脱颖而出。

综合上述外国文学文本引文的要点，共有两种引文方式：第一种方式是直接引用，在论文的正文中加双引号插入未改编的文本或不加双引号与正文分开并标注引文的来源信息；第二种方式是间接引用，不加双引号，根据引用者将引用的叙事文本进行概括、编辑并加以注释，注释需还原文本的内容。

（四）外国文学类论文的修改与校对

外国文学类论文写作的后期修改与校对是不可或缺的重要环节。通过反复的精心修改和细致校对，可以发现并纠正论文中的错误，提高论文的学术价值和可读性。与其他文学类论文不同，外国文学类论文会涉及外文引用、外文脚注、外文文献等内容，这些是后期修改和校对的关键。针对外国文学论文修改与校对要点，可用以下几点来概括。

1. 保持前后的统一性

错别字、漏字、标点、空格都不能忽视，但最重要的是整体的统一性。有些论文内容较长，在前面肯定了某一事实但到后来被否定，或在某些地方理应一笔带过却过于强调，都是缺乏统一性的表现，这对论文来说是致命的。在不同的地方重复相同的解释，同样是缺乏统一性的表现。另外，绪论宏伟但内容空洞，不必要的脚注过多，也会失去统一性。

2. 大声朗读也是一种有效的校对方法

如果在朗读过程中有觉得奇怪的部分，大致可以被视为表达不严谨或者有错误。如果理论展开没什么问题，大声朗读过程中就会感觉自然、流畅。此外，应注意不可过度使用“因此”“因为”“所以”等连接词，这样不仅会影响文章的流畅度，逻辑展开也会变得不自然。

3. 自然审核

外国文学类论文可大致分三个阶段来进行自我审核。

(1) 审核论文的统一性。这时要注意内容和顺序、分量轻重和文章长短的均衡、重要事项是否遗漏、论点是否一致。

(2) 审核重点名词的准确性。检查人名、地名等类似的专有名词或数字引用是否准确。

(3) 关注文章本身并对其进行审核。检查是否有不必要的内容、重复表达、语法错误、不自然的过渡或难以理解的表达。这三个步骤只是对初稿的一次审核，为写出满意的论文，这个过程需重复两到三次。

第三节　文学类论文写作常见问题分析

目前，虽然各高校普遍开设了论文写作课程，但这些课程往往只注重理论授课，缺乏足够的基础实践训练。尤其是在文学领域，相关的论文写作课程更是少见。因此，学生在撰写文学类论文时，往往偏向选择已经讨论过的话题，导致作品缺乏新颖性和创造性。此外，学生在观

点表达方面可能存在语言表达能力不足或思维逻辑不清晰的问题，导致文章难以理解或产生歧义。在逻辑结构方面，段落之间缺乏连接，篇章结构松散等问题也很常见。这些问题一方面源于学生对文学理论和文本的了解甚少，另一方面是由于其缺乏论文写作的理论知识、技巧和经验。这种情况严重影响了论文质量，并且阻碍了他们研究和写作能力的提高。

一、文学理论储备的现状与常见问题

文学理论储备的现状与常见问题是当前学术界的关注焦点之一。随着社会的发展和科技的进步，文学理论也在不断更新和演进。其中，对于传统文学理论的批判与反思、跨文化交流下的文学理论碰撞、数字化时代对文学理论提出的挑战等是当前需要深入探讨的问题。同时，如何将新兴思想融入传统文学理论，如何解决不同地域、民族之间的差异性，以及如何应对全球化背景下的多元化挑战等，也是需要解决的问题。这些问题需要通过深入研究和广泛讨论来寻找答案，并为未来的文学理论研究指明方向。

（一）文学理论储备的现状

文学理论的储备和发展是文学研究领域中不可或缺的一部分。随着时间的推移，各种不同流派和观点的文学理论逐渐形成并得到广泛传播和应用。从古典到现代，从西方到东方，文学理论在不同地域和时期都有丰富多样的发展历程。

1. 西方文学理论的发展进程

西方文学理论的发展进程是一个漫长而错综复杂的过程，贯穿了整个西方历史和文化。从古希腊罗马时期开始奠定基础，经历了中世纪至文艺复兴时期的复苏与发展，再到 20 世纪现代主义及当代文学理论的多元化，西方文学理论在不断地演变、丰富和深化。

(1) 古希腊和罗马文明的起源。古希腊罗马时期是西方文学理论的发源地，许多哲学家和文艺理论家开始探讨文学的本质、功能、形式等问题，他们的思想对西方文学理论产生了深远影响。

(2) 中世纪到文艺复兴时期。在中世纪和文艺复兴时期，西方的文学理论经历了长时间的静默和复苏。随着文艺复兴的到来，人文主义思潮兴起，人们开始重新审视和重视人类的价值和作用，使文学理论也重新焕发生机。

(3) 17 世纪的古典主义风潮。17 世纪是古典主义文学理论盛行的时期，古典主义强调秩序、平衡和规则，追求文学作品的完美和和谐。法国的高乃依等古典主义文学理论家提出了许多关于文学创作和批评的原则和标准，对后世文学理论产生了重要影响。

(4) 18 世纪启蒙兴起。启蒙思想在 18 世纪的启蒙运动时期开始兴起，文学理论与哲学、政治等领域开始紧密联系。启蒙思想家们强调理性、自由和平等，倡导利用文学来唤醒人们的心灵，推动社会的进步。他们的文学理论观点对后来的浪漫主义、现实主义等文学流派产生了深远影响。

(5) 19 世纪浪漫盛行。19 世纪是浪漫主义文学理论蓬勃发展的时期，强调个性、情感和想象，追求文学作品的独特性和创新性。德国的施莱格尔兄弟等浪漫主义文学理论家提出了许多关于文学创作和批评的新理念和方法，为后来的文学理论发展开辟了新的道路。

(6) 19 世纪现实描绘。19 世纪后期，现实主义文学理论开始逐渐显露出来。现实主义强调文学应当真实地反映社会和人民的生活，揭示社会上存在的矛盾和问题。法国的丹纳等现实主义文学理论家提出了关于文学创作和批评的原则和方法，对后来的文学理论发展产生了重要影响。

(7) 20世纪现代主义风向。20世纪是一个西方文学理论发生重大变革的时期，现代主义风格在这个时期得到了充分展现。现代主义文学理论家强调对传统的颠覆和创新，探索新的文学形式和表现手法。他们提出了许多关于文学创作和批评的新观点和方法，为后来的文学理论发展提供了丰富的思想资源。

(8) 当代文学的多元化格局。当代文学理论呈现出多元化、跨学科的特点，随着后现代主义、文化研究等新兴思潮的兴起，文学理论开始与社会学、人类学、语言学等其他学科相结合，形成了一系列新的研究领域和方法。当代文学理论家们不断探索和创新，推动着文学理论的发展和进步。

2. 东方文学理论的发展进程

东方文学理论的发展进程是一个漫长而丰富多彩的历史过程。从古代至今，东方文学理论在不同时期、不同地域都经历了各种变革和创新。

(1) 古典文学理论的起源。古典文学理论的根源可以追溯到古代东方文明的典籍，如中国的《诗经》、印度的《吠陀》等。这些经典文本中包含了对文学、艺术和社会现象的早期思考。东方古典文学理论关注诗歌创作技巧、审美价值以及文学作品在社会中的影响，同时也深受儒家、道家、佛教等哲学思想的影响。

(2) 中世纪文学的发展变迁。中世纪时期，东方文学理论经历了从古典到现代的转变。这一时期，文学作品开始关注现实生活，反映社会变迁和人民疾苦。例如，在中国的中世纪时期，诗人陆游的作品展现了人生百态和民族精神；在印度，古典梵文文学如《摩诃婆罗多》等作品描绘了丰富的神话和传奇。

(3) 近代文学的变革。随着近代社会的到来，东方文学也经历了转型。传统的诗词日渐式微，而现代文学体裁如小说、散文等逐渐兴起；与此同时，文学开始关注社会问题，批判现实，并对历史进行反思。例如，在日本夏目漱石等现代作家通过作品探讨了个人内心的困境和社会的变革。

(4) 东西方文学的交流。东西方文学的交流可以追溯到古代的丝绸之路上的文化交流。随着现代化进程的加速，东方文学开始吸收西方文学的理论和创作方法，形成了独具特色的现代文学。同时，东方文学也向全世界传播了东方智慧和美学观念。

(5) 文学与社会变革。文学常常与社会变革密切相关，作为社会现象的反映。在东方国家，文学通常是社会改革的先驱。例如，在印度，拉宾德拉纳特·塔戈尔的作品通过对人性和自然的探索，激发了人们对自由和和平的向往。

(6) 文学多元化发展。随着全球化的加速，东方文学呈现出了多样化的发展趋势。不同的文学流派和思潮相互交融，为文学创作提供了更广阔的空间。与此同时，东方文学也开始关注多元文化背景下共同面临的问题，比如环保、人权等全球性问题。

(7) 当代文学理论的创新。当代社会中，当代文学理论不断进行创新，东方文学理论也在不断探索新的研究方向和方法。后殖民主义、跨文化研究等全新的文学理论方法为东方文学研究提供了崭新的视角和思考空间。同时，东方文学理论也更加注重对文学作品的深入解读和批评实践，推动文学的发展和繁荣。

(8) 跨文化研究的视角。随着跨文化研究的兴起，东方文学理论也开始从不同文化角度审视和研究文学作品。这种方法有助于我们更深入地理解东方文学的内涵和价值，也能帮助我们更好地认识不同文化背景下的文学现象和理论。通过跨文化研究，我们可以促进东西方

文学的交流与理解，推动世界文学的共同发展。

3. 当前文学理论研究的主要成果和方向

当前文学理论研究的主要方向和成果包括对文学作品的结构、语言、意义等方面进行深入探讨，以及对不同文学流派和风格的分析和比较。同时，还涉及文学与社会、历史、心理等领域的关系，以及跨文化交流下的文学现象研究。在这些研究中，一些新兴理论如后殖民主义批评、女性主义批评等也逐渐崭露头角，并取得了一定的成果。此外，在数字化时代，数字人文和计算机辅助语言分析等新技术手段也为文学理论研究提供了全新的视野和方法。

(1) 后现代文学理论。对传统文学理论的解构和重建强调了文本的多样性、不确定性和相对性。它关注非线性、碎片化和多元化，反对传统文学理论的中心主义和整体性。目前，后现代文学理论主要集中在重新思考文学与现实的关系，并重新诠释文学形式和意义。

(2) 跨文化文学研究。跨文化文学研究是目前文学理论研究的焦点之一，旨在探讨不同文化背景下的文学作品及它们之间的互动关系。该领域注重比较和分析不同文化背景下的文学现象，以揭示文学作品之间的共性和差异。目前，跨文化文学研究主要集中在对文学作品的跨文化解读和对跨国交流中的跨文化分析。

(3) 数字文学和新媒体的关系。随着科技的进步，数字文学和新媒体已经成为文学理论研究的新兴领域。数字文学利用数字化手段创作和传播文学作品，而新媒体为文学提供了全新的传播平台和接受方式。目前，对数字文学作品的创作特点、传播方式和接受机制进行了深入研究，并对新媒体文学现象进行了批判性分析。

(4) 生态批评与环境文学。生态批评与环境文学关注文学作品与自然环境的关系，强调文学在生态保护方面的作用。生态批评揭示文学作品中的生态意识和观念，而环境文学则通过创作反映人类与自然环境的互动。目前，这两个领域的研究主要集中在挖掘文学作品中的生态主题及提升对环境的保护意识。

(5) 比较文学与世界文学。比较文学与世界文学的研究旨在探讨不同文化和历史背景下的文学现象及其相互关系。比较文学注重对不同文学传统的比较和分析，而世界文学则致力于建立全球性的文学视野。目前，比较文学与世界文学研究主要集中在重新认识和评价各种文学传统以及深入分析世界文学交流。

(6) 文学与文化研究。文学与文化研究关注的是文学作品和社会文化之间的关系，强调文学在传承文化和影响社会变迁中的重要作用。该领域注重分析文学作品中所包含的文化符号和意义，以及探讨文学与文化相互之间的影响。目前，该领域主要成果集中在对文学作品中所蕴含的文化解读及对传承方式进行的探讨。

(7) 文学伦理学批评。文学伦理学批评是从道德角度对文学作品进行解读和评价，强调文学作品在道德建设和人性塑造方面的作用。目前，该领域主要关注挖掘文学作品中的道德主题和价值观，并深入探讨人性问题。

(8) 文学经典的再解读。文学经典与重述关注对经典作品的历史传承和现代诠释，旨在发掘其内在价值并结合当代社会文化背景进行新的解读。目前，该领域主要成果在于对经典作品的深入研究和多元诠释，以及对这些作品在当代社会中意义和价值的探索。

（二）文学理论储备的常见问题

文学类论文的写作需要遵循一定的规范和技巧，具有较强的科学性、理论性和技术性。它涉及许多思维和逻辑分析方法的运用，如分析、归纳、演绎、推理等，并且涉及各种知识和技能，如论证、文学表达、学术规范等。这是一项具有挑战性和实践性的任务，难度系数较大。

在文学类论文中，由于撰写者的文学理论储备程度各有不同，论述的观点也会有很大差异。就古代文学与现代文学而言，研究方向不同，文学理论储备的方向与程度也是不同的。目前，文学类研究范围大、研究方向多、时代跨度大，撰写者在文学理论储备中会面临诸多的问题。文学理论储备的常见问题主要体现在以下几个方面。

(1) 理论与实践脱节。许多文学理论研究者过于沉迷理论体系的构建和完善，而忽略了理论的实践意义。这种“象牙塔”式的理论研究导致文学理论往往脱离实际文学创作，难以为具体的文学作品提供有力的指导和支撑。

(2) 缺乏创新思维。在文学理论的发展过程中，创新思维至关重要。然而，当前许多文学理论研究者过于遵循传统的理论体系，缺乏创新和突破。这导致了文学理论的僵化，无法有效应对新的文学现象和挑战。

(3) 过度依赖传统观念。传统观念在文学理论中具有重要的地位，但过度依赖传统观念会导致文学理论缺乏时代性和前瞻性。许多理论家未能根据当代社会的变迁和文化背景更新文学理论，使其失去与现实社会的联系。

(4) 研究方法单一。文学理论的研究方法应当多元化，包括文本分析、文化研究、社会学研究等。然而，当前许多文学理论研究者过于依赖某一种研究方法，导致研究视野狭窄，难以全面深入地理解文学现象。

(5) 忽视跨学科交流。文学理论的发展需要与其他学科进行交流和融合，如哲学、历史学、社会学等。然而，当前许多文学理论研究者忽视了与其他学科的交流，导致文学理论缺乏跨学科的视野和深度。

(6) 缺乏实证支持。文学理论往往建立在主观感受和经验上，缺乏实证支持。这使文学理论的可靠性受到质疑，难以在学术界得到广泛的认同和推广。

(7) 文学批评不足。文学批评是文学理论的重要组成部分，但在实际发展中，文学批评往往被忽视。许多文学理论研究者缺乏对文学作品的深入批评和分析，导致文学理论缺乏实践性和说服力。

(8) 忽视社会文化背景。文学是社会的反映，文学理论的发展应当紧密关注社会文化背景。然而，当前许多文学理论研究者忽视了社会文化背景对文学的影响，导致文学理论与社会现实脱节。

学生在初次进行文学论文写作时，也会暴露出关于文学理论储备方面的常见问题。整体来看，他们普遍缺乏文学研究论文写作的理论知识。具体来说，他们不了解文学研究的基本理论知识，包括对文学研究性质和对象的认识不足。学生在撰写论文时，往往把文学研究简单等同于浅层次的作品鉴赏，并且缺乏对文学理论知识与作品分析的有效结合，以及基本的学术伦理规范意识。很多学生也不了解文学研究论文的写作技巧，在逻辑思维、分析方法、立论和文字表达等方面存在较大困难。这种现象主要是因为目前高校普遍缺乏相关课程教学，比如写作课程侧重非论文类写作的理论教学，忽略了论文写作知识与技巧的讲授。

综上所述，在进行文学理论储备过程中所遇到的问题都是非常普遍且棘手的。只有通过深入探讨并寻求解决办法，才能更好地推动相关领域取得进步并促进其可持续发展。

二、选题、构思与文献资料使用的常见问题

在撰写文学论文时，选题、构思与文献资料之间存在密切的关系。首先，选题是整个论文

的基础和起点，它决定了论文所要探讨的范围和深度。一个好的选题能够引发读者兴趣，并且具有一定的研究价值。其次，在构思阶段，撰写者需要对选定的主题进行深入思考和分析，确定论文的结构和内容安排。也需要考虑如何通过合理的逻辑推理来展开论证，并确保观点清晰明了。而在这个过程中，充分利用相关的文献资料尤为重要。通过查阅大量相关书籍、期刊文章及学术著作等资料，可以帮助撰写者全面地了解已有研究成果，并从中汲取启发和借鉴。此外，文献资料还可以为作者提供支持性证据或案例分析，在强化自己观点立场的同时也增加了说服力。因此，在撰写文学论文时，选题、构思与充分利用相关文献资料相辅相成，三者共同作用于整篇文章，构建出完整的论述框架。

（一）选题的常见问题

文学类论文选题的常见问题主要表现在以下几个方面。

(1) 选题过于宽泛。有时候，撰写者可能会选择一个过于宽泛的题目，导致研究内容过于庞杂，难以深入。这种情况下，论文就会显得缺乏深度和重点。

(2) 选题过于狭窄。与选题过于宽泛相反，有时候学生可能会选择一个过于狭窄的题目，导致研究内容过于局限，难以产生新的见解。这种情况下，论文会缺乏广度和普遍性。

(3) 选题缺乏创新性。创新性是文学论文的重要特征之一，但有些学生的选题缺乏创新性，只是重复已有的研究或观点。这种情况下，论文难以引起读者的兴趣或得到认可。

(4) 选题不符合个人兴趣或专业方向。有些学生可能会选择一个与自己兴趣或专业方向不符的题目，导致研究过程中缺乏热情和动力，也难以深入挖掘该选题的内在价值。

(5) 选题缺乏现实意义。有些文学类论文选题可能缺乏现实意义，只是纯粹地探讨文学理论和美学问题，而未能与现实生活或社会实践相结合。这种情况下，论文会显得空洞无用。

（二）构思中常见的问题

在撰写文学类论文时，构思阶段是整个写作过程的基础，也是最容易出现问题的环节。以下是文学类论文构思中常见的问题。

(1) 题目不明确。题目缺乏针对性，则难以突出论文的研究重点和创新点。撰写论文偏离主题，会导致内容与题目不符。此外，其本身缺乏具体的研究方向和焦点，读者和研究者就会难以判断其创新性和贡献度，导致吸引力的降低，难以引起读者和学术界的关注。

(2) 摘要不够精练。摘要内容过长，会导致信息杂乱、重复或者不够精练。摘要内容过短，会使读者无法全面了解原文的主要内容和观点。

(3) 关键词选取不当。选择的关键词与文本内容不匹配。关键词过于宽泛或者过于狭窄，会导致搜索结果的准确性和相关性下降，影响搜索引擎的检索效果。

(4) 正文结构混乱。段落之间缺乏逻辑连接，整篇文章的思路不清晰。部分段落内部也存在逻辑跳跃或者重复表达的情况，有些内容应放在其他段落进行交代或解释，但出现在了不合适的位置上。

(5) 研究方法不明确。在撰写的论文里强制加入研究方法。搜集和分析资料时缺乏条理，难以形成有效的研究框架和逻辑链条。

(6) 参考文献缺失。参考文献标注对学生来说是一项大工程。很多撰写者在写参考文献时通常会出现参考文献格式混乱、无排列基准、标注文献信息不全等问题。

（三）文献资料使用的常见问题

在撰写文学论文时，恰当使用文献资料是至关重要的环节。然而，不少学者和学生在实际操作中常会遇到一些普遍的问题。下面是文学类论文文献资料使用的常见问题。

（1）引用格式不规范。文献资料引用时，格式规范是至关重要的。不同的引用格式对于标点符号、字体、缩进等都有着特定的要求。许多作者在写作时往往忽视这些细节，导致引用格式混乱，进而影响论文的整体质量。

（2）文献与论文主题不符。为了增强论文的权威性，作者有时可能会引用与论文主题不紧密相关的文献。这种做法不仅不能提升论文质量，反而会让读者感到困惑，对论文的论点产生怀疑。

（3）忽视文献的时效性。文献的时效性在引用时同样重要。引用过时或不再具有参考价值的文献，会削弱论文的说服力，使读者对论文的可靠性产生怀疑。

（4）引用数量不当。文献的引用数量也是一个需要仔细权衡的问题。过多的引用可能导致论文冗长、重复，甚至可能引发抄袭的嫌疑；而过少的引用则可能使论文显得论据单薄，缺乏足够的说服力。

（5）忽视文献质量。引用质量不高的文献不仅无法提升论文的学术价值，还可能对论文的整体质量产生负面影响。因此，在选择文献时，撰写者应优先考虑权威、可靠、与论文主题紧密相关的文献。

三、立论、论证与文学性表达的常见问题

立论、论证与文学性表达之间存在紧密的关联。在构建论点并进行论证的过程中，文学性表达能够提高文章的吸引力与说服力。通过精心运用修辞、比喻、象征等文学手法，可以使观点更为鲜明生动，触动读者的内心，引起他们的共鸣。同时，文学性表达还有助于提升文章的艺术感染力和审美价值，使读者在理解观点的同时，也能享受到阅读的愉悦。然而，追求文学性表达的过程中，我们必须注意避免过于华丽或虚浮的表达方式，以免使观点变得模糊或失去说服力。因此，在立论和论证时，我们需要确保逻辑严密与语言优美的平衡，使两者相互融合，共同增强文章的整体效果。只有这样，我们才能真正实现立论、论证与文学性表达之间的和谐统一。

（一）立论的常见问题

立论是任何论证或讨论的基础，它定义了问题的范围、设定了讨论的边界，并为后续的论证提供了方向。然而，在构建立论的过程中，撰写者常常会遇到一些常见问题，这些问题可能会影响立论的有效性和说服力。

（1）观点不明确。一个有效的立论应该有一个清晰、明确、不含糊的观点。如果立论中的观点模棱两可或含糊不清，读者就会感到困惑，不知道应该支持还是反对。

（2）证据不足。立论需要得到充分的证据支持。如果缺乏足够的证据，立论就会显得空洞和不可信。

（3）逻辑不严密。立论中的逻辑必须严密，不能存在逻辑上的漏洞或矛盾。如果立论中的逻辑不严密，读者或听众就会对其有效性和可信度产生怀疑。

（4）偏离主题。立论必须紧密围绕主题展开，不能偏离主题太远。如果立论偏离了主题，就会使读者或听众感到困惑，不知道作者想要表达什么。

(5) 论据不相关。在构建立论时，作者需要提供与主题和观点相关的论据。如果论据与主题或观点不相关，就会削弱立论的说服力。

(6) 立场不坚定。立论中的立场必须坚定明确，不能模棱两可或左右摇摆。如果撰写者对自己的立场犹豫不决或模糊不清，就会使读者感到困惑和不信任。

(7) 论证不充分。立论需要得到充分的论证支持。如果论证不充分，立论就会显得空洞和不可信。

（二）论证的常见问题

在文学研究领域，论证是论文不可或缺的核心部分，其质量直接影响论文的学术价值和影响力。然而，在实际写作过程中，许多学者在论证环节常常遇到一些问题。这些问题不仅削弱了论文的说服力，还可能使读者对论文的可靠性产生怀疑。

(1) 论证不足。这是文学论文中常见的问题之一，主要表现为论文在阐述论点时未能提供足够的证据或分析，导致论点缺乏充分支撑，显得单薄无力。

(2) 逻辑不严密。逻辑不严密主要体现在论文的论证过程存在逻辑漏洞、跳跃或自相矛盾的情况，使论证过程难以令人信服。

(3) 论据不合理。论据的选择和使用对于论证的有效性至关重要。然而，有些论文在选取论据时，未能充分考虑其真实性、权威性和相关性，导致论据与论点脱节，无法有效支持论点。

（三）文学性表达的常见问题

文学类论文作为文学研究的重要成果，其文学性表达同样至关重要。然而，在实际写作过程中，许多撰写者在这一方面常常存在一些问题。

(1) 表达不清晰。撰写者未能准确、简洁地表达自己的观点和思想，导致读者难以理解其意图。为了避免这一问题，撰写者应明确写作目的，确保语言表达清晰、准确。

(2) 情感表达不当。情感是文学作品的重要元素之一，但过度的情感表达可能使作品显得矫揉造作，而情感表达不足则可能会使作品显得冷漠无情。因此，撰写者在表达情感时应适度控制，确保情感表达与作品的整体风格相协调。

(3) 文体选择不当。不同的文体具有不同的特点和风格，选择不合适的文体可能会影响作品的整体效果。因此，撰写者应根据作品的内容和风格选择合适的文体，确保作品的整体协调性。

综上所述，文学类论文写作在论证和文学性表达方面存在诸多常见问题。只有深入分析问题，才能找到合理的改善方案与解决对策，提高论文的质量和影响力。

第四节　文学类论文写作的改善方案与解决对策

文学类论文作为学位和学术研究的重要组成部分，对于文学领域的发展具有不可或缺的意义。然而，在实际写作过程中，许多撰写者往往面临着诸多挑战，如逻辑结构不清晰、语言表达不够精准等。因此，提出针对性的改善方案与解决对策，对于提升文学类论文的写作质量至关重要。

一、文学理论储备现状改善方案与解决对策

文学理论储备的改善与提升，是当前学术界和文学领域共同关注的重点。针对这一问题，我们需要从多个维度进行深入的探讨和改进。

（一）文学理论储备现状改善方案

为了改善文学理论储备现状，我们建议采取以下方案。

(1) 加强对经典文学作品的研究与解读，深入挖掘其内涵与外延，以丰富我们的理论储备。

(2) 推动跨学科交叉研究，将文学与其他学科的理论相互融合，拓宽研究视野，深化对文学的理解。

(3) 我们还应在教育体系中加强文学理论的教育与培养，从低年级开始培养学生的文学素养，提高他们对文学价值的认知与理解。

（二）文学理论储备现状解决对策

针对文学理论储备现状，我们提出以下解决对策。

(1) 加强对传统文学理论的梳理与总结，继承并发扬其优秀成果，为当代文学创作提供坚实的理论支撑。

(2) 积极借鉴国外先进的文学理论成果，结合我国的实际情况进行吸收与创新，推动文学理论的国际化与本土化相结合。

(3) 注重培养青年学者和才俊，为他们提供良好的学术环境与发展空间，鼓励他们为文学理论的发展贡献自己的力量。

通过实施上述改善方案与解决对策，有望逐步完善并提升整体的文学理论储备水平，为文学类论文的写作提供更加坚实的理论基础与支撑。

二、选题、构思与文献资料使用问题的改善方案与解决对策

（一）选题问题的改善方案与解决对策

1. 选题问题的改善方案

(1) 明确研究范围和目标。学生在选题时应首先明确自己的研究范围和目标，避免选题过于宽泛或笼统。同时，要考虑自己的研究能力和资源条件，确保选题具有可行性和可操作性。具体来说，学生可以通过对某一具体文学现象、文本或文学理论进行深入探讨，提出具体而明确的研究问题。

(2) 强调选题的创新性。创新是学术研究的灵魂。在选题时，学生应关注当前文学研究的热点和前沿问题，寻找新的研究视角和方法，还要注重选题与已有研究成果的关联与区别，力求在已有研究基础上提出新的观点或见解。

(3) 加强跨学科交流。跨学科交流有助于拓宽学生的研究视野，激发创新思维。撰写者可以通过参加学术会议、研讨会等活动，与不同学科的专家学者进行交流和合作，发现新的选题思路和研究方向。此外，跨学科交流也有助于学生吸收不同学科的研究方法和理论，丰富自己的研究手段。

2. 选题问题的解决对策

(1) 建立选题指导机制。学校或学院可以设立专门的选题指导机构或选定专业的老师，

为学生提供选题咨询和指导服务。通过与学生一对一的交流，帮助他们明确研究方向和目标，避免选题误区。

（2）开展选题培训活动。学院可以定期开展选题培训活动，邀请经验丰富的老师或学者分享选题经验和技巧。通过案例分析、经验分享等方式，提高学生的选题能力和水平。

（3）加强选题审核机制。在论文开题阶段，学院应设立严格的选题审核机制，对学生的选题进行认真审查和评估。对于选题不当或缺乏创新性的情况，及时提出修改意见或建议，确保学生选题的合理性和科学性。

通过实施以上改善方案与解决对策，可以帮助学生更好地进行文学论文选题，提高论文的质量和创新性。

（二）构思问题的改善方案与解决对策

构思问题的改善方案与解决对策是确保论文写作顺利进行的核心环节。针对构思过程中可能遇到的难题，我们提出以下改善方案与解决对策。

1. 构思问题的改善方案

（1）明确研究主题与目标。撰写者应深入考虑论文的实际意义和社会影响，确定一个既具现实意义又具可操作性的研究主题，使论文更具价值，并对相关领域的发展产生积极影响。在论文构思的初始阶段，应清晰界定研究主题和目标，确保论文具有明确的研究导向。这将有助于撰写者更好地把握论文的整体框架和内容。

（2）优化论文结构。除了确保引言、正文、结论等部分齐全外，还需合理布局图表、数据及案例分析等内容，以增强读者对论文内容的理解和接受度。同时，在构思阶段应注重整体逻辑性与条理性的构建，确保每个章节内部都有合理的连接与过渡。合理的论文结构有助于读者更好地理解论文内容。因此，撰写者在构思阶段应精心规划论文的整体结构，保证论文的逻辑严密和条理清晰。

（3）加强论据支撑。在论文构思过程中，加强论据支撑至关重要。撰写者应通过广泛阅读相关文献来搜集丰富的资料和数据，确保论文的论点有充分依据。此外，深入调研也是不可或缺的一环，通过实地走访、采访专家或相关人士，获取第一手资料和独特见解。同时，撰写者还应注重实践经验的积累，从实际操作中发现问题并总结经验。通过综合利用以上方式搜集和整理论据，将使论文更具说服力和权威性。

（4）注重创新性和独特性。在构思阶段，撰写者不仅要关注已有资料的搜集与整理，还应注重创新性和独特性。可以通过开展调查问卷、实地访谈或实验观察等方式获取新数据来支持自己的观点。同时，撰写者应关注学术前沿动态，不断更新知识储备，并将新知识运用到研究中。保持批判思维，对传统观点进行质疑并提出新颖见解，有助于推动学科发展向更深层次迈进。因此，撰写者在构思阶段应努力挖掘新的研究视角和方法，提出独到的观点和见解，提升论文的学术价值。

2. 构思问题的解决对策

（1）制订详细的研究计划。将研究过程分解为若干阶段，为每个阶段设定具体任务和完成时间。这有助于确保研究进度，避免拖延。考虑到研究过程中可能出现的不确定性因素，制定一份既具有挑战性又留有余地的时间表，可确保研究的顺利进行。

（2）借鉴优秀范文。通过对优秀范文的深入分析与学习，可以吸收其构思的巧妙之处与写作方法，为自己的论文撰写提供宝贵的借鉴与启示。但需注意，借鉴不等于抄袭，应在理解基础上加以创新。

(3) 反复修改与完善。在构思过程中,反复修改与完善是必不可少的环节,这可以不断提升论文质量与学术水平,使其达到更高的标准。这也是增加读者接受度、提升论文影响力的有效途径。在修改与完善过程中,应关注论文的逻辑性、语言表达及格式规范等方面,确保论文的整体质量。

(4) 保持心态与健康管理。面对研究中的困难和挑战,要保持积极乐观的心态,相信自己的能力和潜力;合理安排作息时间,保持充足的睡眠和适度的运动,确保身心健康,为论文的顺利完成提供有力保障。

(三) 文献资料使用问题的改善方案与解决对策

文献资料使用问题的改善方案与解决对策是学术界和科研领域亟待解决的关键问题之一。在撰写论文时,如何准确、合理地运用相关文献资料,成为许多学生和研究者面临的挑战。

1. 文献资料使用问题的改善方案

(1) 优化文献搜索策略。除了利用关键词组合、布尔运算和限定搜索条件等常规方法外,还应积极探索新型的文献检索工具和技术,以提高搜索效率。同时,在利用多个学术数据库、图书馆资源和其他在线资源时,需注重不同来源之间信息的交叉验证,确保所获取文献的准确性和完整性,并及时关注最新文献的更新情况。

(2) 加强文献筛选与评估。在筛选文献时,不仅要确保文献与研究主题紧密相关且来源可靠,还应深入理解和分析文献内容。在评估文献质量时,除了考虑作者的权威性、出版机构的声誉等因素外,还应结合自身的专业背景进行综合判断,确保所选文献的质量和适用性。

(3) 完善文献整理与组织。对搜集到的文献进行分类和标注,以便后续分析和引用。可以选择适合自己工作习惯的文献管理软件或引用工具,并充分利用其提供的各种功能来完成文献的整理、标注及格式化引用等任务。这将有助于提升论文撰写的效率和准确性。

通过以上改善方案的实施,可以有效地解决文献资料使用问题,提升论文的质量和学术价值,这也将有助于培养撰写者的科研素养和学术水平。

2. 文献资料使用问题的解决对策

(1) 加强文献检索与筛选能力培训,包括引导学生熟练掌握各类文献数据库的使用方法,深入了解不同类型文献资源的特点和优势,以提升对学术期刊、论文、专著等各种形式文献的识别和利用能力。同时,要注重培养学生运用信息检索工具和技术的能力,教会他们如何利用检索软件高效地查找所需资料,并在海量的信息中快速准确地定位到所需内容。

(2) 建立文献资源共享平台,旨在方便学生获取和共享文献资源,并进一步促进学术交流与合作。通过这一平台,来自不同院校或科研机构的师生们可以分享彼此搜集整理的宝贵资料,在思想碰撞中相互启发、相互借鉴。同时,能够构建一个开放透明、公正公平、规范有序的环境,推动全社会知识资源更加广泛和深入地传播与应用。

三、立论、论证与文学性表达问题的改善方案与解决对策

文学类论文的立论、论证及文学性表达水平直接影响论文的质量和影响力。然而,在实际写作过程中,许多文学类论文在这些方面存在明显不足,如立论模糊、论证乏力、文学性表达欠缺等。针对上述问题,我们给出了以下的改善方案与解决对策。

（一）立论问题的改善方案与解决对策

1. 立论问题的改善方案

（1）立论方法的优化。除了提倡多维度、多层次的立论方法外，还应探索其他有效的分析手段，如逻辑推理法、案例分析法等。通过不同立论方法的运用，可增强论文的说服力和深度。

（2）文献资料的深入挖掘。在进行文献资料挖掘时，除了关注与主题紧密相关的经典文献外，也应该注意跨学科领域的文献资源，并结合实证数据进行分析。这样能够为论据提供更加丰富和全面的支持，同时提高论证过程中所依赖信息源的权威性。

（3）研究主题的精准定位。在明确研究主题时，需要考虑当前学术界和社会实际需求之间可能存在的差距，在此基础上对主题进行进一步细化和调整。只有精准定位研究主题并与前沿课题相结合，才能确保后续研究围绕切实的问题展开，避免偏离中心或模棱两可。

2. 立论问题的解决对策

（1）文献综述分析。对文献进行全面回顾和深入分析，从中总结出文学论文中常见问题及其成因。这一过程需要对大量的文献进行筛选和归纳，以便准确地把握当前学术界存在的问题和动态。

（2）解决方案的提出。根据对文献的深入分析结果，有针对性地提出解决方案。比如，在加强论据搜集与筛选方面，可以通过扩大调查范围、增加样本数量等方式来丰富立论材料；在优化结构方面，需要精心设计文章结构、合理安排段落逻辑等；在提升论证逻辑方面，需要加强推理能力、注重事实依据等。

（3）立论问题的研究。为验证所提出解决方案的有效性和适用性，需要进行实证研究，搜集并详细分析文学论文中的论证过程，并将其与所提出的解决方案相互印证，从而得到科学可靠的验证结果。这一步骤不仅有助于检验解决方案是否切实可行，也会为后续完善方法提供宝贵经验。

（二）论证问题的改善方案与解决对策

1. 论证问题的改善方案

（1）在加强论文的逻辑结构方面，可以通过合理使用连接词和过渡句来增强段落之间的衔接，使整篇文章更加连贯流畅。此外，也可以运用逻辑推理和因果分析等方法来深入剖析问题，确保论证层次清晰、条理分明。

（2）丰富论据来源不仅包括学术性资料，还可以引用专家观点、运用实地调研数据及相关案例等多种资源，提高论据的权威性和说服力。同时，在引用资料时要注重核实信息的真实性和可靠性，并正确引用以增强论证的可信度。

（3）除比较分析法和归纳演绎法外，还可以尝试运用统计数据、图表展示等方式来直观呈现问题，同时运用对立论证或反驳异议等方法来增强文章的说服力。灵活运用各种研究方法，可使论述更为全面深入。

2. 论证问题的解决对策

（1）加强理论支撑与文献综述。理论支撑是学位论文论证的基石。针对研究问题，学生应深入挖掘相关理论，确保所选理论能够有效解释或预测研究现象。同时，通过全面的文献综述，了解国内外研究现状、研究空白及研究趋势，为自己的研究找到切入点，从而增强论证的深度和广度。

（2）强化批判性思维与反思。在论证过程中，保持批判性思维，对已有研究、自身假设及论证过程进行持续的反思与质疑。这有助于发现潜在的逻辑漏洞、假设不合理之处，从而及时调整研究方向或方法，提升论证的严谨性和科学性。

（3）加强审查和修改工作，完成初稿后及时发现并纠正可能存在的问题。可以邀请他人进行评阅或自己反复斟酌检查，在发现问题后及时作出修改并完善内容。这样才能确保论文质量达到较高的水平。

（三）文学性表达问题的改善方案与解决对策

文学类论文的文学性表达水平直接影响论文的质量和影响力。然而，在实际写作过程中，许多文学论文都存在文学性表达不足的问题，因此，只有摸索文学类论文文学性表达问题的改善方案与解决对策，才能增强论文的说服力和感染力。

1. 文学性表达问题的改善方案

（1）阅读经典作品。阅读经典作品是提高文学性表达的重要途径。通过阅读经典作品，我们可以学习到不同作家的语言表达技巧、情感传达方式及修辞手法的运用，提高自己的文学素养和语言表达能力。

（2）精练语言表达。在日常生活和学习中，注意简化自己的语言表达，避免使用重复啰唆的表达方式。这种习惯养成以后会自然被带入论文写作中，使写作语言也日益凝练简洁。

（3）增强情感表达。情感是文学作品的灵魂，增强情感表达可以让作品更加感人和生动。在写作时，我们应该注重情感的传达，通过细腻的描写和深入的思考，与读者产生共鸣。

（4）提升修辞技巧。修辞是文学创作的重要手段，通过巧妙的修辞可以增强作品的艺术效果。因此，我们也应该学习和掌握比喻、拟人、排比、对仗、夸张等各种修辞手法，并运用于论文的描述部分，使语言更加生动、形象的同时，提升自己的文学性表达能力。

（5）培养文学素养。文学素养是文学性表达的基础，只有具备了深厚的文学素养，才能在写作中运用自如。因此，我们应该注重文学知识的学习和积累，如文学史、文学理论等，这对于文学素养提升具有积极意义。

2. 文学性表达问题的解决对策

（1）确定问题所在。我们需要先对文学性表达问题有一个清晰的认识，可以通过自我反思、请教他人等方式，找出自己在文学性表达方面存在的问题和不足。

（2）制订改进计划。针对存在的问题和不足，我们应该制订具体的改进计划。计划包括阅读经典作品、提炼语言模式、增强情感表达、提升修辞技巧等方面的内容，并设定具体的目标和时间节点。

（3）积累词汇与句式。词汇和句式是文学性表达的基础。我们应该注重词汇的积累和句式的变化，不断扩充自己的词汇量和句式库，提升自己的语言表达能力。

（4）实践写作与反思。实践是检验真理的唯一标准。我们应该多进行写作实践，并从中不断反思和改进自己的文学性表达能力。可以通过写日记、练习文章等方式进行练习，并及时总结经验和教训。

（5）寻求专业指导。我们可以寻求专业人士的指导和建议。可以请教老师、作家、编辑等人士，听取他们的意见和建议，更好地解决自己的文学性表达问题。

文学类论文写作需要认真对待和持之以恒地努力。只有通过不断地反思与总结，并采取切实可行、卓有成效的措施，才能够提升论文的写作水准。本章旨在为撰写者提供有益参考，使大家更好地了解文学类论文的特点和要求，提高研究的科学性和实用性，推动外语专业文学类论文研究的发展。通过对外国文学类论文写作的介绍、常见问题的分析及改善方案的摸索，旨在提升文学类论文写作的质量和价值，为不同民族的文学研究作出贡献。

语言学类学位论文的写作

本章主要对语言学类学位论文写作进行指导，内容包括语言学类论文的概念和特点、写作要点、写作常见问题分析及写作的改善方案与解决对策。

第一节　语言学类论文的概念和特点

语言学是以语言为研究对象，探索语言的性质、结构、功能、运用和语言的发展史等语言及其语言相关问题的学科。语言学包括研究语言的一般性质和共同规律的普通语言学、研究某种或某些语言的具体语言学（如英语语言学、韩国语语言学等）、以语言系统本身为研究对象的微观语言学（如韵律学、词汇学、语法学、语义学等）、运用语言学和其他学科的理论与方法从其他学科的角度去研究语言的宏观语言学（如心理语言学、哲学语言学、社会语言学等）、把语言学的知识应用于实际领域来解决实际问题的应用语言学（如德语教育学、词典学、翻译学）等内容。

一、语言学类论文的概念

语言学类论文作为学位论文的重要组成部分，其概念可进一步从以下几个方面深入理解。

（一）语言描述

语言描述是对语言进行系统性观察和描述的过程，在语言学领域中占据举足轻重的地位。其核心目标在于全面而精准地捕捉语言的多个层面，如语音、词汇、语法、语义和语用学等。这一过程不仅涉及对语言各元素的组织与使用进行深入研究，还涵盖声音的产生与感知，以及语言在交流中所承载的功能和含义。

语言描述的核心目的在于深入理解和详尽描写语言系统的独特特征和固有模式，为后续的研究和分析奠定坚实基础。借助语言描述，我们能够探索语言的结构、变化、习得与使用规律，进而揭示语言现象的内在本质和普遍性。

为了实现上述目标，语言描述可灵活运用多种方法和工具。在语音方面，可以借助声学分析来精确捕捉语音的物理特性；在语法层面，可通过句法结构分析来揭示语言的内在本质和规律；而在语义和语用学方面，通过语义描述和语言功能分析理解语言意义与语言功能。这些方法和工具有助于系统地捕捉语言的特征，并提供可靠的数据基础，促进对语言学理论的发展和实践应用。

（二）语言比较

语言比较是系统地分析和比较不同语言的方法，旨在揭示它们之间的相似性、差异及潜在的规律。在语言学中，这种比较方法具有至关重要的作用，有助于我们深入理解语言之间的结构、类型学特征和历史关系。

语言比较涵盖语音学(发音体系、语音特性和在言谈中的变化规律)、形态学(词汇的构成与变化)、句法学(句子的组织与结构)、语义学(词汇、句子、篇章的语义)及词汇学(词汇的历史和发展、结构和构成、规范和标准化、语用)等多个方面。我们可以通过对这些语言特征的跨语言比较，识别出它们之间的共性与差异。这种比较分析有助于我们将语言分类为语系，确定语言普遍性，并重构原始语言。

此外，语言比较还为我们提供了研究语言接触、语言变化及语言类型学的独特视角。通过比较不同语言，我们可以洞察语言接触带来的影响，探索语言变化的内在机制，以及分析不同语言类型的语言特征分布规律。

(三) 语言变迁

语言变迁是指语言在其历史发展过程中所经历的演变和转型。这种变迁涉及以下几个层面。

(1) 在词汇层面的变迁。随着时光的流逝，语言中的词汇不断地更新和演变。新词汇的创造、旧词汇的淘汰，以及词义的扩展或缩减，都是词汇变化的表现。例如，随着科技的发展，许多新词汇被创造出来，而一些陈旧的词汇逐渐淡出人们的日常用语。

(2) 在语法层面的变迁。语法结构同样会随着时间而发生变化。在此过程中，有些旧的语法规则可能会消失或被新的规则所取代，这对语言的表达方式和句子结构都会产生影响。

(3) 在发音层面的变迁。语言的发音也会随着时间的推移而发生演化。音素的合并与分化，以及发音方式的变化，都是语言发音演变的体现。例如，某些辅音可能会因为声音偏移发生变化，而元音发音也可能会有所调整。

(4) 在语用层面的变迁。语言使用的情景也会随着社会的变迁而发生变化，这导致语言的语用规则的不断调整。有些词语或表达方式可能会随着社会、文化和地理环境的变迁而发生改变，这些改变反映了语言的实用性和惯例的变迁。

语言变迁是语言学研究的重要领域之一。通过深入研究语言的变化，我们能够更好地理解语言的历史发展轨迹，并揭示语言与社会、文化和背景之间的紧密联系。

(四) 语言习得

在语言学中，语言习得是指个体在特定环境中自然而然地获得语言能力的过程，这一过程通常发生在儿童早期，但成年人学习第二语言时同样适用。语言习得涵盖一系列语言技能的发展，包括听、说、读、写、译，以及对语言的理解和实际运用能力。

语言习得的过程受到诸多因素的共同影响，包括社会环境、文化背景、个人天赋及认知能力等。在常规情况下，大多数人都能在早期阶段自然而然地习得自己的母语，即使在没有正式教学指导的情况下，他们也能逐步掌握语言的基本规则和结构。

然而，值得注意的是，语言习得与语言学习是两个不同的概念。语言习得是指个体在与母语使用者的日常交流中，通过不断经验积累和实践锻炼自然而然地掌握语言的能力；而语言学习是指通过有意识的、系统的学习活动，如教学课程、阅读训练、听力练习等，有意识地提升语言技能和积累语言知识。

深入研究语言习得有助于我们全面理解语言能力的形成与发展过程，揭示语言习得的内在机制和规律，从而为语言教学和教育提供重要指导。这种研究不仅有助于提升学习者的语言技能，还能为教育者提供有效的教学方法和策略，推动语言教学的创新与发展。

(五) 语言与社会、文化、心理的关系

语言与社会、文化、心理之间存在紧密的关系，彼此相互影响和塑造。

(1) 语言与社会的关系。在社会交往中，语言扮演着至关重要的角色，是社会互动和沟通的基本媒介。社会因素，如地位、身份、阶层和性别等均对语言的使用和规范产生影响。语言不仅是社会交往的工具，还反映了社会的结构和价值观念。不同社会群体间的语言差异反映了他们的社会和文化背景及身份认同。

(2) 语言与文化的关系。语言是文化的重要组成部分，反映一个社会的价值观、信仰、习俗和传统。语言作为文化的载体，承载着知识的传递、经验的分享及认同的塑造，使人类能够实现文化的传承和发展。同时，文化因素也对语言的发展和演变产生影响，导致不同文化背景之间在词汇、语法结构和语言习惯上的差异。

(3) 语言与心理的关系。语言与心理过程紧密相连，影响认知、感知和理解。语言是表达和交流思想的主要方式，人们运用语言深入理解和解读世界，构建出复杂而丰富的认知模型，进而赋予各种现象以意义。此外，语言使用还反映了个人的心理特征，如情感、态度和认知方式。

因此，语言与社会、文化、心理之间相互作用，共同塑造着它们的发展和演变。对这些关系的研究有助于我们更深入地理解语言的本质及其在人类社会和文化中的作用和意义。

综上所述，语言学类论文致力于全面而深入地探索语言的多元维度，揭示其内在的基本规律和演进的机制。通过研究，我们旨在为语言理论的发展和应用奠定坚实的科学基础，推动语言学领域的持续进步。

在毕业论文的写作过程中，许多撰写者容易将语言学类论文与文学类论文混为一谈，然而，这两者实际上属于不同类型的论文。文学类论文主要侧重于撰写者对文学的理解和对作品的鉴赏，着重阐述或描述主观感受和解读，所以这类论文的主观性较强。相比之下，语言学类论文则要求撰写者避免纯粹发表个人主观意见，而是建立在调查语言事实的基础上，通过分析和研究揭示语言的一般性质和共同规律，从而得出反映语言事实的结论。因此，语言学类论文不仅具有较强的理论性，还具备显著的应用性。在撰写语言学类论文时，应明确其研究目的和方法，确保论文的准确性和客观性。

二、语言学类论文的特点

语言学类论文具有一些显著的特点，这些特点体现了语言学研究的本质和方法。

(一) 跨学科的融合性

跨学科语言学论文的融合性特征主要体现在如何将不同学科的观点、理论和方法综合融入语言学研究中，进而深化对语言现象的理解和阐释。这种跨学科的融合为语言研究提供了丰富的视角和深入的分析。这一特点主要表现在以下几个方面。

1. 概念的融合

跨学科语言学论文在整合不同学科观点时，不仅整合了不同学科的观点，还致力于构建一个全面而深入的理论体系。这种整合拓宽了语言学研究的领域，深化了对语言现象的理解。举例来说，论文可能会将心理学中的认知过程与语言学中的语音结构相结合，以探讨语音知觉的认知基础。通过这种跨学科的联系和融合，我们能够更全面地揭示语言现象的内在机制和

运作原理。

2. 理论的融合

跨学科语言学论文的特点在于将不同学科的理论框架融合起来，共同构建一个综合性的解释框架，以深入剖析语言现象。这种论文能够巧妙地结合心理学的认知理论、社会学的交际理论及计算机科学的自然语言处理模型，以全方位、多角度的视角来探索语言习得的内在机制。这种融合性的研究方法不仅能拓宽语言学研究的视野，也能提升我们对语言现象的理解，加深解释的深度。

3. 方法的融合

跨学科语言学论文不仅融合不同学科的理论框架，还整合了多元化的研究方法，以全面搜集和分析语言数据。这类论文可能会结合实验心理学的实验设计，通过精心策划的实验来搜集精确的数据；同时，借助语料库语言学的文本分析技术，对大量语料进行细致入微的剖析；再结合人类学的田野调查方法深入实际语境，获取第一手的语言使用情况和变化信息。这种综合性的研究方法使语言变化的研究更加全面、深入和精确。

4. 数据的融合

鉴于语言现象的复杂性和多面性，跨学科语言学论文倾向于融合多种类型的数据来支持其理论和假设。这些数据不仅来源于实验、调查和语料库，还可能涵盖文本分析、社会调查等多种渠道。这种数据整合策略确保了研究的全面性和可信度，也为理论构建提供了坚实而多元的证据基础。通过这种综合性的数据融合，论文能够更准确地揭示语言现象的内在规律和机制。

5. 交叉验证的强化

为了确保研究的可靠性和可信度，跨学科语言学论文经常采用交叉验证的方法。这意味着论文会积极寻求不同学科之间的互补和验证，可能使用一种学科的研究方法来检验另一种学科的理论，或者利用某一学科的理论框架来解释另一学科所观察到的现象。这种跨学科的验证方式不仅有助于增强单个研究的可靠性，还能够推动不同学科之间的交流和融合，从而推动整个语言学领域的发展和进步。

（二）理论性与实证性相结合

在语言学论文中，理论探索和实证研究相辅相成，共同推动语言研究的深入和发展。以下从几个方面解释这一特点。

1. 理论性

语言学类论文常常以现有的语言学理论或模型为起点，进一步提出一个精致的理论框架或假设。这些理论框架或假设不仅为深入剖析语言现象提供了坚实的概念基础，还为整个研究过程设定了明确的方向。这些理论不仅有助于我们更好地理解语言的本质和规律，还为后续的语言学研究提供了重要的指导和参考。

2. 实证性

在构建理论框架之后，语言学论文随即展开实证调查，这一环节至关重要。实证调查涵盖了广泛的数据搜集和分析工作，这些数据来源于实际的语言使用情境、实验研究、社会调查及丰富的语言语料库。实证调查不仅是对理论假设的严谨检验，更是对语言学理论实际应用能力的深度挖掘。通过这些实证数据，能够评估论文理论假设的合理性、适用性和解释力，从而确保研究的科学性和可靠性。在这个过程中，实证调查不仅是验证理论假设的必要环节，也是推动语言学理论不断发展和完善的重要途径。

3. 理论与实证的结合

（1）在理论框架内解读数据。语言学类论文在搜集到实证数据后，会在之前构建的理论框架内对这些数据进行解读。研究者细致地分析数据，判断其是否与理论预测相符，或是否提供了与之相矛盾的证据。这一持续的分析与对比过程，允许研究者根据实证结果对理论框架进行必要的修正和调整，使其更加贴近语言现象的实际情况。

（2）从实证观察中提炼理论。实证观察常常为研究者提供对现有理论的全新认识或修正。在深入剖析数据的过程中，研究者可能会发现某些模式或现象与先前的假设存在出入，或者某些实证证据暗示了更为合理的替代解释。这种理论与实证证据之间的互动和碰撞，不仅丰富了我们对语言现象的理解，也推动了语言学研究的持续发展和进步。

（三）研究对象的多样性

语言不仅仅是人们沟通的工具，更是一种复杂且多维度的文化和社会现象。语言学的研究对象——语言，具有多种层面和维度，涉及语音学、音韵学、形态学、句法学、语义学、语用学等多个方面。语言学类论文通常聚焦于这些领域的某个或某些方面，全面展示语言研究的广度和深度。

（1）语音学。语音学着重研究语音的产生、传播与感知机制。它特别关注语音的物理属性，如音高、音长、音强和音质，并深入解析这些属性如何影响语言的传达与理解。

（2）音韵学。音韵学研究语言的音位及其组合规则。音韵学致力于揭示语音如何在特定语言中发挥关键作用，阐明为何某些语音组合是合理的，而其他组合不合理。

（3）形态学。形态学研究词汇的构成与变化，探索词的内部结构，并揭示词如何通过添加前缀、后缀或词根来调整其意义或功能。

（4）句法学。句法学研究句子与短语的结构特征，如词序规则、语法关系以及句子结构规律。句法学可以探索各种句法理论、句子的结合体系，以及句法结构在不同语言间的变化规律。

（5）语义学。语义学研究词汇和句子的意义。语义学关注语言如何精确地表达概念和关系，并探讨不同语言或方言之间表达意义上的差异和共性。

（6）语用学。语用学研究语言在实际交流中的应用和效果。它关注语境、社会背景和文化因素如何影响语言的选择和理解，并解析语言如何用于社交互动和信息传递。

语言学类论文通常会选择上述领域中的一个或多个作为研究对象。例如，一篇论文可能着重探讨英语中动词时态的语义和语用差异，而另一篇论文则可能研究汉语中特定音位的发音和感知机制。

（四）方法论的灵活性

为了研究不同的语言现象，语言学类论文采用的研究方法也是非常灵活的，包括实验研究、统计分析、定性研究等多种方法及其综合运用。研究方法的选择取决于研究问题和研究对象的特点。

1. 实验研究

实验研究是一种控制变量以测试特定假设的方法。实验研究可以涉及语音知觉、语法理解、语言习得等方面。实验设计一般包括控制变量、随机分配被试者到不同的实验组、搜集和分析数据等步骤。通过实验，我们可以探索语言现象背后的认知和神经机制。

2. 统计分析

统计分析是语言学研究中常用的方法，用于处理量化数据并且检验假设。通过统计分析，我们可以发现语言使用的规律和趋势，比如词汇频率、语音变异、句法结构偏好等。

3. 定性研究

定性研究是一种深入研究语言本质和意义的方法。定性研究包括案例研究、深度访谈、内容分析等方法，旨在获取对语言使用的详细描述和理解。定性研究可以帮我们探索语言与社会文化或心理因素的关联。

运用这些方法要求我们具备扎实的方法论基础。根据研究问题的性质和数据类型，选择最适合的方法，并在必要时综合使用多种方法获取更全面和准确的结果。因此，语言学类论文之所以能够灵活应对复杂多变的语言现象，关键在于其方法论的灵活性和多样性。

（五）数据驱动的精确性

语言学类论文通过搜集和分析大量数据来验证和支撑研究假设的准确性。数据驱动的精确性主要体现在以下几个方面。

（1）搜集数据时要严谨。论文中的数据搜集与记录过程必须严谨且系统。这通常涉及在设计实验或调查问卷时的精细策划，进而确保采集数据的质量和完整性。在实验设计中，特别注意对变量的控制及随机分配等要素，以保障实验结果的可靠性和有效性。

（2）处理数据时要科学。为确保研究的科学性和可靠性，我们必须运用合适的统计方法或专业分析工具来处理数据。这包括精心设计操作，如数据清洗、标记和归类等，以优化数据的结构和质量，为后续的分析和解释提供坚实基础。

（3）确保结果可重复性。这意味着他人能够根据撰写者提供的数据和方法重新进行相同的分析，并得出类似的结论。为了实现这一点，我们通常需要详细阐述数据搜集与分析的整个过程，并公开原始数据或研究材料，以便他人能够验证其研究结果的可靠性。

（4）数据具有代表性和普遍性。搜集的数据要涵盖多种语言现象和各异的语言使用情境。这样的数据集合能够为研究提供丰富的素材，确保所得结论具有广泛的适用性。

（六）跨语言与跨文化的比较

语言学类论文通常以跨语言和跨文化的视角，比较不同语言和文化背景下的语言现象的异同。这种比较有助于揭示语言普遍性与特殊性之间的关系。

（1）跨语言比较是对不同语言之间的共同点和差异点进行的对比和分析。通过比较不同语言的语音、词汇、语法结构、语义、语用，可以帮助我们了解语言的普遍规律和特殊发展。例如，通过比较韩国语和汉语的句法结构，可以发现它们修饰语的顺序、谓语的位置等方面的异同，了解两种语言的特点和语法规则。

（2）跨文化比较可以帮助我们探索语言与文化之间的关系。通过比较不同文化背景下的语言使用情况和语言习惯，可以揭示语言与文化间的相互影响和相互作用。例如，比较韩国和中国的礼貌用语和交际方式，了解两个不同文化对待礼貌和社交行为的态度和偏好。

在语言学类论文中，跨语言与跨文化的比较是为了更深入地理解语言的本质和多样性，阐明语言与文化之间的关系，为语言学理论和实践提供丰富的素材。

（七）实际应用的导向性

语言学类论文不仅探索理论，还关注语言研究的实际应用。这种实际应用的导向性体现在以下三个方面。

(1) 教学方法方面。语言学类论文探讨语言教学法的有效性和可行性。通过研究不同的语言教学方法、教学资源的利用和学习者的语言习得过程，为改进语言教学提供理论与实践基础。

(2) 政策方面。语言学类论文关注语言政策的制定与执行。通过研究语言政策对语言使用和教育的影响，语言学家为政府机关和教育机构提供语言政策制定相关的建议和意见，确保语言政策能够更好地满足社会需求并促进语言多样性的发展。

(3) 自然语言处理应用方面。自然语言处理属于计算机科学和人工智能的领域，旨在使计算机能够理解、处理人类的语言。语言学类论文在本领域研究各种自然语言处理应用的开发与改进，如机器翻译、智能回答、信息检索、语音识别等，为我们的生活带来更多的便利和创新。

综上所述，语言学类论文通过跨学科融合、理论与实证的互补、多样的语言现象研究、灵活的方法论、数据驱动的精确性、跨语言与跨文化的比较及实际应用的导向性等特征，不仅推动了语言科学的进步，更为人类认知的深化、交流的顺畅及社会的和谐发展提供了有力的支撑。

第二节　语言学类论文的写作要点

在语言学领域，论文写作的核心在于以清晰、连贯的方式表达与语言相关的复杂思想和理论。以下是在进行语言学写作时应当重视的几个关键要点。

一、表达清晰准确

撰写语言学类论文时清晰和准确的表达对于有效沟通和信息传递至关重要。清晰和准确的表达体现在以下几个方面。

(一) 定义和术语的使用

为了确保读者能够准确理解讨论的概念，我们必须采用清晰明了的定义和术语，必须坚决避免使用模糊或多义性的术语，以防产生歧义。当使用专业术语或特定词汇时，要确保读者了解其含义。如果这些词汇非专业人士不熟悉，就有必要提供简要的解释或定义，并且在整个写作过程中确保术语的使用是一致的。通过清晰而准确的语言表达，我们可以保证论文信息的有效传递，维护学术研究的准确性和严肃性。

(二) 句子结构的组织

为确保思路的流畅，我们应使用简单清晰的句子。长而复杂的句子结构可能会使读者感到困惑，甚至阻碍其理解论文的核心观点。因此，使用简短的句子结构，才能确保读者能够轻松跟随论文的思路。简洁的句子不仅易于阅读，还有助于保持读者的注意力。当每个句子都围绕一个清晰的主题展开时，读者可以快速地捕捉关键信息，加深对论文内容的理解。清晰的结构和明确的主题有助于提高论文的可读性和影响力。

(三) 逻辑组织和段落结构的优化

首先，每个段落都应围绕一个核心观点展开，并通过一个清晰的主题句来引导。这样的设计有助于读者迅速把握段落的核心内容，更好地跟随撰写者的思路。

其次，段落之间的过渡应该自然流畅，确保论文从一个观点到另一个观点的转换顺畅无阻。通过巧妙的过渡,我们可以建立各个段落之间的逻辑连接,使整篇论文呈现出连贯性和组织性。

最后,合理的逻辑组织还可以凸显论点之间的关系,增强论文的说服力。通过清晰地展示每个部分之间的逻辑关系,可以引导读者逐渐理解论文的主题,并实现有效的学术交流。

(四)避免歧义和模棱两可的表达

在撰写语言学类论文时,首要任务是消除歧义、清晰表达,并确保论文信息的准确性。模棱两可的词语或表达不仅可能引发读者的误解,还可能降低论文的学术价值。因此,我们必须以具体、明确的语言来传达我们的思想和发现。为实现这一目标,我们应避免使用模糊或多义的词汇,转而选择那些能够精准传达我们意图的词语。这种精确而清晰的写作方式不仅有助于消除潜在的歧义,还能提升论文的可读性和说服力。

(五)准确引用和说明

在撰写论文时,要准确引用和说明他人的观点或研究成果。

第一,准确引用意味着在引述他人观点或数据时,必须认真核对原文,确保引用内容与原文一致。这包括正确标注引文的来源、页码等信息,以便读者能够查找到原始数据或观点的来源。引用时还需注意避免过度引述或抄袭他人内容,以免侵犯知识产权。

第二,为避免误解或歪曲他人观点,在引用时应保持客观公正的态度,不随意篡改或曲解他人原意。如果对他人观点存在疑问或争议,应在论文中进行说明,并寻求进一步的证据或观点支持。

第三,保持学术诚信是引用他人观点或研究成果的基本原则。在学术研究中,诚信是不可或缺的品质。只有保持诚信,才能赢得同行的尊重和信任,推动学术研究的进步和发展。

(六)语法和拼写的准确性

一篇论文,无论其内容如何丰富、独特,如果充斥着语法错误和拼写错误,都会严重影响读者对论文的理解和评价。因此,在写论文时,我们必须重视语法和拼写的准确性。

首先,准确运用语法可以确保论文表达清晰流畅,提高整体可读性。在写作过程中,我们应该遵循正确的语法规则,确保每个句子都有清晰的主语、谓语和宾语,并避免时态、语言或词序等方面的错误。

其次,要正确地拼写。拼写错误不仅会影响论文的专业形象,还会让读者对我们的专业素养产生怀疑。在写作过程中,我们应该仔细检查每个单词的拼写,避免因疏忽导致的错误。同时,我们也可以利用拼写检查工具辅助校对,确保论文的拼写准确无误。

通过关注上述六个要点,可以保证我们的语言学类论文能够以清晰且精确的方式传达我们的思想,确保读者能够准确无误地理解论文的观点和内容。

二、结构和逻辑合理

完成结构合理和逻辑清晰的语言学类论文,需要考虑以下几个关键问题。

(一)清晰的引言

引言部分应首先应明确介绍论文的主题和目的,为读者提供一个整体的研究方向框架。接着,阐述研究的背景和意义,帮助读者理解为何该课题值得探讨,以及它在实际语言学研究中的应用价值。在这一部分,还需清晰地提出研究的问题或假设,激发读者的好奇心,并引导其阅读论文的核心内容。为使读者能够全面了解论文，引言还应概括论文的整体结构和内容。这包括后续章节的关键内容，如理论框架、方法论、数据搜集和分析过程。通过这种方式，读者可以提前了解论文的整体布局，更好地跟随撰写者的思路理解论文的观点和研究结果。

（二）合理的组织结构

合理的组织结构是撰写清晰、易懂、具有说服力语言学论文的关键。通常，语言学类论文的组织结构可以按照主题或研究方法进行划分。若按主题组织，可以确保论文内容清晰、有序，逐步展开论述，使读者能够轻松地跟随撰写者的思路，深入理解论文的核心观点。若按研究方法组织，则能使研究过程更加透明，凸显研究的科学性和严谨性。无论选择哪种方式，我们都需要确保各个部分之间保持紧密的联系。为了实现这一目标，我们可以运用过渡句或词，帮助读者顺畅地从一个部分过渡到另一个部分。此外，图表等辅助工具也能有效地增强论文的可读性，使读者更加轻松地掌握论文的核心内容。

（三）明确的主题句

在语言学类论文写作中，每个段落都应该以清晰的主题句开头，这是保证论文逻辑清晰度的关键。主题句概括了段落的主要内容和论点，为读者提供了明确的阅读指引，帮助他们快速把握论文核心思路。主题句既为读者提供便利，也为撰写者提供了组织段落内容的框架，确保论文结构紧凑有序、逻辑严密。为了使主题句更加有效，我们需要确保其简洁明了、具有概括性，并与段落其他内容紧密相连，形成有机整体。明确的主题句能提升论文的逻辑性、可读性，并很好地传达撰写者的思想和观点。

（四）合适的过渡

在不同部分之间使用适当的过渡，可确保论文内容之间的连贯性和流畅性。过渡有助于读者理解论文结构，顺利转换思维。我们可以运用连接词、段落引导句或回顾前文等手法实现过渡。连接词如“因此”“然而”等连接词可以清晰地表达上下句的逻辑关系，保持论文有条理；段落引导句概括上一段落，引出下一段落主题，帮助读者顺畅过渡；回顾前文内容，将新旧信息相互关联，增强连贯性。我们应重视过渡的使用，确保论文内容连贯流畅，提升整体质量，为读者提供愉悦的阅读体验。

（五）有效的论证和支撑

在语言学论文中，有效的论证和支持是确保逻辑严谨性和可信度的核心要素。我们需要提供充分的论据和证据来支持论文中的每个论点，包括引用相关文献、深入分析语言数据，以及提供合理的推理和推断。引用相关文献可以为论点提供背景支持，而深入分析语言数据则可提供实证支持。此外，合理的推理和推断也是重要的支持手段。在缺乏直接证据时，通过逻辑推理和假设演绎，我们可以弥补这一缺陷，增强论文的说服力。

（六）总结和展望

在语言学类论文的结尾部分，总结和展望可以使论文论述的内容更完整、更全面。总结部分需要回顾和概括论文的主要观点与研究结果，强调研究的主要发现和结论，以及论文的学术贡献和创新点。展望部分需要提出未来可能的研究方向和方法，为后续研究者提供参考和启示，推动语言学的持续发展和进步。这样的结尾不仅能为论文画上圆满的句号，还能为读者提供对未来研究的启示和方向，彰显论文的学术价值和影响力。

注意上述六个要点，我们可以确保语言学类论文具有合理的结构和清晰的逻辑，使读者能

够轻松地理解我们的论文内容与论证过程。

三、论证方式与举例方法明确

语言学类论文写作中，采用恰当的论证方式和举例方法有助于支持论文中的观点和假设，并增强论文的逻辑性和可信度。

（一）论证方式

论文方式的选择直接影响论文的逻辑严密性和可信度。语言学类论文写作中论证方式的要点可以通过以下几个方面来解析。

1. 归纳推理

归纳推理是一种从特殊到一般的推理方法。在语言学中，通过仔细观察和分析特定的语言现象或数据，我们能够提炼出一般性的结论。这种方法在语言学论文中尤为适用，特别是在总结研究成果或提出新的理论假设时。以方言中的语音变化为例，通过对多个方言中的特定语音变化进行深入研究和综合分析，我们能够洞察其背后的普遍性规律，从而提出有关语音演变的普遍理论。归纳推理的显著优势在于，它建立在丰富的实例数据基础上，使构建的理论框架具有广泛的适用性。

2. 演绎推理

与归纳推理形成鲜明对比的是演绎推理，这是一种从一般到特殊的推理过程。在语言学领域，它主要依赖现有的理论框架或假设，推导出具体的语言现象或数据。这种方法在验证理论假设或预测语言现象时特别有效。以语法理论为例，我们可以根据某种特定的语法理论，演绎并解释特定语言结构中的规则和现象。演绎推理能够提供严谨的逻辑推导过程，这不仅有助于增强论文的说服力，还能够为语言学研究提供坚实的理论基础。

3. 对比分析

对比分析是一种揭示语言规律或理论内在关联的方法，它侧重于探索不同语言现象或理论假设之间的差异和相似之处。在语言学领域，对比分析广泛应用于不同语言或方言之间的比较，以及不同理论框架的评估与对比。例如，通过对比分析英语和汉语的词汇和语法结构，我们能够洞察两种语言之间的共性和差异，启发新的语言学理论或教学方法的提出。

4. 逻辑推断

逻辑推断是基于已有的逻辑关系和前提条件，推断出新的语言规律或结论的方法。在语言学类论文中，逻辑推断在解释语言现象的因果关系或推断未知语言特征方面发挥着重要作用。例如，通过分析语言现象的发生条件与结果之间的逻辑关系，我们可以推断出该现象的发生机制或原因。逻辑推断的优势在于其提供了严谨的推理过程，这不仅有助于更深入地理解语言系统，还能够增强我们对语言现象的解释力和预测能力。

在选择上述论证方式时，我们应综合考虑研究目的、数据类型和理论框架等因素，确保论文的逻辑严密性和可信度。

（二）举例方法

运用恰当的举例方法可以提升论文的说服力，使论点更具体生动。以下是几种常见的举例方法及其在语言学类论文中的应用。

（1）通过对具体的语言数据或文本材料进行详细的分析，能够为论文中的理论观点或研究假设提供有力支持。这些数据来源广泛，可以来自大型语料库，包括文档、社交媒体文本等丰富多样的语言资源；也可以来自我们搜集或处理的语言样本，如方言的实地录音、访谈记录等。以语言现象的发展和变化为例，我们可以选取某个时间段的语料数据，运用统计分析方法，精准地描绘出该现象在语言使用中的实际变化情况。这种数据分析方法能够为理论观点提供有力的实证支撑。

(2) 通过引用前人的研究结果或相关文献，以及对具体案例的分析和讨论，支持论文中的论点或意见。这种方法有助于读者更好地理解论文的背景和理论基础，也能够增强论点的可信度。例如，当讨论一种语言教学方法的有效性时，我们可以引用前人关于该方法的实证研究结果，并分析具体的教学案例。通过比较不同教学方法的实际效果，我们能更清晰地阐述自己的观点，并为读者提供具有说服力的证据。

(3) 通过实地调查、实验或统计分析方法获取具体的语言数据或实证结果，支持论文中的论点或假设。这种方法通常需要大量的样本和严谨的数据处理过程，以确保结果的客观性和科学性。例如，当研究一种语言特征的社会分布及影响因素时，我们可以进行大规模的问卷调查或实地调查，搜集大量的语言数据和社会背景信息。通过对这些数据进行统计分析，揭示语言特征与社会因素之间的关联，并为论文的论点提供有力的实证支持。

通过语言数据分析、文献引用和案例分析、实证研究等方法的运用，我们可以帮助读者更好地理解论文的内容和背景，加深对语言现象的理解和认识。

四、理论框架与技巧分析清晰

在语言学类论文的写作过程中，确立一个清晰的理论框架和掌握适当的分析技巧至关重要。这些要素共同构成了论文的理论基础和方法论，为我们提供有力的分析工具和思维框架。一个坚实的理论框架能够确保研究问题得到系统的探讨，而精湛的分析技巧则有助于揭示数据的内在规律和意义。因此，我们在语言学类论文写作中应当注重构建和完善理论框架，掌握并运用多样化的分析技巧，确保研究的科学性和有效性。

(一) 理论框架

在构建语言学类论文的理论框架时，我们需要注意以下三点。

(1) 选择适当的理论是构建理论框架的基础。合适的理论框架可以为我们提供有力的分析工具，帮助我们更好地解释和分析所研究的语言现象。在选择理论时，我们应先明确研究的具体问题和目标，以便有针对性地选择能够解释和分析这些现象的理论。这些理论可以源自语言学的各个专业领域，包括语音学、语法学、语义学、语用学等，也可以融入其他相关学科的理论，如心理学、社会学等。通过选择适当的理论，我们可以确保理论框架与研究问题高度一致，提高研究的针对性。

(2) 建立清晰的理论逻辑是构建理论框架的核心要义。在运用理论框架时，我们必须保证每个理论之间都具有明确的逻辑关系和连贯性，从而避免产生混淆或矛盾。在构建理论框架的过程中，我们不仅要熟悉每个理论的基本概念、原理和方法，还要深入理解它们之间的内在联系和相互作用，确保它们在逻辑上的协调性和一致性。此外，理论框架的构建还需确保其对研究现象具有合理的解释能力。这意味着理论框架不仅要能够捕捉研究现象的本质特征，还要能够揭示其背后的深层机制和规律。只有这样，理论框架才能为后续的数据分析和解释提供有力的指导和支持。通过建立清晰的理论逻辑，能够使理论框架更加严谨和清晰。

(3) 综合不同的理论是构建理论框架的有效方法。在探索复杂的研究现象时,单一的理论框架往往显得力不从心,难以捕捉到现象的方方面面。因此,我们可以考虑整合不同的理论框架,以便更全面地理解和解释研究现象。这种综合方法的应用可以帮助我们扩展研究视角,提高研究的广度和深度。在综合不同理论时,我们需要注意保持理论的内在逻辑和一致性。只有确保整合的理论框架在逻辑上是连贯的,才能避免出现冲突或矛盾的情况。通过结合不同的理论框架,我们可以构建一个更全面、深入的理论体系。

(二) 技巧分析

除了论文的理论框架外,在技巧分析方面,我们也需要对几个核心要点给予充分的关注。这些要点不仅关系到研究的质量和可靠性,也直接影响最终结论的有效性和可信度。

(1) 选择合适的分析方法。这需要根据研究问题的具体性质和搜集到的数据特点来确定。如果研究问题涉及数量关系和模式的探究,那么定量分析方法可能更为适用。例如,统计分析可以帮助我们检验假设、揭示变量之间的关系,以及预测未来的趋势;实验设计则可以帮助我们控制变量、操作自变量,并观察因变量的变化,得出因果关系的结论。但是,如果研究问题涉及文本、语言或文化现象的探索,那么定性分析方法可能更加合适。例如,内容分析可以帮助我们系统地描述和解释文本内容,揭示其中的主题或情感。语料分析则可以通过对大量语言样本的深入分析,揭示语言的使用规律、结构特点,以及与文化、社会背景的关系。此外,在某些情况下,我们甚至可能综合使用多种分析方法,以实现全方位、深入的研究和探讨。

(2) 有效地分析语言数据。这需要我们掌握一定的语料库使用技能。语料库是一个包含大量真实语言样本的数据库,通过计算机程序可以对这些样本进行自动化处理和分析。例如,我们可以利用语料库检索工具来查找特定的词汇、短语或语法结构,并统计它们在语料库中的出现频率和分布情况。这些信息可以帮助我们了解语言使用的普遍规律和特点。除了利用语料库进行自动化处理和分析外,我们还需要通过录音、录像或实地访谈等方式采集实际的语言样本。录音和录像可以帮助我们搜集真实的口语交际数据,了解人们在日常生活中如何运用语言进行交流和表达。而实地访谈则可以让我们深入了解特定群体或社区的语言使用习惯和文化背景,为后续的文本解读和语境分析提供丰富的素材。此外,对语言数据的深入分析还需要我们进行细致的文本解读和语境分析,以充分理解语言背后的社会、文化和心理现象。

(3) 保持逻辑严谨性和方法的科学性。这需要我们确保自己的分析过程合乎逻辑,每一步推导都应基于明确的前提和依据,避免出现逻辑上的漏洞和矛盾。例如,在研究某个语言现象时,我们应该从已知的事实和理论出发,通过逻辑推理和实证分析来揭示现象的本质和规律。在得出结论时,我们应该提供充分的证据支持,避免主观臆断或基于不充分数据的推断。例如,在进行统计分析时,我们应该选择适当的统计方法和样本规模,并对数据进行严格的筛选和处理,以确保分析结果的客观性和准确性。此外,我们还需要关注研究的可重复性和可验证性。

通过选择适当的理论框架和分析方法,深入地挖掘语言数据,我们可以建立起严谨的理论基础,提供有效的分析工具,撰写出合格的语言学类学位论文。

第三节　语言学类论文写作常见问题分析

在语言学领域,论文的撰写不仅是知识的传递,还涉及思想的碰撞和理论的构建。然而,在实际的写作过程中,我们经常会遇到一些问题。这些问题不仅会影响论文的质量,还可能会给读者的理解带来困扰。语言学类学位论文写作中常见的问题主要包括以下几个方面。

一、论文内容不明确或模糊

语言学类论文的首要任务是清晰而明确地传达研究的核心内容和目的。但很多时候，论文的内容并不清晰，具体问题如下。

（一）问题陈述和目标不清晰

首先，引言部分缺乏明确的研究背景和目的。引言是论文的开端，其重要性不言而喻。一篇优秀的引言不仅能吸引读者的兴趣，还能清晰地解释研究背景、目的和核心问题。然而，在实际写作中，许多撰写者的引言存在模糊和笼统的问题。引言未能准确描述研究的起源、背景和发展脉络，也无法清晰地解释研究的目标。这使读者在阅读论文时无法快速理解研究的核心内容和方向，也无法对论文的整体价值作出准确判断。

其次，缺乏明确的问题陈述。问题是论文的灵魂，决定了论文的研究方向和内容。然而，许多撰写者没有明确陈述他们的研究问题。这导致读者在阅读论文时无法准确理解要解决的具体问题或研究内容。一个明确的问题应该是清晰、真实的，能够精准地反映研究的核心内容和目标。同时，通过实证研究或理论分析能得出对研究问题的有效解答。此外，研究问题应该具备独特的观点或视角。

（二）概念和术语定义不清晰

首先，某些关键概念和术语的定义不够清晰或含糊不清，这直接影响读者对论文的理解。例如，当引入新术语或概念时，如果没有明确的定义或解释，读者可能会感到困惑，不知道术语或概念的具体含义。又或者，即使给出了定义，但这个定义本身就有歧义，读者仍然无法准确理解撰写者的意图。在这种情况下，读者可能会花费大量时间去猜测或寻找相关信息，试图理解这些概念和术语，这样无疑会降低论文的可读性。

其次，术语不一致是一个普遍存在的问题。在论文中，撰写者可能会多次使用同一个术语，但如果这些使用存在不一致性，也会让读者感到困惑。例如，有时撰写者可能会使用同一个术语来指代不同的概念，或者使用不同的术语来指代相同的概念。这种不一致性不仅会降低论文的逻辑性和连贯性，还会使读者误解论文的内容。此外，如果撰写者使用的术语本身不准确或具有误导性，也会使读者对论文的可信度和可靠性产生怀疑。

（三）论证过程不清晰

首先，论文论证的逻辑性和连贯性不足。一个清晰的论证过程应该像一个有序的网络，每一个论点、论据和论证步骤都紧密相连，形成一个完整的逻辑链条。然而，如果撰写者在写作过程中没有认真组织论证结构，或者没有清晰地确定各论证之间的关系，可能会使论证过程显得混乱无序。

其次，缺乏充分的论证和证据支持也是一个常见问题。一个好的论点不仅需要逻辑，还需要充足的证据来支持。这些证据可以来自实证研究的数据分析结果、前人的研究成果及相关理论的解释。然而，如果撰写者在写作过程中没有提供足够的证据来支持其观点，或者提供的证据不足以支持撰写者的论点，可能会导致撰写者的观点站不住脚，甚至引起读者质疑。

（四）数据或案例分析不清晰

首先，数据或案例分析描述不够清晰和完整。数据或案例分析时，应提供详细的步骤和过程，以便读者清楚地了解结论是如何得出的。然而，一些撰写者可能会将分析过程描述得过于简略，或者没有提供足够的信息来支持其结论，或者没有恰当的解释和说明数据，使数据本身难以被读者理解。这些问题将影响读者对论文的整体评价，甚至可能导致读者对论文的可靠性产生怀疑。

其次，数据或案例的选择、处理或解释存在问题。一篇好的数据分析或案例研究应能够清晰准确地反映研究的核心内容，而不是让人产生混淆和疑虑。然而，一些撰写者在选择数据或案例时可能没有考虑它们的代表性和可靠性，导致分析结果无法反映实际情况。此外，有些撰写者在处理数据或案例时采用不当或错误的方法，导致结果失真或不可接受。还有一些撰写者在解释数据或案例时可能存在主观性或不准确，使读者对论文的结论产生怀疑。

（五）结论不明确或不完整

首先，论文的结论未能清晰地总结研究的主要发现和观点。有时，论文在结论部分过于简要或泛泛而谈，未能清晰地呈现研究的核心发现和观点。这将导致读者在阅读论文后对研究的核心内容感到模糊，无法清晰理解撰写者的观点和发现。好的结论应该能够简洁地总结论文的核心内容，并为读者提供清晰的启示和展望。撰写者应通过结论提取和总结研究的关键结果和观点，使读者能够一目了然地理解研究的核心内容和成果。

其次，结论缺乏必要的总结和展望。结论部分不仅是对研究结果的简要总结，还应包括对研究意义、贡献及未来研究方向的讨论。然而，有的撰写者在结论部分只是简单重复研究结果，没有进一步探讨研究的意义和贡献，也没有展望未来的研究方向。这样的结论部分就显得不完整，无法为读者提供全面的视角。此外，结论还应指出研究的局限性和不足之处，讨论未来可能的研究方向和方法。通过这种方式，读者可以更深入地了解，并激发其对未来研究的兴趣和热情。

二、结构混乱或缺乏连贯性

在语言学类论文写作中，结构混乱或缺乏连贯性可能会严重影响读者对论文内容的理解和接受程度。这一问题一般体现在以下五个方面。

（一）段落组织混乱

撰写者在撰写论文时可能会遇到段落之间逻辑关系不清晰的问题。在语言学类论文中，每个段落都应按一定的逻辑顺序排列，以形成一个连贯的整体。然而，如果撰写者没有清晰地展示段落之间的逻辑关系，比如因果关系、对比关系、递进关系等，读者就很难理解每个段落之间如何相互连接和关联。在这种情况下，论文将显得支离破碎，缺乏完整性和连贯性。

此外，还会存在段落内容涉及的主题或论点不一致的问题。一篇优秀的语言学类论文应围绕一个或多个中心论点展开，每个段落都应为这个中心论点提供支持或论证。然而，如果撰写者在一个段落中讨论一个主题，然后在下一个段落突然转向另一个不相关的主题，读者会感到困惑，不清楚作者想要表达什么。即使段落之间的主题有关联，如果缺乏适当的过渡，读者在阅读过程中也会感到跳跃和断裂。

（二）论文结构不清晰

一篇完整的语言学类论文通常包括三个部分：绪论部分应简要介绍研究背景、目的和意义，并为本论部分的展开做好铺垫；本论部分应详细解释研究内容、方法和结果，是论文的核心部分；结论部分则应总结全文，指出研究的贡献和局限性，并提出未来的研究方向。然而，如果论文缺乏这些清晰的部分划分，会使读者难以把握论文的整体结构和思路。

此外，每部分之间关系不清晰也是论文结构不清晰的重要表现之一。在语言学类论文中，各部分之间应有紧密的逻辑联系，形成一个连贯的讨论系统。然而，如果撰写者没有处理好各个部分之间的关系，或者缺乏必要的连接和衔接，会导致读者在阅读过程中感到断断续续。例如，有些撰写者在绪论部分没有充分引导本论部分的内容，本论部分各章节之间缺乏逻辑链接或者结论部分没有很好地总结全文，并指出研究的意义和价值，这些都会使读者难以跟随论文的思路和逻辑，影响对论文的理解和评价。

（三）内容重复或冗余

首先，当论文中出现大量重复或冗余的内容时，会使读者感到啰唆。例如，有些撰写者可能在一个段落中详细阐述某个观点，而在随后的段落中几乎用相同的措辞和例子再次表达同样的观点。这种重复不仅使论文内容显得杂乱无章，还削弱了论文的论证度。此外，如果同样的观点或论点在多个地方反复出现，没有新的补充或深化，那么论文的深度和广度也会受到限制。

其次，过长的句子或段落也会使论文内容难以理解。当句子结构复杂且冗长时，读者可能需要花费更多的时间和精力来理解其含义。在这种情况下，即使句子本身没有重复或冗余，但由于其表达的复杂性，也会导致读者阅读困难。同样，如果段落内容过长且缺乏必要的分段和标点符号，不仅容易出现主语和谓语不呼应的问题，还会使读者感到疲劳并难以集中注意力。

（四）信息组织混乱

在语言学类论文中，通常涉及大量数据、例子和引用。这些信息是支持论文和论点的重要依据，但若撰写论文时这些信息的组织混乱，如没有明确的分类、排序或逻辑关联等，会导致读者很难从中提取出有用的信息，也无法有效地理解撰写者的论证核心。

此外，在撰写者的写作中还存在缺乏明确的信息标注或标识的问题。在论文中，对于一些重要的数据、例句或引用应予以标注或标识，以便读者能够快速辨别这些信息的来源和重要性。然而，在论文中如果存在信息不清晰或缺失的问题，会使读者难以区分哪些信息是关键的、哪些信息是次要的，无法准确把握论文的内容。

（五）缺乏合适的引导和过渡

适当的引导或过渡句在论文中扮演着桥梁的作用。它们可以帮助读者顺利地从一个段落过渡到另一个段落，或从一个主题过渡到另一个主题。但是有些撰写者在写作中缺乏这些引导和过渡，读者可能会感到跳跃和中断，难以把握论文的逻辑关系。

对于论文内容之间的关系和连接，需要撰写者进行详尽的解释和说明。在语言学类论文的撰写过程中，撰写者通常会提出多个观点、分析大量数据或引用丰富文献来支撑其论点。然而，有些撰写者的观点、数据或文献之间缺乏足够的联系，这会使读者在阅读时感到迷茫和困惑，难以形成对论文整体思路的清晰把握。因此，为了确保论文的连贯性和读者的理解度，撰写者应当充分解释和说明内容之间的关联性和衔接点。

三、论证不充分或证据不足

在语言学类论文的写作中，论证不充分或证据不足是一个常见的问题，这可能会导致论文的说服力下降，甚至使读者对论文的可靠性和有效性产生怀疑，具体表现在以下几个方面。

（一）论点不充分

撰写者未能提供足够的证据或深入的论证来支持观点，而是仅仅基于主观意见或猜测来提出论点。例如，某个撰写者论文的主题是探讨某种语言现象的变化趋势。在论文中，此撰写者提出了一个论点，认为该语言现象近年来发生了显著的变化。然而，在论证这一论点时却仅仅基于个人的观察和感受，而没有提供任何具体的实证数据或理论支持，只是简单地陈述自己的观点，并没有深入分析这种变化产生的原因、过程及可能的影响。

由于缺乏充分的论证或支持，这样的论点就显得不够充分。读者在阅读论文时，可能会对这种主观臆断的观点产生怀疑，认为作者的结论缺乏可信度。因为语言学研究需要基于大量的数据和深入的分析，仅仅依靠个人观察和猜测是不足以支撑论点的。

（二）缺乏相关文献支持

有些论文未能充分引用相关的学术文献或前人研究成果来支撑自己的论点，导致论文的论证显得单薄，缺乏学术可信度和权威性。以一篇探讨语言习得中认知因素影响的毕业论文为例，撰写者提出了一个论点，即认知因素在语言习得过程中起着决定性作用。然而，在论证这一论点时，撰写者未能充分引用相关的学术文献或前人研究成果作为支撑。论文中只是简单地陈述了论点，而没有提供任何理论依据或实证研究来支持这一论点。由于缺乏相关文献的支持，这篇论文的论证就缺乏说服力。读者在阅读时可能会质疑论文的观点是否站得住脚，以及撰写者是否真的对前人的研究成果进行了充分的了解和引用。在学位论文中如果没有前人的研究成果作为支撑，全靠自己的观点是很难获得学术界的认可的。

（三）数据不足或不全面

在语言学类论文写作中，数据不足或数据不完整的问题经常导致结论的推广受阻。撰写者的论文旨在探讨某种语言现象在不同社会群体中的分布情况。为了支持论点，其需要搜集和分析相关数据。然而，在实际的写作过程中，某些撰写者可能只搜集了有限的数据或案例，未能涵盖所有相关的社会群体或变量。某些撰写者可能只调查了某个城市的几个社区，而忽视了其他城市或地区的情况。或者，撰写者只关注了年轻人群体，而忽略了老年人或其他年龄群体。这样的数据搜集方法显然不够全面和充分，无法真实反映不同社会群体中语言现象的分布。

由于数据不足或不完整，论文的结论很可能只适用于特定的样本或情境，而无法推广到更广泛的人群或环境中。这样的结论缺乏普适性和可靠性，在语言学领域的研究价值也会受到影响。

（四）分析不深入或片面性

不深入或片面的分析常常导致论文的结论缺乏说服力。例如，某撰写者论文的主题是探讨某种语言现象背后的社会文化因素。为了支持论点，应该对这一现象进行深入和全面的探讨。然而，这位撰写者未能充分考虑可能的影响因素或解释，导致分析不足或不全面。他只关注社会结构对语言现象的影响，忽略了其他重要因素，如文化传统、教育水平和媒体传播等。只是简单地列举了几种可能的原因，但没有对这些原因进行分析和比较，这种分析方法显然不够全面和深入，无法完全揭示语言现象背后的复杂性和多样性。

由于分析不够深入或全面，论文的结论可能缺乏足够的支持，这可能使读者对其可靠性产生怀疑。读者可能会认为论文观点过于片面或简单，因此无法令人信服。

（五）逻辑不严谨

逻辑不严谨的问题可能导致论文论证的混乱和难以理解，进而影响其可信度。以下是一个具体案例，说明了这个问题在实际写作中的体现。某撰写者论文的主题是讨论韩语中因果关系连接词尾用法的演变。当撰写者提出论点时，他首先指出了这种语法的原始用法，并认为随着时间的推移，它逐渐演变成了现代用法。然而，在论证过程中，撰写者未能清晰地展示这种演变是如何发生的，并未提供足够的证据来支持这一论点。具体来说，撰写者在论证过程中存在以下逻辑问题：第一，缺乏清晰的演变步骤；第二，论据与论点不匹配，撰写者提供的证据无法直接支持论点，证据与论点之间的联系不够紧密，导致论证过程显得牵强附会；第三，推理过程存在矛盾或不一致，撰写者在阐述自己的观点时出现了自相矛盾的情况，前后文之间的逻辑关系不够清晰，使读者难以理解其推理过程。由于逻辑不严谨，这篇论文的可信度受到了影响。读者在阅读过程中无法清晰地理解撰写者的论点和推理过程。

（六）缺乏对立观点的讨论

缺乏对立观点的讨论会导致单方面或偏颇的论点，影响学术严谨性和说服力。例如，某撰写者在论文中讨论了语音变化对语言发展的影响，他提出了自己的观点，认为语音变化是促进语言发展的重要因素。然而在整篇论文中，几乎没有提及或讨论与此观点相反或不同的观点。例如，一些研究者可能认为语音变化只是语言发展的一个方面，而不是决定性因素；一些研究可能指出社会、文化因素对语言的影响更重要。由于缺乏对立观点的讨论和分析，这篇论文会给读者留下撰写者过于自信或片面的印象。读者会质疑撰写者是否真正考虑了所有可能的影响因素，或者是否只选择符合自己观点的证据。这样的论文可能难以引发深入讨论或在学术界得到广泛的认可。

四、文献综述不全面或研究方法不当

在语言学类论文写作过程中，文献综述的全面性和研究方法的恰当性对论文的质量和学术价值具有至关重要的作用。然而在实际写作中，撰写者可能会出现一些问题，主要体现在以下几个方面。

（一）文献综述不全面

首先，论文缺乏对相关领域内最新研究成果的综述。例如，某撰写者的论文主题是“韩国语网络流行语的研究”。撰写者在文献综述部分主要引用了5年前的期刊文章和书籍，几乎未提及近几年内出现的网络流行语及其相关研究成果。在这样的情况下，论文就会显得与时代脱节，无法反映出当前韩国语网络语言现象的最新动态和趋势。近年来，有研究者利用大数据和机器学习的方法对网络流行语的传播机制、语义演变等进行了深入研究，并发表了高质量的论文，但这些新成果并未被撰写者纳入综述范围，那么这篇论文的学术价值就会大打折扣。

其次，撰写者忽略了关键研究或者经典著作。再以“韩国语网络流行语的研究”为例，假设在语言学领域有一部经典著作对网络语言的起源、发展、特点等进行了全面深入的讨论，并被很多学者公认为该领域的奠基之作，然而撰写者在文献综述时却未提及这部经典著作，甚至对其中的核心观点和理论一无所知。那么，论文的综述内容就会显得单薄和片面，无法充分反映韩国语中网络语言的研究现状和发展脉络。同时，忽略经典著作也容易导致撰写者在研究中出现重复造轮子的现象，即重新提出或验证已经被前人证实的观点和理论，可能会浪费研究资源和时间。

（二）未考虑多样化来源的文献

在撰写语言学类论文的文献综述时，撰写者应该注重文献来源的多样性。例如，某撰写者的论文主题是“英语习语中文化内涵和翻译策略研究”。在撰写文献综述时，他主要引用了英语习语相关的书籍和期刊文章，而其他来源的文献，如学位论文、会议论文、报告等几乎没有引用。如果有一篇高质量的学位论文详细探讨了在不同文化背景下英语习语的翻译方法和策略，并提出了新颖的观点和见解，但没有被纳入综述的范围，那么这篇论文的综述内容就会显得很片面。同样，如果有一篇会议论文对英语习语的文化内涵及其在英语教学中的应用进行了深入分析，但由于撰写者过于依赖书籍和期刊文章，而忽略了这篇会议论文，那么综述内容也无法全面反映英语习语研究的最新动态和趋势。

此外，报告等其他类型的文献也可能包含有价值的信息和数据。例如，某机构可能发布了一份关于英语习语使用情况的调查报告，其中包含了大量的实际数据和案例分析。撰写者在文献综述时如果不考虑这类报告，就会错过这些宝贵的数据和案例，影响综述的全面性和说服力。

（三）研究方法不当

首先，选择的研究方法与研究问题不匹配。例如，某撰写者论文的研究问题是“不同学习策略对英语词汇习得效果的影响”。然而，撰写者选择的研究方法却是单一的问卷调查，且问卷设计主要围绕学习者的学习背景和学习动机，而非具体的学习策略及其效果，那么研究方法与研究问题之间就存在不匹配的问题。由于问卷调查未能直接针对学习策略及其对英语词汇习得效果的影响，因此该方法在揭示不同学习策略对词汇习得效果差异方面的有效性将受到限制。这样的研究方法选择无法充分回答研究问题，甚至可能导致研究结论的谬误。

其次，研究方法应用不当。例如，某撰写者的论文旨在通过实验研究探讨某种新型日语教学法对口语能力的影响。然而，在实验设计环节，撰写者却存在以下三个问题：一是数据采集方法不严谨。实验过程中的口语能力测试缺乏标准化和客观性，依赖主观评分而非客观评分标准，而且测试环境也不一致，这些因素都可能影响数据的准确性和可靠性。二是样本选择不具代表性。实验样本仅来自同一所语言学校的高级班撰写者，样本数量小就无法代表广泛的撰写者群体，特别是不同水平和学习背景的撰写者，因此研究结果的推广性受到质疑。三是实验设计缺乏必要的对照组。撰写者未设置对照组来比较新型教学法与传统教学法的效果差异。没有对照组的实验设计使研究结果难以确定是由新型教学法本身引起的还是其他因素引起的。

（四）未能评估文献的质量

某撰写者论文的主题是“二语习得中的动机因素研究”。在文献综述部分，撰写者列举了大量与主题相关的文献，包括书籍、会议论文、期刊文章等，然而并没有系统评估这些文献的质量和可信度，而是简单地将它们堆砌在一起，没有进行深入的对比和分析。

这种做法存在两方面问题：一方面，由于缺乏对文献质量的评估，综述内容可能包含了较低质量甚至错误的内容。部分文献来自非权威出版机构、采用不严谨的研究方法，或得出不可靠的结论。将这些文献与高质量文献混为一谈，会削弱综述内容的权威性和可信度。另一方面，未能区分高质量和低质量文献也可能导致重要观点的遗漏。高质量的文献通常包含更深入、更全面的研究，提出的观点也更具说服力。如果撰写者没有足够重视这些文献，可能会错过重要的研究结果和观点，从而影响综述的全面性和准确性。

（五）未能提供对文献的批判性分析

如果撰写者在撰写语言学类论文时没有对文献进行评价，那么综述的内容将显得肤浅且缺乏深度。例如，某撰写者的论文题目是“任务型教学法在韩国语口语教学中的应用研究”。在文献综述部分，他列举了多篇关于任务型教学法在外语口语教学中应用的研究文献，但对这些文献仅仅进行了描述和概括，没有对不同研究之间的优缺点、局限性及适用条件进行深入的分析和评价。

由于缺乏对文献的批判性分析，综述内容无法揭示不同研究之间的差异和矛盾。不同的研究可能基于不同的理论框架、采用不同的研究方法或关注不同的教学重点，这些因素都可能导致研究结果的差异。如果没有对这些差异进行深入的分析和评价，综述内容就无法充分反映研究领域的多样性和复杂性。此外，未能识别不同研究的优缺点和局限性还可能造成对综述内容的误导。每篇研究文献都有其自身的优点和贡献，同时也可能存在局限性或不足之处。如果没有对这些优缺点进行明确的辨析和评价，读者可能会受到片面或误导性信息的影响，无法全面、客观地了解研究领域的真实情况。

第四节　语言学类论文写作的改善方案与解决对策

针对上面提到的语言学类论文写作中常见的问题，改善方案与对策应着重于以下几个方面：明确研究主题与目的，以确保整篇论文的焦点清晰、连贯；合理选择文献和研究方法，确保论据充分、论证严谨；完善论文的结构和逻辑，构建条理分明、层次清晰的论述框架；深入研究和扩展论证，以充实论文内容，扩展其深度和广度。

一、明确研究主题与目的

明确研究主题与目的不仅为整篇论文定下基调，还能确保读者迅速把握论文的核心内容和研究方向。以下是明确研究主题与目的的具体步骤和建议。

（一）清晰地陈述问题和目的

在论文的引言部分应开门见山地阐明研究的目的、核心问题及研究的重要性，可以简要介绍研究背景、现状和研究空白，进而提出研究问题和假设。例如，如果研究的是语言习得中的个体差异，可以明确指出：“本研究旨在探讨语言习得过程中个体差异的影响因素，以及这些因素对学习者最终成就的影响。”这样的表述既清晰又具体，能够让读者立刻明白论文的研究方向。

同时，要避免使用模糊或笼统的表述。比如，“本研究将探讨语言习得的一些方面”这样的句子就太过宽泛、不够清晰，而应使用具体、明确的语句来界定研究范围和主要目标，如“本研究将重点分析学习者年龄、学习动机和认知风格对语言习得速度和质量的影响”。

（二）明确定义和解释术语

在论文开始或相关章节，对使用的关键概念和术语进行定义是非常重要的。这可以确保读者对这些专门术语有清晰的理解，避免因术语歧义而产生混淆。例如，如果论文中使用了“语言习得”“个体差异”“学习动机”等术语，就应该在引言或专门的术语解释部分给出明确的定义。

此外，如果某个术语在论文中有特殊含义或用法，应及时进行解释，并在全文中保持一致，避免读者在阅读过程中产生困惑或误解。

（三）加强论证过程的逻辑性

虽然这一点主要涉及论文的整体结构和论证过程，但也和明确研究主题与目的密切相关。一个逻辑严密的论证过程能够确保论文的每一部分都紧紧围绕研究主题与目的展开，不会出现偏离主题或无关紧要的内容。

为了构建清晰的论证框架，可以在撰写论文大纲时就明确每个部分的主题句、支撑句和结论句，确保论文的每个段落都有明确的中心思想，并且这些思想之间有着紧密的逻辑联系。

（四）结论中重申主题与目的

在论文的结论部分，重申研究主题与目的不仅是对整篇论文内容的回顾和总结，更是对读者理解的一种引导和强化。通过再次提及研究的核心问题和目标，撰写者能够确保读者在结束阅读时对论文的主旨有一个清晰且深刻的印象。

首先，重申研究主题有助于巩固读者对论文整体内容的认知。在漫长的论文阅读过程中，读者可能会因为处理大量的信息和复杂的论证而逐渐迷失方向。在结论部分再次强调研究主题，就像是为读者提供了一盏指路明灯，帮助他们回顾并串联起论文中的各个部分，形成较为完整、连贯的理解。

其次，重申研究目的能够凸显论文的现实意义和价值。研究目的通常与解决某个具体问题或填补某个知识空白紧密相关。在结论中再次强调这一点，可以提醒读者论文工作的重要性和必要性，增强他们对研究成果的认同感和应用意愿。

此外，结论部分也是对研究问题和假设的最终回应。在这里，撰写者需要明确指出研究是否成功地回答了引言中提出的问题、是否验证了最初的假设。通过与研究主题和目的的呼应，结论部分能够为整篇论文画上一个圆满的句号，也帮助读者对研究成果有全面、深入的理解。

二、合理选择文献和研究方法

在语言学类论文写作中，合理选择文献和研究方法对于提升论文的学术价值和可信度至关重要。以下是关于合理选择文献和研究方法的几点建议。

（一）选择文献的建议

第一，确保文献的全面性。在筛选文献时，应尽可能涵盖不同观点、不同研究角度的文献，包括经典著作、最新研究成果等，以便获得全面而深入的信息。

第二，注重文献的权威性。优先选择那些来自知名出版社、学术期刊或者经过同行评议的高质量文献，以确保所引用信息的准确性和可靠性。

第三，关注文献的时效性。在语言学这个快速发展的领域，新的研究成果不断涌现。因此，应尽量选择最新的文献，以确保论文能够反映当前的研究动态和前沿。

第四，追求文献的多样性。除了学术期刊和书籍，还可以关注学位论文、会议论文等不同类型的文献，以获取更广泛的研究视角和观点。

（二）选择研究方法的建议

第一，要与研究问题相匹配。在选择研究方法时，应首先明确研究问题和目的，确保所选方法能够有效地回答这些问题。

第二，要考虑资源限制。撰写者需要充分考虑自身所拥有的资源、时间和技能。选择适合自身条件的研究方法，提高研究的可行性和效率。

第三，借鉴前人经验。查阅相关领域的文献，了解前人使用的研究方法和经验，可以为自己的研究提供有益的参考和启示。

第四，考虑多方法结合。在可能的情况下，可以采用多种方法相结合的研究设计，以充分利用各种方法的优势，获取更全面、更可靠的研究结果。

（三）持续更新和调整

随着研究的深入和文献的积累，需要持续更新和调整所选的文献和研究方法。例如，定期利用学术数据库、期刊网站检索最新文献，关注学科动态和前沿研究成果，并订阅相关期刊和学术资讯，以便及时获取最新研究动态。同时，根据研究进展调整文献、优化文献结构，确保文献与研究问题保持一致，并始终关注文献质量，优先选择权威文献，以提升研究的准确性和可信度。

三、完善论文结构和逻辑

在外语语言学类论文写作中，加强论文结构和逻辑是确保论文质量、提升可读性和说服力的关键，以下是一些具体建议。

（一）构建清晰的引言和结论框架

首先，在绪论部分建立明确的引言框架。①阐述研究领域现状。概述当前外语语言学领域的研究现状，包括主要的研究话题、研究趋势及存在的研究空白。然后说明此研究的重要性，或如何对现有理论进行补充或挑战。②提出此研究问题或假设。这些问题应是尚未得到充分解答或存在争议的，并能够激发读者兴趣的。③说明此研究旨在解决什么问题、达到什么目的，并指出此研究对外语语言学领域的贡献，以及可能的实际应用或社会影响。

其次，在结论部分要构建清晰的结论框架。①概括性地回顾论文中的主要研究结果和发现，确保这些内容与引言中提出的问题相呼应，同时强调此研究对外语语言学领域的贡献，如理论上的创新、实践上的指导等。②直接回答引言部分提出的问题，确保读者能够清楚地理解此研究是如何解决这些问题的。③诚实地讨论此研究的局限性，如样本大小、研究方法等。另外，基于此研究发现的局限性，提出对未来研究的建议或展望，为语言学领域的研究者提供新的研究思路或方向。

（二）合理组织段落内容

首先，确保每个段落有清晰的主题句。主题句是一个段落的开始句或引导句，它明确地概括了该段落的中心思想或主要内容。通过阅读主题句，读者能够迅速了解该段落将要讨论的主题或观点。编写有效的主题句的方法包括：①确保主题句简洁明了，避免冗长和复杂的句子结构；②主题句应该明确反映该段落的主题或中心论点，为读者提供清晰的方向；③尽量将主题句放在段落的开头，有助于引导读者的注意力并使其快速了解段落内容。

其次，保持段落内部的连贯性和一致性。①使用恰当的转折词、连接词和短语来连接段落中的不同句子和观点，使它们形成一个有机的整体。例如，“然而”“另外”“此外”等词语可以用于引导读者理解不同句子之间的关系。另外，避免使用无关的信息或突然的话题转换，这可能会破坏段落的连贯性。②确保段落中的句子都围绕同一个中心思想或主题展开，避免出现离题的情况。如果有必要引入新的概念或术语，应该在引入时给出解释或定义并保持段落内容

的一致性,便于读者理解。

最后,实现段落之间的流畅过渡。过渡是指在不同段落之间建立逻辑联系和顺畅流转的过程。好的过渡能够使论文的各个部分紧密相连,形成一个完整、连贯的整体。实现流畅过渡的方法包括:①使用过渡性词语或短语来连接不同段落,表明它们之间的关系,“综上所述”“进一步来说”“与此相反”等词语可以用于引导读者理解不同段落之间的逻辑联系;②可以在段落末尾或开头提及下一段将要讨论的内容作为引入或总结,有助于建立段落之间的联系并实现平滑过渡;③避免在不同段落之间重复使用相同的过渡词语或短语,这可能会让读者感到单调,应该尝试使用多种不同的过渡手法来增加论文的多样性和吸引力。

(三)确保论证过程逻辑清晰

首先,论证有序,包括选择合适的逻辑顺序和组织论据。一方面,在构建论证时,应根据论文的主题和目的选择合适的逻辑顺序。常见的逻辑顺序包括因果顺序(从原因到结果或从结果到原因)、比较顺序(对比不同观点或现象)、时间顺序(按照事件发生的时间先后)等,合适的逻辑顺序有助于读者更好地理解论证思路。另一方面,论据是支持论点的证据或理由。在论证过程中,应按照逻辑顺序组织论据,确保每个论据都与论点紧密相关,并能够有效地支持论点。同时,要注意论据之间的逻辑关系,避免出现逻辑上的矛盾或重复。

其次,使用连接词和过渡句。连接词是用于连接句子或段落中不同部分的词语,有助于建立句子和段落之间的逻辑关系。在外语语言学类论文中,常用的连接词包括“然而”“因此”“此外”等,使用这些连接词可以使论证过程更加流畅和易于理解,有助于引导读者理解论文的结构和论证思路。通过运用过渡句,可以将不同段落或不同部分的内容有机地连接起来,形成一个完整、连贯的论证过程。

此外,在论证过程中,要确保每一步推理都是基于合理的假设和充分的证据进行的,避免出现逻辑上的跳跃或断层。在整篇论文中,要保持论证风格和逻辑结构的一致性,避免出现前后矛盾或逻辑混乱的情况。在初稿完成后,要反复修改和润色论文,也可以请导师或同学对论文进行审阅并提出修改意见。

(四)优化信息组织结构

首先,选择合适的信息组织方式。如果研究涉及外语语言学的发展历程、某个理论或方法的演变过程,时间顺序是有效的信息组织方式。按照时间先后排列信息,有助于读者清晰地了解事件或思想的发展脉络。然而,对于涉及不同地域或文化背景下的语言学研究,空间顺序可能更为适用。例如,比较不同国家或地区的语言使用习惯、语言政策等,可以根据地理空间进行组织。另外,逻辑顺序也是常用的信息组织方式,它根据论文的内在逻辑关系和论证需要来排列信息。例如,撰写者可以先提出问题,然后分析原因,接着提出解决方案,最后得出结论。

其次,利用标题和子标题导航。标题是论文的“眼睛”,应简洁明了地概括该部分的核心内容。一个好的标题能够让读者迅速了解该部分的主题和重点。子标题用于进一步细分论文的各个部分,帮助读者更好地理解论文的结构和层次关系。建议使用不同级别的子标题来区分不同的内容层次。通过合理使用标题和子标题,撰写者可以为读者提供一张清晰的“路线图”,帮助他们快速定位和理解论文内容。这对于篇幅较长的毕业论文尤为重要。

此外,在整篇论文中应保持信息组织方式的一致性,不要频繁变换信息组织方式,以免使读者感到困惑。在不同部分或层次之间使用过渡性词语或句子,有助于读者理解它们之间的关系和逻辑联系。如有必要,可以使用图表、示意图等辅助工具来展示复杂的信息或数据,提高论文的可读性。

（五）强化支持性证据和案例

首先，提供充分的证据和案例。第一，在搜集证据和案例时，务必确保来源的可靠性。优先选择来自权威出版机构、经过同行评审的文献，以及来自官方或可信赖的数据源。第二，提供的证据和案例应与论文的论点和主张直接相关。避免引入无关或弱相关的内容，以免分散读者的注意力。第三，在论文中详细阐述证据和案例的具体内容，展示它们是如何支持该论文观点的。必要时，可以使用引号、图表或图片来辅助说明。

其次，使用多种论证方法。除直接引用相关文献来支持论点外，还可以对文献进行综述和分析提炼出支持自己观点的证据。如果研究涉及量化数据，可以通过数据分析来提供证据。使用适当的统计方法对数据进行分析和解读，可确保结论的准确性和可靠性。然而，对于某些特定主题或研究问题，实地调查可能是一种有效的方法。通过访谈、观察或问卷调查等方式搜集一手数据，为论文提供独特的支持性证据。另外，选取具有代表性的案例深入分析，可以生动地展示自己的观点在实际应用中的有效性，确保所选案例与论文主题紧密相关，并具有说服力。

虽然提供充分的证据和案例很重要，但要避免信息过载。保证引入的内容都是必要的，有助于推进论证过程。引入证据和案例时，要保持逻辑清晰，确保读者能够跟随自己的思路。

（六）运用批判性思维

首先，保持独立思考。对于任何给定的观点、理论或研究结论，都不要轻易接受。先提问，然后对其进行质疑，并尝试从不同的角度去思考。另外，在提出问题后，要进一步深入思考这些问题的可能答案或解释，这有助于发现表面背后的问题和复杂性。

其次，客观评价文献和数据。在引用或分析任何文献或数据之前，先进行全面的审查。这包括了解作者的背景、研究方法、数据来源等。对文献或数据进行批判性分析，不仅要看到它们所支持的观点或结论，还要考虑它们可能存在的局限、偏差或不足之处。如果发现文献或数据存在问题或不足，可以尝试提出改进意见或建议。这不仅能够展现自己的批判性思维能力，还有助于推动该领域的研究进步。

最后，运用批判性思维的写作技巧。第一，在论文中明确表达自己的立场和观点，但要确保这些立场和观点是建立充分的证据和批判性分析基础上的。第二，在论证过程中，使用有力的证据和案例来支持自己的观点，并对反对意见进行恰当的回应。第三，在撰写论文时，保持清晰的逻辑结构，使读者能够容易地理解论点和论证过程。第四，使用准确、清晰且具有批判性的语言来表达自己的观点和立场，避免使用模糊或含糊不清的表达方式。

（七）反复修改和审查论文

首先，多次修改和完善。初稿完成后，先进行一次自我评估，检查论文的整体结构、逻辑性和连贯性。要特别注意论点是否明确、论据是否充分、论证过程是否严密。在随后的修改中，要关注论文的细节部分，如语法错误、拼写错误、标点符号使用不当等。这些细节问题虽然看似微小，但能影响论文的整体质量和读者的阅读体验。如果发现论文的结构不够合理或逻辑不够清晰，应及时进行调整。可以尝试重新安排章节顺序，或者增减一些内容来使论文更加完善。另外，在修改过程中，要不断优化论文的语言表达。尽量使用准确、简洁且专业的术语来描述自己的观点和论证过程，避免使用模糊或冗长的句子。

其次，请教导师。在修改过程中，可以请教导师的意见和建议。导师通常具有丰富的学术经验和敏锐的洞察力，能够给学生提供有益的启发和帮助。但在请教前，要明确自己的目的和问题所在，这样可以使自己有针对性地听取导师的建议，提高修改效率。当导师给出反馈时，要虚心接受并认真对待。即使有些建议可能与自己的初衷不符，也要从中寻找积极的一面，尝试将其融入自己的论文中。

四、深入研究和扩展论证的策略

在语言学类论文写作中，深入研究和扩展论证是确保论文质量、提升学术价值的重要环节。为达成这一目标，我们需要采用一系列的策略来丰富论文的内容，增强论证的力度，使研究具有创新性和前沿性。

（一）广泛查阅文献

第一，将研究主题细化为具体的子问题或方面，缩小查阅范围、提高效率。

第二，利用图书馆和在线资源，如学术数据库、电子期刊和图书馆网站等，方便地获取相关文献。

第三，在查阅文献时，我们应该重点关注经典著作，了解学科的发展脉络和核心观点，也要关注最新的研究成果，了解当前的研究动态和趋势。

第四，语言学与其他学科如心理学、社会学、人类学等有着密切的联系。因此，我们可以尝试跨学科查阅，引入其他学科的理论和方法。

第五，关注文献中的引文追踪和参考文献部分，同时利用学术搜索引擎的引文追踪功能，查找某篇文献被其他文献引用的情况，进而发现更多的相关研究。

（二）深入分析和批判性思考

第一，系统地梳理已有文献的内容，把握其主要观点、研究方法和结论。

第二，在分析文献时，不仅要关注其优点和贡献，还要审视其局限性和不足之处。例如，考虑文献中的研究方法是否严谨、样本是否具有代表性、结论是否可靠等问题。

第三，对于同一研究问题，不同的学者可能持有不同的观点和使用不同的研究方法。通过对比这些观点和方法，可以发现其中的差异和共同点，进而深入探究问题的本质和复杂性。

第四，在分析文献时，要敢于质疑和挑战已有观点，通过逻辑推理和实证分析来验证或推翻这些观点。

第五，将已有文献的分析与自己的研究兴趣和目标相结合，进行深度思考。思考已有文献如何与自己的研究问题相联系，以及如何在已有研究基础上进一步拓展和创新。

（三）拓展研究范围

首先，要多角度审视研究问题，包括探讨语言使用与社会文化背景的关联，揭示外语学习过程中的认知机制，分析教育政策与实践对外语学习的影响。这些角度有助于全面深入地理解外语现象，并推动外语研究的发展。

其次，跨学科视角的融合。例如，语言学与心理学的交叉研究，语言学与人类学的交汇，以及语言学与计算机科学的结合。这些跨学科合作有助于全面地理解语言现象，并推动语言学研究的创新与发展。

最后，引入其他学科的理论和方法，包括借鉴社会学理论分析外语在社会交往中的作用，采用心理学实验方法研究外语学习过程，以及利用数学和统计学工具进行语言数据的量化分析和建模。

（四）积极探索新观点

首先，跟踪语言学领域的最新研究成果和趋势，了解当前的研究热点和前沿问题，阅读权威期刊和学术会议论文，关注该领域专家学者的观点和讨论，从中获取灵感和启发。

其次，对已有的语言学理论和观点进行批判性思考，发现其中的不足之处或局限性。尝试从不同的角度或层面重新审视问题，提出与传统观点不同的新观点或假设。

最后，提出新观点后，要对其进行详细的论证和解释，说明其合理性、可行性和创新性。此外，要提供充分的支持性证据，如实验数据、案例分析、文献引用等，以证明新观点的有效性和可靠性。

（五）加强案例分析和实证研究

第一，在研究过程中，需有针对性地选择具有代表性的语言现象、社区或实践场景作为案例，确保案例与研究问题和目的紧密相关，同时考虑不同语言、文化和社会背景的案例，以全面揭示语言现象的本质和多样性。

第二，通过运用多种方法搜集案例数据，确保数据的真实性和完整性。随后对案例进行细致描述和分析，同时结合语言学理论进行深入探讨，以揭示语言现象与理论间的联系和差异，进而提出新的观点和发现。

第三，通过设计合理的实验方案，采用统计学等量化方法处理和分析数据，揭示语言现象间的关联和规律，同时对实证结果进行深入解释和讨论，结合理论框架提出新的认识或解释，以加强对外语现象的实证研究。

第四，案例分析与实证研究应相互印证，以增强论文的说服力和可信度。通过实证研究结果验证案例分析的结论，或用案例具体说明实证研究的应用场景，同时综合讨论两者结果，提炼新观点、全面深入解答研究问题。

第五，在案例分析和实证研究中，严格遵守学术规范和伦理要求。引用数据、文献和观点时需规范标注出处，避免学术不端行为。

综上所述，本章对语言学类论文的写作进行了细致的探讨，从论文的概念、特点、写作要点到常见问题及改善方案，为读者提供了全方位的指导。语言学类论文作为学术研究的重要载体，其写作不仅要求具备清晰精确的表达和合理的结构逻辑，还需深入研究语言现象，结合理论与实证进行论证。针对写作中常见的问题，如内容不明确、结构混乱、论证不充分等，本章也提出了相应的改善方案，旨在帮助读者提升论文质量，深化对语言学领域的理解。总之，语言学类学位论文的写作是一项系统工程，需要作者严谨治学、广泛阅读、深入思考，才能创作出高水平的学术成果。

第七章

文化类学位论文的写作

文化类论文是外语专业学位论文选题的典型方向之一，也是外语专业学生在选择研究方向时偏爱的方向之一。高校外语专业已有课程中，多数没有专门设置与外国文化相关的课程，外语专业文化类学位论文选题的灵感多来源于精读课本的背景知识。课本中介绍的异国文化颇具特色，这些独特的外国文化与本土文化相比存在显著的差异性，能够给学生带来新鲜感，更容易激发他们的兴趣，因此很多学生在撰写学位论文时会选择文化类方向。由于文化类论文的具体研究内容涉及领域较广，可选择范围较大，所以在很多外语专业学生心中带有“好写”“想写什么写什么”“资料多”等标签，但这种固有印象并非全部正确。

从以往选择撰写文化类学位论文的学生状态来看，很多人在确定写文化类论文之前其实并没有想清楚要研究什么，也不知道通过研究想要获得什么，不明白选择该方向进行深入研究的学术价值和理论意义，只是单纯地对某一具体文化现象感兴趣，就直接确立了撰写文化类学位论文，这不仅会为后续开题及撰写论文初稿等埋下困惑的种子，还会使最后取得的研究结果偏向于一般通用结论，学术价值和理论意义不明显。纵观各科各门类先行研究及课程安排，专门研究文化类论文写作的专著和论文并不多，开设文化类论文写作课程的高校甚少，存在文化类论文写作课程教学体系不完整、先行研究资料不充足等问题，撰写者实际上对文化类论文的相关学术认知较为单薄，所以才会出现认为文化类论文“好写”的错误认知。

要想写好文化类论文，必须了解文化类论文的概念，知道文化类论文有何特点，把握好大方向才能更好地开展具体工作。本章将从概念开始，过渡到介绍文化类论文的内涵与意义，并阐释文化类论文的特性；阐述撰写者应掌握的文化类论文的写作要点；剖析外语专业学生撰写文化类学位论文时常出现的错误，分析其产生的原因和来源；最后提出相应的改善方案和解决对策来规避问题，层层递进式对文化类学位论文进行深入剖析，引导学生有条理、有想法地撰写，并为其提供一定的理论支撑。

第一节　文化类论文的概念和特点

文化类论文的撰写需要遵循学术规范与标准，确保研究内容的深度与广度。在选题上，撰写者应聚焦具有学术价值和现实意义的文化现象，避免泛泛而谈。研究还需具备科学性、合理性，采用适当的方法论，确保数据的可靠性与有效性。在分析过程中，应深入挖掘文化现象背后的内在逻辑与规律，避免表面化地单纯叙述文化现象。结论部分应清晰明确，总结研究发现，并提出具有创新性的见解和建议。要想写好文化类论文，不仅要了解本国文化和他国文化，还需要具备一定的历史基础。这是因为文化类论文本身具有历史性，某一文化现象的形成必然会涉及当时的历史背景、社会条件。文化本身具有一定的历史性，很多高校开设的文化类课程甚至是直接与历史课融合在一起的，在撰写文化类论文时或多或少地会接触到与历史相关的内容，可以说文化和历史是不分家的存在。因此，外语专业学生在撰写文化类论文时不仅要具备足够的文化类知识，还要具备足够的历史知识，只有在掌握好本土文化、本土历史、外国文化、外国历史的基础上才能写好文化类论文。

一、文化类论文的概念

所谓文化类论文，广义上是指对文化领域内容进行深入研究的论文。文化包括精神和物质两个方面，是人类在历史发展中创造的物质财富和精神财富的总和。所以从广义上讲，文化类论文选题既可以包括实际存在的“物质财富”，如文化遗产等；也可以是“精神财富”，如传统习俗等。文化不仅仅局限于某一个国家或地区，也可以跨越国界，形成跨文化现象。外语专业文化类学位论文多是将中外文化进行横向比较，旨在通过深入分析和对比不同文化之间的联系和异同点，探讨某一类具体的文化现象给社会发展带来的影响，或是受社会因素的影响形成了某种文化现象。文化类论文囊括了各类文化现象，因此，选题范围较为广泛。

外语专业文化类论文选题主要可以分为两个典型方面：一是深入研究外国文化，对外国文化的某一具体文化现象进行剖析，或横向研究某一时代的特性，或纵向研究其发展过程。该类型具有明显的国别特征，比如德语专业撰写者必然研究德国文化，法语专业撰写者研究法国某种文化现象；二是对比中国文化与外国文化，对某一具体的文化现象进行研究，更侧重文化内涵、文化形式等的对比，分析两国文化的异同与联系，并阐释造成文化异同的现实原因和社会原因。文化类学位论文选择后者进行研究的占绝对优势，因为对于毕业生来说，更容易发现中外文化现象的异同点，所以更倾向于选择撰写中外文化对比的论文。一般而言，学位论文选择一个具体的文化现象、文化门类进行深入研究或对比研究即可，因为文化本身就是一个宽泛的概念，如果选择研究的角度不具体或者过大，后续深入研究会很难进行，研究结果也会不理想。一方面学位论文是大部分撰写者第一次写论文，难度不宜过大；另一方面即使想要深入研究一个具体的文化类论题，也需要弄清文化现象的内涵、文化现象的起源、如何发展、最终是如何演变的。由于涉及外国文化，在本土查找相关资料的难度较大，工作量相对而言也较大。为了提高撰写者对论文写作的积极性、做好深入研究，外语专业文化类学位论文选题应当具体化。

二、文化类论文的特点

（一）多样性、多维度

1. 文化现象具有多样性

文化是一个包罗万象的领域，包括艺术、历史、文学、宗教、社会习俗、价值观念等多个子领域，涵盖从古代文明到当代社会的各个方面。外语专业的撰写者在撰写文化类论文时，主要体现在涉及跨文化交际、文化产业与全球化、移民与多元文化、文化比较研究等。从选题角度上看，文化类论文研究对象包括文化起源、文化传播、文化认同、文化遗产、饮食文化、运动文化、影视作品、校园文化、服装品牌文化、企业文化等。此外，随着科技的快速发展，数字文化和网络空间也成为文化研究的前沿。若想全面研究某一文化现象，还需要研究文化现象的影响因素，如地域和环境、历史和传统、经济和政治；还包括文化的表现形式，比如语言和文字、视觉和艺术、风俗和习惯；还有文化的传播与交流，比如媒体和技术对文化的影响、跨文化交流的挑战与机遇、文化可持续发展的策略；甚至有些文化现象还涉及文化的经济效益与社会价值，比如文化产业的重要性和发展潜力、文化遗产的保护与利用、文化多样性的重要性等。除此之外，

由于外语专业文化类学位论文多为中外文化对比类型的论文，所以还会涉及不同文化之间的相互影响、文化传播和文化认同的研究。无论从哪个角度研究哪类文化现象，文化类论文都具有复杂性、融合性、多样性、多层次性，从多角度、多维度选题是外语专业学生倾向撰写文化类论文的原因之一。

2. 理论框架多维度

文化现象的研究可以借鉴几种理论框架，如社会学、人类学、心理学、哲学等。撰写者在撰写论文过程中需要综合多学科的理论来深入分析文化现象，这就要求撰写者具有跨学科的知识储备和一定的理解能力。文化类论文往往需要依托符号学、后殖民理论、建构主义等一定的理论框架来进行分析，依托霍夫斯泰德的文化维度理论、贝尔纳特的文化休克理论等支撑进行深入研究，这些理论可以为论文提供深度分析工具。文化类论文通常采取文化相对主义的观点，认为不同文化之间不存在绝对的优劣之分，而是各有特色、各有价值的。此外，外语专业撰写者往往会关注本国和所学外国语言国家的文化，论文可能涉及跨文化比较，从而展现出文化的全球性和相互联系。另外，文化类论文不同于其他方向学位论文，可以采用不同的写作形式和表现方式，如比较文化分析、历史考证、文本解读、实地调研等，以展现撰写者的独特视角和思考方式，从而写出有学术价值和理论意义的学位论文。通过这些研究，不仅能够增进对不同文化的理解和尊重，也能促进跨文化交流和国际合作。总之，外语专业的文化类论文选题广泛，为撰写者提供了丰富的素材和广阔的视野。

（二）跨学科性

文化类论文的跨学科性质体现在它融合了多个学科领域的理论与方法。在哲学领域，文化现象的研究可能会借鉴现象学、解释学、伦理学等理论来分析文化实践和文化产品的意义。同时，文化现象的研究也与社会学、人类学、历史学、语言学、艺术学等学科紧密相连，利用这些学科的研究成果和方法论来探究文化现象的多维性。随着文化现象研究的深入，新兴的与文化现象相关的跨学科领域如文化心理学、文化神经科学等逐渐兴起，进一步拓宽了文化现象研究的边界，将心理学、生物学等自然科学的研究视角、研究方法融入文化现象的分析中。因为文化现象本身所涉及的领域较为丰富，所以文化类论文非常注重学科的交叉与融合，其中与"文化类"内容连接最紧密的便是历史，很多高校外语专业没有单纯地设置文化课，而是设置了"历史与文化"课程，外语专业撰写者在学习外国文化时，除了精读书的背景知识外，一般是按照学习历史的顺序学习外国文化，在学习历史的过程中了解外国文化知识。也正因如此，很多学位论文都是从纵向角度撰写某一文化现象的发展历史、发展特征。此外，研究文化交流中的语言使用和语言变化，分析语言与文化之间的关系，涉及语言学；分析文化在社会结构和社会关系中的作用和影响，涉及社会学；探讨文化现象背后的世界观、人生观和价值观，涉及哲学等。因此，文化类论文在研究过程中往往需要跨学科地整合不同学科领域的理论和方法，以实现对文化现象的深入理解和全面阐释。这种跨学科的研究方法、研究视角不仅能够促进知识的整合与创新，也彰显了文化现象的复杂性。此外，随着全球化的深入发展，文化现象研究越来越强调跨文化交流和比较，这进一步要求学位论文能够融合不同文化背景下的研究成果和视角，使撰写者实现跨文化的对话和理解。因此，外语专业文化类学位论文的跨学科性是对文化现象研究复杂性的响应，也是对撰写者综合运用多学科知识能力的考验。

（三）跨文化视角

跨文化视角意味着在研究和分析文化现象时，不仅仅局限于某一文化现象内部的视角，而是将不同文化现象之间的互动、比较和影响作为重要的研究维度。这样做的目的是更全面地理解文化现象的复杂和变化特征，以及在全球化背景下实现文化现象之间的交流。撰写者在撰写学位论文时，通常会采用跨文化比较的方法，探讨不同社会背景下的相似性与差异性，以及文化因素如何在不同社会环境中发挥作用。此外，这种视角鼓励撰写者批判性地思考文化霸权、文化相对主义等概念，提出更为深入和独到的见解。因此，外语专业文化类学位论文的跨文化视角不仅是专业知识的要求，也是撰写者全球视野和跨文化交际能力的体现。

外语专业文化类论文往往采用跨文化的视角来分析和比较不同文化现象之间的相似性与差异性，撰写者需要关注文化价值观、信仰、习俗、艺术、文学等方面如何在不同语言和文化背景中表现和传递，并对此进行深入研究。外语专业文化类学位论文的写作一般分为两个方向：一是专门深入研究外国文化；二是对比研究中外文化。据以往外语专业学位论文数据来看，文化类学位论文的选题大部分是将中国文化与外国文化进行对比。这一点相对而言较好理解，因为大部分撰写者在对外国文化现象感兴趣的同时，会自然而然地将之与熟悉的中国文化现象联系起来、进行横向对比。在难以确定选题的情况下，当撰写者发现两国文化现象具有可比性时，很容易将中外文化对比确立为最终选题。此外，单一研究外国文化现象，或单一研究本国文化现象的中外学者大有人在，该类学者本身具有天然优势，与之相比，高校外语专业的毕业生很难将单一的外国文化现象研究得比外国学者更透彻。对于文学类论文撰写者来说，因为有专门研究中国文化与历史的文学院撰写者和历史学院撰写者，单一的深入研究要比中外文化对比研究难得多，所以在选择撰写文化类学位论文时，撰写者会有意识地将已知的本土文化与外国文化进行对比，这就使文化类学位论文具有明显的横向比较倾向。也正因如此，文化类论文常常能够反映和探讨文化间的对比和碰撞，研究文化认同、文化冲突、文化传承等问题。

（四）外文文献资料匮乏

在研究外国文化时不可避免地需要查找大量的外国资料，中国本土虽然存在与外国文化相关的资料，但大部分是泛泛而谈，或对某一文化现象的记录，或其主要目的在于传播外国文化，并不适合用作学术研究的参考文献。某一类别的文化现象在实际生活中究竟是怎样体现的、有怎样的价值，是没有办法实际得知的，这就需要外文文献来支撑论点。首先，外语专业文化研究涉及的内容众多，并非所有文化现象都有相应语言的详尽文献记录。特别是一些地域性文化，其文献资料可能主要存在于当地语言中，外语专业撰写者很难详尽获取。其次，外国高质量的文化类学术出版物往往集中在某些国家和地区，尤其是英语国家。非英语国家的学者在进行文化类研究时，可能难以获取足够的外文文献资源。外文资料本身很难获取，只能搜集发布到互联网上的相关学术论文，但由于大环境原因，很多文化类外文资料并没有对外开放。此外，文化类论文具有历史性，外语专业撰写者在了解相关文化内容时，需要掌握当时的时代背景、历史因素等，作为外国人的我们很难获得原版外文资料。即使存在外文文献，翻译的质量和时效性也可能会遇到问题，大部分撰写者只能获得一些译本或者流传很久的版本，由于研究并不是在原版文献资料的基础上进行的，所以研究结果很容易被推翻，只具有短期的有限的学术价值和理论意义。此外，阅读外文文献也是一项难度较高的任务，特别是文化类论文往往会涉及外国当地独有的专有词汇，这种专有词汇外语专业撰写者在日常语言学习中是接触不到的，所以即使拥有了外文原版材料，撰写者也很难透彻理解，这使文化类论文的研究难上加难。

（五）具有客土性、通俗性、历史性

无论是研究中外文化现象对比还是外国文化的某一门类，这些文化现象都是扎根于外国

社会文化的基础上衍生出来的，因此和其他类论文相比，文化类论文的客土性较强，能够从侧面反映出当地的风土人情，对语言学习有极大的辅助作用。同样，客土性也存在一些弊端，因为反映的是当地的风土人情，如果不去实践了解，很难发现有价值的研究点，写出来的论文很容易变成具有叙述特点的与文化相关的散文，这样论文便失去了学术价值。文化类学位论文研究的是一个国家的文化现象，撰写者在研究时必然会选择能够代表外国的特色文化，这类文化现象往往不是直接新创的，而是经过了漫长的发展一步一步形成的。文化现象多数是可以追溯其历史的，因此对于普通大众而言，即使对外国文化一时不能接受，但追溯其根源，对文化有了更深刻的了解后，外国文化就容易理解了。

了解一个国家某类文化现象并不需要高深的学术造诣，通俗性的语言表达更易吸引读者的阅读兴趣，也会更好地为后续研究者提供易于理解的先行资料。很多外语专业学生学习文化是在学习历史的过程中进行的，文化现象通常具有丰富的历史背景和社会背景，很多文化类论文会分析造成该种文化现象的历史原因，所以在撰写文化类论文时，撰写者会有意识地添加历史因素、历史条件、社会背景，通过深入探讨文化现象的演变和发展过程，侧面反映文化的持久性和影响力。文化本身就具有历史性，所以在撰写文化类论文时不仅要求撰写者对文化有深入的了解，还要求撰写者具备相关的历史知识。

（六）主观性较强

首先，文化类学位论文的主观性体现在对文化现象的解释与解读上。由于文化是一种复杂的社会现象，涉及价值观、信仰、习俗等多个层面，不同的研究者往往依据自身的学术背景和理论框架，对同一文化现象给出截然不同的阐释。这种主观性使得文化类论文在探讨文化本质、文化传承与文化变迁等议题时，呈现出丰富多样的学术观点。

其次，研究方法的选择也体现了文化类学位论文的主观性。研究者可能采用历史文献分析、田野调查、民族志书写等多种方法，而这些方法的选择与应用，无疑会受到研究者个人兴趣、研究目的及资源条件等因素的影响。因此，即便是针对同一研究对象，不同的研究者也可能采用截然不同的研究方法，从而得出自己的研究成果。

此外，文化类学位论文的主观性还表现在对研究结论的提炼与表达上。研究者需要基于搜集到的数据和资料，进行归纳、分析与推理，最终得出自己的研究结论。这一过程中，研究者的学术素养、逻辑思维及表达能力等因素，都会对结论的客观性与准确性产生影响。

第二节　文化类论文的写作要点

概括来说，文化是人类在实践中获得的物质生产能力、精神生产能力，以及创造所得到的物质财富、精神财富。具体来说，文化是指精神生产能力和精神产物。文化既是一种精神产物，传承在一代又一代人的脑海中，又附着于物质之上，透过陈旧的物体，可以窥见几百年前，甚至几千年前的人类活动。文化既是一种社会现象，又是一种历史现象。文化从社会中产生，沉淀成历史，又作为历史给予下一时代的人类新的启发和灵感。文化既能被传承，又能被传播。文化体现着一个民族或一个国家的价值观念、思维方式、生产方式、科技艺术，其所涵盖的范围广、内容多。想要写好文化类论文不容易，那么在写作中都有哪些要点需要注意呢？

一、选题范围不可过大

选题是论文写作中非常重要的一部分，一个好的选题，会让论文写作事半功倍。首先，可以从兴趣出发。结合个人的特长和兴趣选择最感兴趣的题目。兴趣是最好的老师，选择了擅长和感兴趣的领域，才能写出有特色的论文。其次，应当考虑论文的价值和实际应用。题目应在理论上具有实际意义，并对现实生活或存在的问题有指导意义。

在对外国文化类论文进行选题时，最重要的一个要点是题目的范围不要过大。举个例子，外语专业学生非常热衷的一类选题就是中外饮食文化对比。对从来没有进行过论文写作的人来看，似乎并不会发现什么问题。可是仔细斟酌过后，就会发现这一类选题的范围实在过大。比如，中国人的餐桌礼仪，传承数千年的茶文化，甚至一种简单的食物都能代表不同时期和不同思想的情感。当吃粽子的时候，我们是为了纪念慷慨赴义的屈原。当吃月饼的时候，我们是在致敬中华上下五千年、中华儿女对月亮不可言说的好奇与崇拜。例如，诗人施景琛在《咏月饼》中写道："饼儿圆与月儿如，更兆嘉祥食有余。"这诉说的是中国人骨子里刻下的对团圆的美好祝愿。宋代诗人苏轼在《月饼》中写道："小饼如嚼月，中有酥和饴。默品其滋味，相思泪沾巾。"这则是借助月饼抒发对亲朋好友的思念之情。一种简单的食物，可研究的内容都如此深入和广泛，那么以中外饮食文化对比作为选题就很难对其进行深入、全面、细致的研究，所以要尽量避免范围特别大的选题。

在明确论文的研究目的后，有必要选择一个具体且有意义的主题来展开，如特定国家的某一文化传统、不同国家文化的冲突与融合、文化对本民族乃至对周边国家发展的影响等。研究目的明确且范围较小的主题有助于我们集中优势深挖，这样的论文才可称其为真正的"研究"，否则就是学术价值很低的泛泛之谈。

二、充分了解相关文献

前期准备在论文选题中占据非常大的比重，关注先行研究和资料来源是工作的第一步。众所周知，外国文化类论文的先行研究整理是较为烦琐和复杂的。因为先行研究不仅涉及国内的研究状况，还要充分考虑国外。同样一类选题，如果只注重某一国家的研究现状，很有可能会导致辛苦研究出来的结论在其他国家早已出现。即使语言不同，研究出来的内容如果有重复，论文也会失去价值。在撰写论文时，充分了解相关文献是至关重要的步骤，它可以构建坚实的理论基础、明确研究方向，并为研究提供支持和论证。那么，文化类论文应怎样有效地搜集和理解相关文献呢？

（一）关键词搜索

文献搜集要做的就是明确论文写作的关键词，比如想写一篇关于中外新年文化习俗对比的论文，可以使用"新年""习俗""对比"等关键词在学术数据库和图书馆目录中进行查找和使用，常用的学术数据库包括知网、万方、维普、Google Scholar 等。

（二）文献综述阅读

在正式撰写外国文化类论文前，需要阅读相关领域的文章，这些文章不仅会对该领域的研究现状进行总体概述，还会涉及主要论点和目前研究的争议点，为研究提供宏观视角。

（三）借鉴参考书目

在阅读外国文化类论文的参考文献时，应仔细观察文献中作者引用的参考书目。这些往

往是这一领域内的重要文献,也是值得自己参考和借鉴的好文章。

(四)评估文献质量

还有一点值得注意的是,在找到相关文献后要注重这些文献的质量和相关性,最好优先参考和使用在期刊上发表的文章、权威出版社出版的书目。任何领域的研究都不是停滞不前的,而是一步步推陈出新的,因此,相关文献的发表日期也是选择参考论文时需要注意的一点。此外,还要关注作者的专业背景和在学术界的声誉,这些都是能快速筛查出高质量文章的方法。

(五)批判性阅读

在阅读文献时,我们不应只是一味地借鉴,而是应该带有批判性的思维来选择。不仅要理解作者的观点和论据,还要考虑其提出的观点是否合理、研究的数据和结果是否准确、结论在当今时代是否仍然有效。

(六)做笔记和摘要

在阅读文献时最好随时做详细的笔记,包括但不限于研究的背景、研究方法和研究结论。有很多撰写者反馈道:在阅读文献时迸发了不少灵感,但这些灵感都是转瞬即逝的,如果不及时记录,事后很有可能会忘记。因此,及时做好笔记和摘要有助于信息的整理和回顾。

(七)持续更新

正如前文所言,学术的研究是不断发展的。哪怕已经整理好了先行研究,在撰写论文时也要定期检索最新文献,以确保研究是基于最新的研究成果的。

(八)参与学术会议和讲座

在有条件的情况下,可以尝试参加相关的学术会议或讲座。这不仅可以接触到关于这一问题研究的最新成果,而且有机会和这一领域的专家进行交流,他们给出的宝贵意见也会对论文写作有很大的帮助。

(九)与导师和同学讨论

在搜索和阅读完文献之后,及时与导师和同学讨论,他们的反馈和建议可以帮助自己更深入地理解文献,指导自己的研究方向。

三、尊重文化差异

在论文写作之前,我们要清楚地认识到文化差异的存在是正常的,这也是民族化、世界化的一个重要特征。每种文化都有存在的原因和背景。不能因为文化的不同,就对某种文化产生轻视甚至歧视。带着刻板印象去了解其他民族的文化,自然而然会得出相对偏激和主观的结果。在论文写作中,我们倡导多元文化的交流和融合,尊重和面对文化差异是进行外国文化论文写作的原则。作为外语专业的撰写者,更有能力去支持和推动不同文化之间的交流和融合。每个国家或民族都有自己独特的文化,尊重不同的文化差异,才能让论文写作更客观。

为了更好地探讨外国的文化,需要我们对其民族进行深入的探索和了解,包括但不限于学习该民族文化的历史背景、宗教观念、社会习俗、艺术风格等方面。有条件的话,还可以直接到当地进行实地调查或与民众进行面对面的沟通。自己的想法和观念虽然重要,但在进行论文写作时,还是应尽量保持客观中立的立场,不要对研究对象过度主观或带有偏见。面对不同的文化,我们应予以尊重和理解,并在论文写作中尽量摒弃个人情感。对于文化类论文,很多撰写者会在论文写作时不自觉地带上刻板印象。例如,“他们的美食文化虽然很贫瘠,但是……”

或者“众所周知，这个国家的历史很短”，这些就是一种对其他文化的偏见。面对文化差异，我们都会不解或困惑，但随着文化的交流越来越频繁，各个民族的文化也越来越被世界所认知。学会正确地面对文化差异，不仅能够帮助我们更好地理解他人，也能够帮助我们树立正确的世界观。

面对不同文化的差异，我们需要保持无差别的视角和客观的心态。学会尊重和面对不同民族的文化，了解和适应不同国家的文化，才能客观公正地研究和撰写外国文化类论文。

四、文字通顺，连贯性较好

论文的主要目的就是准确传达出撰写者的研究成果和观点，如果论文文字不通顺、条理不清晰，读者就很难理解撰写者的研究目的和研究内容。这也会导致读者难以把握论文的核心内容，甚至无法准确评估作者的研究水平和学术贡献。相反，如果论文文字通顺、条理清晰，读者就会更容易理解研究中提到的方法和结论，进而增强论文的说服力。因此，使用通顺和连贯的语言文字，会让论文增色不少。以下是一些实用建议，可以帮助撰写者提升文化类论文的语言表达和连贯性。

（一）明确目标受众

在论文写作前，首先要明确读者或受众人群，这将决定论文的语言类型和语言风格。外语专业的撰写者大部分需要用外语来进行论文写作，因此，只是简单地用中文研究远远不够，还要把这些文字转换成外语。论文不仅要让学习这种语言的学者看懂，还要让使用这种语言的人读懂自己的观点和研究内容。

（二）阅读优秀的学术论文

优秀的参考文献可以让论文事半功倍，通过参考和借鉴高质量的材料，可以深入了解外国文化类论文的前沿动态和发展趋势，掌握最新的研究方法和研究成果。同样，借鉴和阅读优秀的学术论文，观察他们的写作风格、写作手法、写作语言，也可以为自己的论文写作提供范例和参考。这不仅有助于提高研究深度和广度，而且有助于启发我们获得更有创新性和科学性的成果。

（三）反复练习写作

提高写作技巧需要不断地练习。在正式写作学位论文之前，可以尝试着练习写一些小论文，只有真正开始写作之后，才会发现自己哪里存在不足。是遣词造句词不达意，还是文章构架存在缺陷，都需要在实践中发现、摸索和改进。

（四）注重论文结构

要让论文以清晰的结构和逻辑展开，包括引言、文章的各个章节及段落、结论等部分。写作时可以参考三个问题。第一个问题“是什么”就是要说清论文究竟要围绕着什么样的问题或现象展开，研究背景如何、研究现状如何、学术界的研究争议又是什么。第二个问题“为什么”，就是为什么要研究这一问题，这一问题的研究有助于推动哪方面的发展。只有提出的问题有意思，研究才会受到读者的青睐。第三个问题“怎么办”，这里要写清自己的研究方法是什么、研究过程是怎样的、如何解决的这个问题。这样写作才能让文章结构清晰、层层递进、论证严谨。

（五）简洁明了

论文并不是小说，相对于复杂和华丽的句子，简短清晰的语言更能明确传达出撰写者的观点和想法。写长句不仅较为困难，而且容易让读者找不到关键点，降低论文的学术价值和清晰度。

（六）逻辑清晰

所谓的逻辑清晰，不仅要求论点清晰明确，而且要求每个章节或段落都有能体现中心思想的几句话，并且段落与段落之间也要有逻辑上的联系。只有丝丝入扣、层层递进，才有助于读者跟随撰写者的思路和观点。

（七）正确使用过渡词和短语

正确使用过渡词和短语不仅可以连接句子和段落，还能使论文看起来更加流畅和严谨。同时，要注意避免使用过于口语化的表达。准确使用书面语是学术型文章写作的基本要求。

（八）保持前后的一致性

在整篇论文中保持一致性是非常重要的。这包括但不限于专业术语的使用、写作风格及文章格式等。从论文的绪论到结论，都应保持高度的一致性，这样论文才会更加专业和严谨。另外，在修改论文时还要注意“牵一发而动全身”。每修改一处细节，都要时刻告诫自己：与此相关的还有哪些地方、是否需要做相应地修改。很多论文中出现前后不一致的低级错误，其实并不是一开始就错了，而是在后来的修改中“改前忘改后”或者“改后忘改前”造成的。

（九）遵守学术道德和规范

进行论文写作时，一定不能抄袭他人的学术成果。遵守学术道德和学术规范，是每个撰写者都应该遵守的基本准则。

（十）多次修订和校对

完成初稿后，一定要进行多次的修订和校对。要检查论文的逻辑性、连贯性和客观性，以及文字是否准确流畅。多次校对不仅有助于发现并纠正语法错误，而且有助于查出拼写错误以及表述不清的地方。如果自己无法找出，可以请导师或同学审阅。论文的写作不是一蹴而就的，而是需要经过反复修改和完善。平时的生活和学习中，要多注意语言的积累和规范语法的使用，这样才能为写出流畅连贯的文化类论文奠定基础。

五、基本无语言错误

外语专业学生在撰写论文时应该准确使用相关词汇，并掌握专业术语的正确用法，包括但不限于语法、用词、拼写、空格等。以下是一些具体的建议。

（一）准确使用专业术语和符号

外语专业学生在开始写作外国文化类论文前，要确保已经了解了研究领域的专业术语和相关词汇。遇到不确定的词汇或语法时，可以通过查询外语词典、文献资料，以及向本地人请教等方法来学习这些术语。使用专业的语言文字，不仅有助于展现专业水平，还会让论文读起来更加清晰明了。有时候，改变一个简单的词语或句子，就会让观点和内容相差万里。同时，还应注意避免犯语法、拼写和标点等方面的低级错误。正确使用标点符号，才能提高论文的可读性。此外，大部分的外语都会涉及空格，正确使用空格也是外语专业撰写者在撰写论文时需要注意的一点。

（二）使用简单直接的语言

相对于复杂或晦涩难懂的词汇，简单直接的语言可以更好地帮助读者理解论文。在使用高级、生僻的用词表达之前，要先确认读者能否读懂自己的文章、了解自己的观点。因此，应尽量将语言压缩，力争清晰、明确。能用十个字说清楚的问题，绝不写出十一个字。

（三）避免直译

大部分外语专业学生在撰写外国文化类论文的时候，会先用母语进行大致的撰写，然后把母语翻译成对应的外语。这样的方法并非不可取，但翻译时要注意避免直译，应使用更加本土化的语言，否则会造成文章观点不明确或表述不地道。不同的场合和语境，应使用不同的语言文字来表达。

通过这些方法，外语专业学生可以逐步提高在外国文化类论文写作中的词汇表达能力，写出更加高质量的学术论文。

六、正确引用材料

如果涉及需要参考的文献资料，一定要使用正确的格式来引用。无论直接引用，还是间接引用，都应在文章结论之后清楚地标示出来。千万不要因为一时的疏忽，忘记标注某一文献资料。这不仅会无意识地侵犯别人的著作权，还极易给自己带来麻烦。正确引用材料是学术写作中非常重要的一个环节，当找到相关的文献资料时，不能只是简单地列举，而应有条理、自然地引用到自己的文章中，为论文提供理论依据。除此之外，正确引用参考文献，不仅体现了作者的学术诚信，还便于以后修改论文时，再次阅读相关文献资料。以下是关于正确引用材料的建议。

（一）了解引用格式

不同学科领域有各自认可的引用格式，甚至不同学校也会对论文的格式有不同的要求。在撰写论文前，一定要了解相关领域的论文格式。如果学校有要求，可以参照前辈们的论文格式，包括字体、行间距、参考文献的标注方法等。

（二）引用即时出现

当在外国文化类论文中引用他人的观点时，应立即通过脚注或尾注来标注。这样不仅方便日后的修改，还能让读者了解论文是有相关理论支撑的。

（三）区分直接引用和间接引用

引用分为直接引用和间接引用。直接引用就是直接复制别人的某一观点，大部分需要用引号标出，并提供文章的作者、名称、年份、页码等。间接引用是指把别人的观点用自己的语言转述一遍，大部分不需要使用引号，但也不要忘记标注，并提供文章的出处和页码。

（四）完整的参考文献条目

在文末的参考文献中，要认真仔细地标注好每一篇文章的出处、作者、年份、出版社等信息。各学校的要求不同，有的把参考文献按照国内国外分开，有的会把参考文献按照首字母来排序，还有的会按照书籍、期刊、学位论文来进行区分和归类。

（五）避免自我抄袭

即使是自己的观点或想法，但已经公开发表在刊物上的语言文字，也需要进行严格的标注。同一和相似的观点或想法，也不要完完全全地直接在文章中多次使用，这样会造成后期论文查重率较高。

正确引用材料不仅是对原作者劳动成果的尊重，也是确保学术交流透明和可靠的基础。

只有在学术写作中正确有效地引用他文,才能维护自己的学术诚信并尊重他人的研究成果。

七、避免刻板印象

撰写论文时,我们应尽量保持客观中立的立场,不要过于主观或偏颇。要尊重和理解不同的文化现象,进行公平公正的分析。为了不对某一国家或某一民族存有成见,应做到以下几点。

(一) 进一步研究

在写作前充分了解和观察所研究的民族文化。对研究对象不仅要建立一般的图景,而且要结合现象进行深入具体的分析。

(二) 使用个性化语言

不要使用代表整个群体的笼统模糊的语句,应使用个性化的语言来描述具体事件,而不是将某些个体行为和特征归结到整个群体。

(三) 批判性思维

培养批判性思维的能力,对现有的刻板印象和隐晦的刻板印象持怀疑态度。在写作过程中,要学会质疑刻板印象背后的假设和证据。

(四) 多元化参考

确保有多种方式来寻找参考对象,资料来源最好有关于这一群体或族裔群体成员的第一手资料,这样可以提供一个更全面和平衡的视角。通过多元化地研究对象,可以避免重复、提高研究效率、增强研究结果的可信度。

(五) 咨询专家意见

如果有条件,还可以咨询有关该群体或民族的社会学家、人类学家或该群体自身成员的专家意见,确保表述和研究准确无误。

(六) 避免使用固定标签

不使用贬低或负面的标签来描述任何群体或民族,而要使用中性且尊重的语言。例如,人们常常会对某种职业存在刻板印象。说到护士的时候,会下意识地说护士姐姐;说到农民的时候,会脱口而出农民伯伯。现实中,有很多从事于护理行业的男性,而干农活的也不全是伯伯。

(七) 反映多样性

认识到任何群体或民族内部都存在多样性,避免将所有人视为同质的整体。不要因为某一群体或民族大部分的人是这样的,就觉得这个民族的文化整体是这样的。同时,应该关注不同的那一小部分,尊重并且正视文化的多样性。

(八) 自我反思

在写作过程中不断地进行自我反思,检查自己是否在无意间带入刻板印象。如果发现这样的情况,应该及时改正,以便增强研究结果的客观性。

(九) 接受反馈

论文完成后,让来自不同背景的人审阅,他们可能会指出自己未曾意识到的刻板印象。一千个读者,就有一千个哈姆雷特。对于同一篇论文,男性和女性、老人和小孩、老师和撰写者的关注点都是不同的。

遵循这些准则，可以帮助自己在论文写作中避免对某个群体或民族产生刻板印象，提升研究的严谨性和道德性。

第三节 文化类论文写作常见问题分析

在文化类学位论文中，经常会出现诸如缺乏研究素养与学术观念、论证不充分、结论常识化、言不达意、泛文化现象明显等问题，这些问题不仅影响论文的学术价值，也会影响最终评审结果。本章对撰写者在写作过程中可能遇到的困难进行归纳和总结，并在后续章节提出相应的解决方案，以期为文化类学位论文的撰写提供参考。

一、缺乏文化素养与学术观念

在教学任务设定中，高校外语专业将学习和运用语言作为第一要素，重心倾向于教会学生学会一门外语，但对于其他方面，如历史、文化、文学等只是作为背景知识进行了解，大部分学生对文化内容的知识储备、了解深度都是较为浅显的。从已有外语专业的高校来看，很多高校并没有为外语专业开设专门的文化类论文写作专题课，外语专业学生撰写文化类论文的研究能力仍有待商榷。撰写者对外国文化的了解来源于书本，书本中对外国文化的介绍，多数是出于宣传外国文化或是辅助学习语言的目的，对文化现象的分析和解读较为浅显，学生对外国文化的了解多数只是停留在表面，并没有进行深入的学习和体验，因此很难从整体上把握文化现象的特征，研究经验只能通过先行研究来获取。另外，无论学术论文、期刊论文还是专著，专门介绍如何撰写文化类论文的主题研究凤毛麟角，再加上很多学校没有设置文化类论文的写作专题课，这使文化类论文无论从教育教学，还是实际撰写都缺乏规范性。很多学生只是因一时兴起或者所谓的灵感乍现就选择了文化类论文，在确定具体选题、细致展开研究等问题上缺乏专业的素养，很难写出具有学术价值和理论意义的学位论文。由于文化类论文的方法论知识包括但不限于定性研究、定量研究、田野调查、文本分析等，所以如果撰写者没有切身体验不同文化体系的价值观、传统、习俗和行为模式，就很难深入探究文化现象背后的原因和影响。

首先，由于涉及外国文化，本国文化现象和异国文化现象在撰写者头脑中发生碰撞，撰写者非常容易将已有的错误认知和情绪带入论文写作中。例如，韩国语专业撰写者在研究韩国文化现象时，很容易将网络上了解到的韩民族的秉性融入对韩国文化现象的研究中，导致不能客观地分析或对比中韩文化现象。其次，在研究跨文化现象时，撰写者需要比较不同文化现象之间的差异和相似之处。然而，由于文化本身的复杂性和多样性，需要撰写者综合多方面条件厘清思路，对比出异同点。但现实中，在这种对比和比较过程中很容易出现误解和偏颇，也很容易造成误会。个别受到外国文化冲击的撰写者，由于自身价值观的错误认知，也会将这种认知带入论文撰写中。最后，很多学生由于是第一次撰写论文，在文化认同、跨文化研究等方面，还无法把握好作为中国人撰写外国文化类论文的“度”，也很容易被外媒的主流意识带偏。由此可见，要想写好文化类学术论文，不仅需要具备一定的价值辨别能力，能够对自身的文化偏见和立场进行反思，还要以更加开放、客观的态度进行跨文化研究。这就要求我们必须在撰写论文时具备客观、坚定的立场和意识，以正确的价值观分析外国文化或进行中外文化对比。在此基础上，端正学术观念，恪守学术伦理和研究规则，尊重研究对象的隐私和权益，确保成果的公正性和真实性。

二、理论框架不明确

由于撰写者缺乏文化类主题的研究素养，对理论了解不够深入和具体，缺乏系统性的学习和研究，导致文化类论文理论框架构建得不够明确。文化现象研究由于其跨学科的特性，往往涉及语言学、文学、历史学、社会学等多个学科领域，撰写者在整合不同学科理论时常常会感到困难，难以建立一个清晰的理论框架。外语专业学生对文化知识的学习多源自精读书中的背景介绍，很多学生不仅缺乏理论知识，而且理论和实践的转换缺乏有效的连接，因此即使建立了框架，也会出现逻辑关系的混乱。也有的撰写者选择的研究方法不适合其研究的主题，或过分依赖现有的理论和模型，没有对理论的批判性思考，导致理论框架缺乏新颖性和针对性。

文化现象的研究依赖坚实的理论基础，如果撰写者未能清晰地搭建理论框架，论文的分析和探讨就会显得根基不稳。首先，撰写论文不同于事实陈述，文化类论文较贴近生活，撰写者在学习文化现象时主要是通过课堂获取，因此，很多撰写者在阐明论点或陈述某种文化现象时，很容易出现口语化表达。其次，文化研究涉及多个学科领域，如人类学、社会学、心理学等，因此撰写者需要建立一个综合性的理论框架。然而现实中，很多撰写者虽然建立了理论框架，但分析中只是陈述文化现象，没有有效地结合框架内容，导致论文缺乏深度和洞察力。此外，撰写者对文化问题本身的了解源自已知的信息，因此在论证的过程中很容易堆砌材料、挪用和附和现有说法。没有深入的逻辑分析和细致的对比，论证内容就很宽泛，导致论证不充分。

很多撰写者在选题过程中盲目追求热点话题，选题仅靠一时兴起，将自己了解的文化热点话题作为研究内容，比如一些爆火的影视作品，瞬间成为撰写者们争相选择的对象。虽说将影视作品归属文化的范围具有一定的合理性，但对于外语专业学生来说，影视作品可研究的角度过于狭隘，很多撰写者并不清楚自己为什么要研究这个问题，也不知道研究意义在哪里。因此，在选题时我们需要先想清楚为什么研究这个主题、如何研究这个主题、研究这个主题预计得到一个怎样的结论。文化类论文涉及的维度较多，虽然只是单一的文化现象，但是在进行深入研究时，不可避免地会涉及时间背景、历史背景、社会背景等诸多方面。再加上撰写者对要论述的文化现象的内涵、实质、界限不清晰，所以在论述论点的过程中特别容易偏题。比如，明明应该属于第二部分的分论点，却被用在了第一部分，这就会导致第一个分论点论证不充分，第二个分论点论证也不够清晰，文章整体上结构混乱。外语专业文化类学位论文中经常出现逻辑不合理的结构设计，也是因为撰写者在论证过程中想到什么就说什么，在论文写作前没有列出清晰合理的写作大纲，加上文化类论文极具发散性，就算有写作大纲的约束，在实际的写作过程中也会出现论述内容脱离主题、添加个人天马行空想法的情况。

作为学位论文，在定题时已经选好了导师认可的主题，其大小一定是符合学位论文的标准的。但是在后续论文撰写中，很多撰写者愁于达不到规定字数，也从侧面反映了撰写者研究的文化现象不够全面、不够透彻。要想全面、深入地研究某一文化现象不单要说明文化现象本身的内涵与价值，还需要分析文化的传承和演变、文化现象改变的影响因素、文化价值观、文化冲突与文化融合、全球化对文化的影响和挑战、文化的社会功能和身份认同、文化在可持续发展中的作用等，很多论文并没有综合以上角度进行全面的分析，所以多数论文论证出来的结果缺乏深度或过于武断，使研究结论常识化、一般化。这不但使研究内容缺乏深度思考，而且所提出的建议也较空泛，具体实践的可能性较小，学术价值和理论价值均不理想。

三、言不达意

言不达意是外语专业学生在撰写学位论文时常见的错误。除极个别专业外，大部分外语专业要求用外语撰写学位论文。

首先，通过几年的外语学习，撰写者虽然对外语有了一定的了解，达到一定的运用水平，但是更多的是适用于日常交流的较为口语化的内容，在专业术语的精确使用、复杂句式的运用及学术表达的规范性方面仍存在不足，所以撰写外语论文对学生来说有一定的难度。

其次，文化类论文往往涉及跨文化比较，如果撰写者对所研究的文化背景理解不够深入，可能无法准确地传达其文化内涵和差异。另外，很多撰写者在撰写论文时，是先将想法用汉语表达出来，然后翻译为外语。由于一直在学习外语，并没有继续加深对汉语语法的学习，所以在汉语表达上有时也会出现一定的语法错误，在错误汉语表达的基础上将其翻译为外语时，其结果可想而知。

虽然外语专业各方向的选题中都存在言不达意的问题，但在文化类论文方面更为突出。因为其本身研究的或是外语国家文化或是与本国文化的对比，都必不可免地会涉及外国文化。在这个过程中，阅读的异国文化资料来源多为外语，撰写者需要先将外语资料翻译为汉语进行理解，在此基础上将自己的想法、深入研究的内容翻译为外语，所以在撰写文化类论文时更易出现语言系统混乱、用词不当等问题，学生也会因为受到外语水平的限制，出现各种语法和表述问题。这种情况在日语专业和朝鲜语专业尤其突出，由于两种语言中都存在固有词和汉字词，因此在写论文时常常会大篇幅出现汉字词和固有词误用的情况，使撰写者想表达的意思与实际表达出来的意思不一致。因此，在撰写论文时，对文化类论文词汇选择使用汉字词还是固有词的问题上，需要慎重考虑、严谨对待。

此外，极个别外语专业要求用汉语撰写学位论文，虽然汉语是母语，但是在学习过程中，大多数学生都将重心放在了外语学习上，所以汉语水平也会出现下降的情况。不是会说汉语就一定能写好汉语文章，所以在撰写过程中也会出现汉语语法或表述不清晰等问题。对于外语专业撰写者来说，因为用汉语难以准确表达外国文化的内涵和特点，进而影响论文质量和准确性的情况也是时有发生的。

四、范围不清晰

首先，在撰写文化类论文时，很多撰写者选择过于宽泛或模糊的研究主题，这可能导致研究内容缺乏深度和聚焦。第一，很多撰写者将一个特定的文化现象简单地归结为普遍适用的社会规则，将其束缚在某一特定的规则内，忽视了文化的多样性和复杂性，或对文化现象过度概括，导致对文化现象的理解不够准确。文化现象是一个不断变化和发展的过程，个别文化类论文只关注到静态的现象，忽视了文化变迁的过程和影响，对文化现象的理解停留在过去或表面层次。第二，在分析文化现象时，没有充分考虑文化现象之间的差异和多样性，忽略了不同文化现象的复杂性和差异性，造成了对无法对比的中外文化现象进行对比的错误。文化类论文涉及外国文化，由于意识形态等问题，有些外国文化在中国的深入研究是行不通的。

其次，选题大小问题。文化本身就是一个涵盖面较广的定义，撰写者在选题时很容易将主题选得过大，在临毕业之际根本研究不完，或出现研究不够深入、草草得出结论的情况。虽然论文受到规定字数的限制，但由于文化类论文本身内容的丰富性，所以确定一个撰写者既感兴趣又大小合适的主题对于撰写者来说是较为困难的。此外，由于泛文化现象，使文化类学位论

文的范围确定难上加难。泛文化"是指凡事都要附庸某种特定的文化，随意贴上'文化'的标签，将其'文化化'，即什么都是文化，从而产生的一种文化'泛化'甚至泛滥的'大文化'现象，诸如酒文化、鱼文化、武术文化、商业文化、建筑文化等。"①泛文化现象屡见不鲜，随意添加文化标签后的文化内涵较为空泛，不具备研究价值。部分"大文化"现象并不适用于文化类论文的选题方向，撰写者很容易因为其后面附加上了"文化"二字，就将其归类为文化类论文中的文化现象。与传统的"文化"相比，"大文化"现象的内涵较空泛、研究价值较小，学生很难在空泛的文化概念下撰写出具有学术价值的学位论文。这种泛文化现象是一种社会现象，短期内很难改变。很多撰写者为了追求创新性，选择较为新颖的"某某文化"作为研究内容，但学术研究需要严谨的新、规范的新和理性的新，而非松散的新、失范的新和感性的新。因此，选择撰写文化类论文的学生在选题时应具备辨别能力，分清楚哪些文化现象有研究价值，哪些文化现象不具备研究价值。这种辨别也是当今文化类研究领域需要共同面对的难题之一。

文化类论文相对而言是较为贴近生活的，某种文化现象的诞生一定与当地的风土人情有关。学生在开始撰写论文之前，一般都上过学位论文写作课。很多撰写者都秉持着写论文做研究是为了解决问题的想法，因此在实际撰写论文过程中，很容易出现为了解决问题而提出问题的情况，很多论文中出现为了研究问题主观设计一些虚无问题的情况。学位论文作为一种学术研究成果，应当具有学术价值和现实意义，为了解决问题而提出的问题，会缺乏学术价值和现实意义，等同于做无用功。

五、主观论证性强、叙事性较强

由于每个人对文化的理解和感受都有所不同，学生在撰写论文时可能会有意无意地融入自己的主观看法和偏见。撰写者本来无意从本土的文化视角出发，对其他文化现象进行评价或解释，但潜移默化的文化中心主义倾向会左右对文化现象的分析，从而影响论文的客观性。不仅如此，如果论文未来得以发表，这种主观性和中心主义论点极有可能引起外国学者对该种分析研究的控诉。根据对已有外语专业文化类学位论文数据的研究，我们发现很多论文的引言部分采用"众所周知，某某国家某某文化……"的开头句式，虽然这种句式在其他方向的论文中非常常见、适用性较强，但是它并不适用于文化类论文。撰写者在摘要或者引言部分将对外国家文化的刻板印象带入论文中，这种情况使作者一开始就没有从客观的角度分析，使研究结果不可避免地带有主观倾向。为保证学位论文的客观性、规范性，我们不提倡使用此类句式作为文化类论文的开头。文化不是静止不变的，它随着时间的推移和社会的发展而不断演变，这种动态性和多样性增加了文化现象研究的复杂性，具有较强的人文色彩。撰写者在研究该类论题时，非常容易用感性的判断来叙述自己的逻辑，这种逻辑并非一种理性认知，而是一种"主观证明"②性论证。由于学位论文是学术性研究，因此需要依赖相对客观的逻辑来证明中心论点，规避主观性论证。

"学术研究不能停留于就事论事，而必须能够揭示一个社会因果机制"③，学位论文要求客观、理性和逻辑严密，而强烈的叙事性会使论文显得主观和感性，从而降低学术性和权威性。

---

① 周俊．留撰写者文化类毕业论文的特点、问题及对策——以汉语言文学专业为例[J]．牡丹江教育学院学报，2022(12)：38-40.

② 熊浩．论文写作指南：从观点初现到研究完成[M]．上海：复旦大学出版社，2019：101-107.

③ 王雨磊．学术论文写作与发表指引[M]．北京：中国人民大学出版社，2017：76.

文化现象往往涉及人类行为、信仰、价值观念等，这些都是高度主观的内容，文化类论文不仅仅是对文化现象的描述，更重要的是对这些现象背后的意义、原因和影响进行解释。所以很多人在撰写文化类学位论文时，往往反复赘述文化现象的内容，并非提出问题、解决问题，而是将自己知道的"故事""事实"阐述、罗列出来。比如，在介绍研究背景时，撰写者可能会不自觉地加入过多的修饰元素，希望通过讲述具体的历史事件或人物经历来吸引读者的兴趣，这种过分依赖叙事的情况，会使论文侧重于故事的趣味性和吸引力，容易让人忽视理论与实证结果之间的联系，导致论述空洞，缺乏说服力和严谨性。我们所不了解的外国文化本身虽然具有吸引读者眼球的特性，但是深入研究的过程很容易将学术论文变成叙述性故事，得不到好的研究效果，会大幅降低论文的学术价值。除此之外，撰写者在撰写文化类论文时还应注意规避文化决定论[①]、文化相对论[②]、历史决定论、经济决定论，忽视文化互动、忽略权力关系、忽视文化的适应性和变革能力等问题。为了确保文化类论文的学术质量，需要在保持论文可读性的同时，控制叙事的强度，确保论文的论证严谨、逻辑清晰。

六、缺乏创新，资料搜集困难

比起单纯地学习外语，文化类学习内容更容易吸引外语专业撰写者的兴趣。因为课本中与文化相关的知识多为外语国家独有的特色文化，这对于撰写者而言，就像打开新世界大门一样，更易于听闻和吸收。背景知识的设置是为了帮助撰写者更好地理解所学外语国家的现实状况，一般是一些具有代表性的风俗习惯，所以学生选择撰写的文化现象也多数是被大家熟知的内容。目前关于文化现象的理论资源相对有限，许多经典的理论在被广泛接受和应用过程中已深入人心，撰写者想提出新的理论或观点会面临较大的挑战。在这种学术条件下，撰写者撰写学位论文将很难创新。

撰写者在撰写文化类学位论文时，大多是研究外国文化或将中外文化进行对比，很难跳出国别特征的束缚。外语国家的文化特色都是固定的，首先，撰写者在学习外语的同时很难发现外国文化可深入研究的方向；其次，在先行研究的基础上推陈出新，也是几乎不可能实现的。虽然文化现象的热点问题层出不穷，但由于一些文化不具备研究价值或者已被研究得很透彻了，撰写者很难在已有先行研究基础上得出别出心裁的结论。回顾已有文化类学位论文，不难发现研究主题的重合度较高。此外，文化类论文的研究方法也具有一定的局限性，文献研究、田野调查、实验研究等方法都有其适用范围和局限性，所以想在研究方法上创新也具有较大的难度。

文化类研究往往需要大量的一手资料，但由于对外国文化的研究涉及的外文资料较多，我们在寻找相关文献资料上本身就存在一定的障碍，加上部分外国资料是不对外国人开放的，这些资料的搜集可能受到时间、地点、资源等多种因素的限制，导致外语专业文化类学位论文的研究文献来源多数是一些本土资料。本土资料的很多版本都是在研究基础上再研究的结果，在本土资料的基础上研究异文化会使论文内容缺乏文献权威性。虽然研究的是外国文化，但缺失外文文献资料，没有全面、多维度地搜索相关文献资料，研究的可靠性就会大幅降低。此外，还会出现搜集到的某些外文资料是以外国人的视角进行研究的，所以外语专业学生对同一个文化现象的看法并不一致，在参考资料的过程中要不断与这种差异性相抗衡，使研究受到外界的巨大牵制，导致结果失真或失信。

---

① 文化决定论：认为文化是由某些固定的因素决定的观点，忽略了个体在文化形成和变迁中的作用。

② 文化相对论：过度的文化相对主义可能会导致对文化中的不公正和压迫行为视而不见。

七、缺乏批判性思维

批判性思维在研究文化现象时至关重要，因为它能够帮助我们识别和避免一些常见的误区，很多外语专业文化类学位论文并不具备批判性思维。首先，批判性思维要求我们对文化现象进行深入分析，而不是仅仅接受表面的解释。例如，当我们观察一种文化中的特定习俗时，批判性思维会使我们探究该习俗背后的历史、社会结构和意义，而不是仅仅满足于对其进行描述。其次，批判性思维有助于我们识别和挑战文化中心主义的倾向，即认为自己的文化是普遍或优越的观点。通过批判性思考，外语专业撰写者可以更加公正地评价不同的文化，认识到每种文化现象都有其独特价值和局限性。此外，批判性思维还能帮助我们避免简化复杂文化现象的倾向。文化是由许多交织在一起的因素构成的复杂系统，任何单一因素都不能完全解释文化现象，所以撰写者在撰写文化类论文时需要尽可能地考虑多种解释，并寻找有力的证据来支持这些解释。传统的外语教学往往侧重于语言技能的培养，如听、说、读、写能力的提高，而对批判性思维的训练不足，使学生习惯于记忆和复习，而不是独立分析和评价。再加上很多外语专业撰写者没有足够的学术写作训练，接触研究方法的课程较少，不熟悉如何构建批判性的论点，不知道如何运用科学的研究方法来分析文化现象。根据已有数据，很多撰写者的论文中并未体现出批判性思维，只是简单地描述文化现象，无法理解不同文化之间的差异和联系，导致论文内容浅显，缺乏深度和创新性，无法形成全面和客观的文化认知。

文化类学位论文的写作看似简单，实则存在很多的陷阱。有时越是看起来易于操作的主题，就越是难以把握。理论框架不明确、言不达意、范围不清晰、主观论证性强和叙事性较强、缺乏创新和资料搜集困难、缺乏批判性思维都是看起来并不十分明显的问题，但疏于留意哪一环节，都可能会使论文写作陷入困境。基于文化类论文的特殊性，我们必须提高认识，避免掉进“范文化”研究的泥潭。只有秉持“小切口、深挖掘”的原则，端正学术态度，从客观的角度尝试创新，才能让文化研究真正落到实处。

第四节　文化类论文写作的改善方案与解决对策

在全球化的今天，外国文化类论文对于促进跨文化交流和理解具有重要意义。然而，由于文化差异、语言障碍等诸多原因，外国文化类论文的撰写和研究面临着严峻的挑战。为了提高文化类学位论文的质量和学术价值，本节将提出一些具体的改善方案与解决对策。

一、提高自身文化素养和学术观念

（一）广泛涉猎文化知识

广泛涉猎文化知识，既包括看书、看电影、听音乐，又包括参观博物馆和档案馆，这些都是了解不同民族文化传统、思想观念、艺术风格的实用方法。同时，还要关注研究对象的历史沿革、传承过程、现有状态和流行趋势，了解其对社会和个人的影响。

（二）提升文化素养

只有以广博的文化素养为背景，才能形成对问题的深入分析和评价，并形成独特的见解。在外国文化研究中，文化素养显得尤为重要。撰写者不但要对社会学、历史学、文学、人类学、哲学、心理学有广泛的涉猎，而且能够恰如其分地提出问题、分析问题和解决问题，对结论进行合理的反思和质疑。文化素养的提升可使撰写者对问题的看法更加客观，不盲目跟从别人的观点和看法。

（三）注重学术规范和诚信

学术规范和诚信是学术研究的原则和底线。撰写者应严格遵守学术规范，如实记录问卷数据，避免抄袭、剽窃等行为。同时，要尊重他人的知识产权和学术成果，不得擅自使用或篡改他人的研究成果。注重学术规范和诚信，可以使撰写者树立良好的学术形象，赢得读者的信任和尊重。

（四）参与学术交流与合作

学术交流与合作是提升学术水平、开阔视野的重要手段。撰写者可以参加学术会议、研讨会、讲座等活动，与专家和同行交流学术观点和研究成果。同时，也可以与他人合作，共同探索和切磋外国文化。通过参与学术交流与合作，撰写者不仅能够提升专业能力，而且能结交到志同道合的朋友和伙伴。

（五）持续学习和提升自我

持续学习是提升理论水平的重要手段。外语专业的撰写者可以通过参加课程、自学等方式，不断提升自身的文化素养和学习能力。同时，还要关注最新的学术动态和研究成果，及时更新自己的知识储备和研究思路。

二、确立清晰的理论框架

确立论文的理论框架是一项重要的任务，这不仅可以帮助研究者明确研究方向和目标，还能确立研究方法，为论文结构的定型提供支撑。那么，怎样建立一个清晰的理论框架呢？

（一）深入了解渊源和现状

在构建理论框架之前，首先要深入了解研究的主题和背景。这包括了解外国文化的流行现象、历史渊源及存在的争议和问题。通过阅读相关文献，可以整体了解研究领域，为后续的理论框架构建奠定基础。

（二）确定研究问题和目标

在明确外国文化的主题和背景之后，我们需要进一步确定研究问题和目标。研究问题应具有针对性和可执行性，明确指出通过论文的研究想要解决的问题或探讨的现象。研究目标则是通过研究来实现的具体成果，可以是理论上的创新、实践上的应用或政策上的建议等。

（三）梳理相关理论

确定了研究的问题和目标之后，需要对外国文化论文的理论进行梳理。这包括了解现有理论的观点、假设、研究方法、局限性及适用性。通过比较和分析它们之间的异同，我们可以选择合适的理论作为外国文化类论文的理论基础，也可以将多种理论整合起来构建理论框架。

（四）构建理论框架雏形

在梳理相关理论的基础上，开始构建论文的理论框架。理论框架应包括核心概念、变量关系和假设条件等要素。核心概念就是研究的关键因素，变量关系则需要解释这些概念之间的相互作用和影响，假设条件是自己构建理论框架时要满足的前提条件。把这些要点解释清楚，

就可以得到一个逻辑清晰、条理清晰的理论框架。

（五）检验框架的可行性

在构建好论文的理论框架之后，需要检验其可行性。这包括评估理论框架的假设条件是否合理、对比条件是否成立及核心概念是否清晰等。可以通过实证研究、案例分析或模拟写作等方法来检验理论框架的可行性，并根据检验结果对理论框架进行调整和完善。

（六）保持灵活性和开放性

在撰写外国文化类论文的过程中，保持灵活性和开放性是非常重要的。随着研究的深入和数据的积累，我们需要对理论框架进行调整和优化。同时，作为外语专业的撰写者，也要关注最新的研究成果和观点，及时将它们纳入自己的研究中，以保持论文的时效性和前沿性。

总之，明确论文的理论框架是一个系统的过程，需要深入理解研究主题和背景、确定研究问题和目标、梳理相关理论、构建理论框架并检验其可行性，同时保持灵活性和开放性的姿态。只有构建一个清晰、逻辑严密且具有创新性的理论框架，才能为后续的研究和写作提供有力支持。

三、言简意赅、一语中的

外语专业学生在论文写作中不仅应准确传达学术观点，还应关注论文的可读性和吸引力。那么，如何才能言简意赅、一语中的呢？

（一）精准把握主题

在正式撰写论文之前，要确保对论文主题有深入的理解，包括但不限于对研究领域的现状、主要理论和争议点的掌握，以及其他研究者对论文选题的独特见解。只有对主题有清晰的认识，才能确保语言组织准确而有深度。

（二）明确表达观点

在外国文化类论文写作中，要明确表达观点，并确保观点有充分的论据支持；避免使用模糊或含糊不清的措辞，应使用具体、明确的语言来表达立场；要注意观点和想法之间的逻辑关系，确保论文的整体结构严谨。

（三）运用恰当的修辞手法

使用不同的修辞手法可以使论文变得更加生动有趣，但也要注意适度。尤其是作为外语专业的撰写者，过多的修辞手法可能会分散读者的注意力，影响论文的可读性。因此，要选择适合论文主题和风格的修辞手法，并恰当地运用它们来增强文章的表现力、吸引读者。

（四）精练语言表达

在外国文化类论文的写作中，要力求用简洁明了的语言表达复杂的观点。避免使用冗长的句子和生僻的词汇，简练、朴实的语言更易被读者接受。同时，要注意语言的准确性，避免出现语法错误和拼写错误。

（五）注重结构语言

一个清晰的结构可使论文易于阅读和理解，那么语言就是这个结构的砖石。在外国文化类论文写作时，结构框架使用的语言尽量逻辑清晰、格式统一。前面是动宾短语，那么平行结构也要用动宾短语；前面是偏正短语，那么平行结构也要用动宾短语。只有结构用词准确而和谐，才能确保论文的逻辑流畅。

（六）反复修改和润色

初稿完成后，要进行多次修改和润色，以提高论文的质量。在修改过程中，要注意检查论文的论点语言是否清晰、是否有重复用词；论据是否充分、句子表达是否有偷换主语的情况；论证语言是否有啰唆、词不达意的情况。同时，还可以请老师或同学帮忙审阅，从不同角度发现语言问题并进行改进。

"言简意赅，一语中的"是外语专业学生论文写作语言运用的理想状态。要实现这一目标，需要精准把握主题、明确表达观点、运用恰当的修辞手法、精炼语言表达并反复修改和润色。只有不断练习和积累，才能逐渐提高论文写作水平，创作出优秀的学术成果。

四、明确论文范围

明确论文写作范围对于确保研究的聚焦性和深入性至关重要。以下是一些建议，帮助撰写者在论文写作中明确文化类论文的范围。

（一）了解研究兴趣

兴趣是最好的老师。首先，外语专业学生要明确自己的研究兴趣，选择一个感兴趣且有研究价值的主题。如果对外国的饮食文化感兴趣，就选择其中一种比较有代表性的食物或者餐桌礼仪来进行研究；如果喜欢节日习俗，就挑选一个有趣的节日来进行研究。这不仅可以激发写作动力，还易于保持在研究过程中的热情。

（二）文献回顾

撰写者应广泛阅读相关文献，尤其是要阅读外国的文献资料，了解研究领域的现状、主要理论和争议点。文献的阅读不应只是一遍，第一遍浏览结束后，就要确定哪些文献需要细读，哪些文献快速阅览即可。通过这样的筛选，有助于确定研究问题的背景和框架，为后续的研究范围设定提供依据。

（三）界定研究问题

在做好前期准备之后，需要明确自己的研究问题。正如前文所言，问题应具体、明确、可研究，并能够确定其内部关联。同时，要注意研究问题的范围不宜过宽或过窄，以免后续研究无法深入或难以展开。

（四）确定研究目标

根据提出的主题，设定明确的研究目标。研究目标可以解释将问题解决到何种程度，在此基础上如何提出新的理论和观点等。外国文化类论文要确保研究目标与研究问题相一致，并在论文中进行充分的阐述和论证。

（五）选择合适的研究方法

根据研究问题和目标，选择合适的研究方法。外国文化类论文常见的研究方法包括文献研究法、问卷调查法、比较调查法和归纳总结法。不同的研究需要采用不同的方法，其原则是确保所选方法能够有效地回答并解决问题。

（六）限定研究对象和样本

明确研究对象和样本范围。研究对象可以是某一领域、某一类职业、某一类文化现象，如果条件允许，可以对相关人群进行问卷调查或面对面访谈，这将会更加有利于论文写作。

（七）设定研究时间和空间范围

明确研究时间和空间范围。时间范围可以是在某一历史背景下，或者从哪一年代开始到哪一年代截止等；空间范围则是某一国家或地区的文化和社会环境等。要确保设定的时间和空间范围与研究问题和目标相适应，并为研究提供足够的背景和情境支持。

（八）避免偏离主题

在外国文化类论文写作过程中，要时刻关注研究范围，避免偏离主题。如果遇到与主题不直接相关的内容，可以考虑将其作为背景介绍或补充材料，而不是将其纳入主体部分。这样会使论文看起来条理更清晰、观点更明确。

（九）寻求导师或专家意见

在确定论文写作范围时，可以寻求导师或专家的意见，千万不要闭门造车。他们可以提供宝贵的建议和指导，帮助自己更好地发现和改进问题。

（十）不断调整和完善

在外国文化类论文写作过程中，可能需要不断调整和完善论文的范围。随着研究的深入和数据的积累，自己可能会发现新的问题或观点，应保持灵活和开放的态度，根据实际情况对论文范围进行适时的调整和完善。

明确论文写作范围是外语专业论文写作的关键步骤之一。通过了解研究兴趣、文献回顾、界定研究问题、确定研究目标、选择合适的研究方法、限定研究对象和样本、设定研究时间和空间范围及避免偏离主题等方法，可以确保论文的聚焦性和深入性，以期撰写优秀的学术作品。

五、客观论证

不论撰写哪一类学术论文，客观性和准确性都是至关重要的。然而，由于研究者主观偏见和个人经验的影响，很容易在论文中出现主观论证和叙述性话语，这些元素可能会削弱论文的可信度和说服力，避免主观论证和叙述性话语对提高论文质量具有重要意义。以下建议可以帮助撰写者在文化类论文写作中保持客观性和准确性。

（一）明确研究目的

开始论文写作之前，需明确自己的研究目的和主题。写作过程中，最好将主题写在一张小纸条上，随时督促自己：我要做的一切都是为这个主题服务的。这有助于在整个写作过程中保持焦点集中，避免偏离主题或引入无关的主观因素。

（二）充分调研

在撰写论文之前，进行充分的调研，搜集大量的数据和信息。这将提供一个客观的基础，使自己能够基于事实和数据进行论证，而非仅仅依赖个人观点。

（三）使用客观语言

正如前文所言，在描述外国文化时，尽量使用客观、中性的语言，避免使用带有情感色彩或主观倾向的词汇，以免给读者留下主观偏见的印象。

（四）引用来源可靠

在论文中引用来源可靠、权威的资料来支持观点和论据。这将增加论点的可信度，并使读者更容易接受结论。

（五）避免个人经验或主观感受

在论文中应避免描述个人经验或主观感受。虽然个人经验可以为研究提供有价值的见解，但它们往往缺乏普遍性和可验证性。

（六）保持中立立场

在分析和解释数据时，尽量保持中立立场。不要对某一结果或材料进行过度解读或赋予过多意义，而应根据数据本身进行客观的分析和解释。

（七）使用可视化图表和数据

利用图片、表格和其他工具来呈现数据和分析结果，不仅可以帮助读者更直观地理解观点，还能减少主观性的干扰。

（八）接受同行评审

在提交论文之前，让研究同一领域的专家或同学对论文进行评审。他们提供的宝贵反馈和建议可帮助识别并纠正可能存在的主观论证和叙述性话语。

（九）修订和编辑

完成初稿后，应专门抽出时间修订和编辑论文。检查是否有主观性的表述或论证，并进行必要的修改和完善。

（十）保持开放心态

保持开放心态并接受批评和建议，及时认识到目前的局限性和过度的偏见，并努力克服，以便撰写出客观、准确的外国文化类论文。

避免主观论证和叙述性话语是提高文化类论文质量的关键环节。通过明确研究目的、充分调研、使用客观语言、引用来源可靠、避免个人经验或主观感受、保持中立立场、使用可视化图表和数据、接受同行评审、修订和编辑及保持开放心态等方法，可使自己的论文更具客观性和说服力。

六、尝试创新

想要提高外国文化类论文写作的创新性，可从以下几个方面入手。

（一）选题创新

选择新颖、有研究价值的外国文化类课题，可以通过查阅最新的学术期刊、参加学术会议、与导师或同学讨论等方式获取灵感。

（二）理论创新

在已有外国文化研究基础上，尝试对有争议的部分提出新的理论框架或观点，或对现有理论进行修正和完善。

（三）研究方法创新

通过适合主题的研究方法搜集相关数据，也可以实现创新突破。一般的方法包括文本资料、历史记录、调查问卷、访谈记录等。在确保数据来源可靠的前提下，对数据进行审核和处理，为后续分析服务。此外，还有一些文化类论文独有的研究方法或技术手段，如跨学科研究外国文化、大数据分析外国文化等，都可以从新视角获得新结论。

（四）数据分析创新

如果涉及外国文化的问卷调查，在制作问卷时可以试着从以往没有的、更有新意的角度提出问题，得到的结果也会更加新颖。

（五）论文结构创新

如果语言表达能力较强，可以尝试打破传统的论文结构，采用新颖的组织方式，如故事叙述法、问题导向法等，使论文更具可读性和吸引力。

（六）学科交叉融合

将外国文化与其他学科交叉融合是一种跨学科的研究方法，可以帮助我们更深入地理解不同文化，并探索它们在其他学科领域中的应用。跨学科研究，可结合外国文化不同领域的知识和方法，生成新的研究视角和创新成果。但需要注意的是，必须选择适合自己研究的跨学科研究方法，如比较研究、案例研究、实证研究等。将定性和定量研究相结合，可使研究更全面、更深入。

（七）深入挖掘文献综述

通过深入挖掘文献综述，了解外国文化某一领域的前沿动态和研究空白，为研究问题和方法提供新依据。对搜集到的数据进行分析，并尝试将撰写的不同外国文化类论文学者的理论和方法整合在一起。寻找不同论文之间的联系，并深入探讨他们对外国文化的认知和观点，可实现研究的突破和创新。

（八）实践与理论相结合

将实践经验与理论研究相结合，从实践中发现新的问题和研究方向，推动外国文化研究的创新和发展。

（九）持续学习与思考

保持对外语或外国文化的敏感性，不断学习和思考，以激发创新思维和灵感。

（十）寻求合作与交流

积极与同学或者同行合作和交流，分享研究成果和思路，以相互启发和促进创新。

七、运用批判性思维

外国文化类论文写作是一个深度思考和分析的过程，其中批判性思维是至关重要的。批判性思维是指能够理性、客观地分析和评价信息、论据和观点，做出合理的判断和决策。在论文写作中，锻炼批判性思维可以帮助自己更好地理解要研究的问题、分析搜集到的数据并构建论文的结构。以下是关于如何在外国文化类论文写作中锻炼批判性思维的建议。

（一）深入理解研究问题

在开始写作之前，深入理解自己的研究问题是非常重要的。需要明确问题的背景、现状和重要性，以及希望通过研究解决什么问题。这有助于在写作过程中保持专注，并针对问题进行深入的分析和讨论。

（二）多角度思考

尝试从不同的角度思考自己的研究问题，包括不同的理论、方法和数据来源，这有助于获取更多的灵感。哪怕是大众认可的文化研究成果，也可能存在不同观点和争议。通过多角度思考,可以更全面地理解问题,并提出有说服力的论点和论据。

(三)评估信息和论据的可靠性

在外国文化类论文写作中,需要大量引用他人的研究成果和观点,但并不是所有的信息和论据都是可靠的。因此,需要学会评估信息和论据的可靠性,包括来源的权威性、数据的准确性和论据的逻辑性。通过评估信息和论据的可靠性,可以避免得出错误的结论误导读者。

(四)质疑和反驳

在分析和讨论研究外国文化问题时,不要害怕质疑和反驳。通过质疑和反驳,可以挑战现有的观点和理论,并提出独特见解和观点。同时,也可以通过反驳他人的观点来锻炼自己的批判性思维能力。

(五)逻辑严密的论证

在外国文化类论文写作中,逻辑严密的论证是非常重要的,需要确保论点和论据之间有清晰的逻辑关系,并且能够相互支撑和验证。通过逻辑严密的论证,可使论文更具说服力和可信度。

(六)反思和自我批评

在完成论文初稿后,进行反思和自我批评是非常重要的,要检查论点和论据是否合理、充分,以及论文结构是否清晰、连贯。通过反思和自我批评,可以发现论文的不足之处,并进行必要的修改和完善。

(七)持续学习和提高

批判性思维是一个持续学习和提高的过程。只有不断学习新的知识和技能,才能提高分析和思考能力。同时,也需要关注关于外国文化的最新动态和研究成果,实时更新知识、理论和观点。

总之,锻炼批判性思维是论文写作中不可或缺的一部分。通过深入理解研究问题、多角度思考、评估信息和论据的可靠性、质疑和反驳、逻辑严密的论证、反思和自我批评及持续学习和提高等方法,可以提高批判性思维能力,并写出更高质量的论文。

文化是一个复杂且抽象的概念,涉及人类社会的许多方面。随着全球化的深入发展,跨文化交流变得越来越频繁,文化类论文的研究也变得更加重要。外国文化类论文不仅可以帮助撰写者了解不同民族的文化特色和文化内涵,还能促进不同民族之间的交流和合作,推动多元化世界的发展。本章归纳总结文化类论文的概念与特点、学生撰写论文的常见问题并提出了相应的建议;深入剖析了外语专业文化类论文的研究范式,对于提升外语专业文化类论文的研究水平具有重要的指导意义。

翻译类学位论文的写作

第一节　翻译类论文的概念和特点

翻译类论文是对翻译问题进行研究的论文，而翻译问题又异常复杂，需要探索的领域和课题非常广泛，主要包括翻译理论研究与翻译实践研究。翻译理论是指对翻译和跨文化交际现象进行反思、分析和理论化的一系列研究方法和观点，其内容主要包括以下五个方面：①目标语导向翻译理论，强调翻译应该以目标语的语言和文化为导向，满足目标语读者的需要和习惯；②源语导向翻译理论，强调翻译应以源语的语言和文化为导向，忠实于原文，避免过度的文化转换和意译；③描述翻译理论，强调对翻译实践过程和翻译产品的描述和分析，形成对翻译规律和策略的描述和总结；④社会学翻译理论，强调翻译是一种社会文化行为和现象，涵盖翻译者、目标语读者、翻译市场、翻译机构等多个层面；⑤交际翻译理论，强调翻译是一种跨文化交际的行为，需要翻译者具备跨文化交际能力，正确把握源文化和目标文化之间的差异和联系。翻译实践研究是对翻译实践活动进行系统性研究和分析的学术性论文，旨在通过对翻译过程、策略、技巧等方面的研究，提高翻译质量和效率。翻译实践研究关注的是翻译的实际操作和应用，它不仅涉及翻译理论的学习和理解，更重要的是将这些理论应用于实际的翻译工作中，并在此过程中不断探索和总结有效的翻译方法和策略。翻译实践研究可以帮助翻译者提高自身的语言水平、翻译技巧和专业素养，同时能够促进翻译理论的发展和完善。通过对比分析不同的翻译案例，研究者可以发现各种翻译现象背后的规律，从而为翻译实践提供更加科学和系统的指导。从以上研究内容来看，对于翻译理论和翻译实践的研究十分深入和庞杂，对于在读的本科生和研究生来说，进行此类研究并非易事。

一、翻译类学术论文的概念

翻译类学术论文是本科生或研究生在读期间经过研究和摸索，独立完成的、与翻译理论和实践相关的研究成果。这一成果不仅反映了学生的基础理论水平和翻译实践能力，而且体现了就读院校培养目标的达成度。无论是选择以翻译作为论文选题的本科生，还是翻译专业的研究生，都对翻译研究有着较明确的目标和浓厚的兴趣，因此在论文中应体现出较强的发现问题、分析问题和解决问题的能力。从外语本科生和研究生的研究水平和能力出发，适合其研究的方向主要包括翻译的标准及其可译性、翻译的方法和技巧、中外对比和翻译研究、翻译与文化研究、翻译史或翻译家研究、翻译译本研究等。根据培养目标要求，学术论文选题应以原创性和实践性为原则，鼓励学生从口笔译实践和翻译社会服务中寻找适合的选题。

在研究过程中，我们常常会将翻译类学术论文和翻译学术论文混淆。事实上，这是两个不同的概念,翻译类学术论文是一个名词,而翻译学术论文是一个动名词短语,它将作者的研究成果传达给更广泛的读者群体,促进学术知识的传播和分享。然而,翻译学术论文是一项具有挑战性的任务,需要专业知识、翻译技巧和丰富的经验,对很多学者来说难度很大。在翻译过程中会涉及很多方面的困难和问题。一是专业术语。学术论文中会大量涉及特定领域的专业术语和术语的特定用法。因此,在对学术论文进行翻译时,除了要具备高水平翻译的能力,还需要掌握相应专业的学术知识。比如一篇医学论文,如果不是医学领域的专家,里面的一些医学领域术语是看不懂的,更无法着手进行翻译。二是文体和语言风格。学术论文通常使用正式和专业的语言风格,包含特定的语言结构和表达方式。翻译时需要在保持原文准确性的基础上,使目标语言的译文符合学术论文的语言规范和学术风格。若翻译出的论文不符合学术风格,将很难通过审核。三是文化差异。学术论文的作者和读者可能来自不同的文化背景,有时候文化背景差异会对论文中的某些概念、观点或引用的理解产生影响。在翻译过程中,需要注意适当调整和解释,以确保目标语言读者能够准确理解原文的意思。

二、翻译类论文的特点

翻译类学位论文是对翻译过程和内容进行的研究,与翻译有着十分密切的关系。翻译本身是一项十分复杂而系统的工程,涉及的领域既包括文学、历史、社会、文化、语言、心理学等人文社会科学领域,还会涉及跨文化交际、人类学、民族学等相关学科,其过程的艰辛只有实践者才能体会和理解,因此,有人将翻译家称为"杂家"。而撰写翻译类研究的论文,要涉及的学科领域和知识面相对文学类和语言学类论文来说更为复杂和宽泛,这对论文撰写者的知识底蕴和应变能力会有很高的要求。只有在写作之前认真细致地查阅资料,学习相关翻译理论,并参考已有的先行研究基础,才能写出一篇合格的毕业论文。一般来说,翻译类论文具有以下特点。

(一) 对翻译理论知识要求较高

撰写翻译类毕业论文,必须掌握一定的基础理论知识。这不仅可以帮助我们树立正确的翻译观和价值取向,而且有助于更好地认识翻译研究、加深对翻译本质的理解,进而探索更有意义的选题。不仅如此,翻译理论知识也是解释翻译现象和论证相关论点的必备要件。尽管如此,在撰写翻译类毕业论文过程中,也应避免纯粹的理论探讨,应以解决实际问题为主要研究目标。除翻译理论外,撰写者还应具有扎实的双语能力、广博的百科知识、较强的分析概括能力和精准的表达能力。

除以往传统的翻译理论知识以外,对于翻译策略的研究也在崭露头角。对于我们大多数人来说,在接触翻译理论之前,最早接触的与翻译有关的知识就是翻译策略研究。例如,英汉互译、翻译理论与实践、英汉翻译技巧等课程其实都是在教我们怎么去做翻译。后来开始学习各种理论,逐渐会发现理论和实践的距离越来越远。有学者甚至认为"怎么译"的问题早在30年前就已经解决了,但其实当下我们还是可以用语料库的方法去做翻译策略研究,而且这个领域其实非常适合初涉语料库翻译学的新手们。

翻译学的研究属性基本上都包括思辨和实证两个层面,论文大概也都会包括这两个维度。思辨研究是基于一些抽象的概念和理论。例如,我们研究"网络黑箱""行动者"等理论和概念对翻译过程研究、翻译产品研究和技术翻译研究有什么启示等,都是一些思辨研究。不要以为只有量化研究才是来自经验的。好的实证研究,其实也是在概念研究的基础上的。比如,统计译者的翻译策略，而翻译策略的分类标准就需要有理论做指导，所以我们有时候在处理理论如何划分的问题时，就要涉及其他理论。它可能是翻译学的一些理论，也可能是语言学的一些理论。又如，我们在系统功能语言学的启发下研究译者如何翻译情态和情态意义的转变，就需要融入概念研究。也就是说，好的实证研究离不开思辨，也离不开理论。这也是为什么我们现在谈到语料库研究的时候，很多人又把它叫作基于语料库的研究，就是因为它是在语料库的基础上结合其他学科理论而开展的。把一个模糊的研究假设具体化成清晰的研究问题，通过若干个研究问题把这个研究假设给撑起来。

相对于社会科学来讲，目前的翻译研究很少提出一些有意思的研究假设，这就导致了相关量化研究不是很丰富。其实做文学研究也可以用这种量化的手段，此时我们就是在做数字人文了。而当前文学研究基本上是以思辨研究和理论阐释为主，没有较多较好的量化研究，原因就在于我们没有对文学提出一些有趣的假设。所以苹果落到牛顿的头上，他能提出万有引力的假设，而落到普通人的头上，可能就把苹果给吃掉了，这就是我们所说的缺少发现问题、提出假设的慧眼。

（二）论文形式种类多种多样

对于本科生来说，翻译类论文只需进行翻译类理论和实践的研究即可，但对于翻译专业的硕士来说，学位论文的形式则相对复杂，具体包括以下五种。

（1）翻译实践报告。翻译实践报告分为翻译实践和工作报告两部分。在翻译实践部分，研究生的翻译方向应为在导师的指导下选择以前从未翻译过的文本进行翻译实践。工作报告部分要求根据自己的翻译实践，写出不少于5000个目标外语词的理论分析报告。翻译实践报告重点是原创翻译实践，译文应采用附录形式，原文和译文应排版成并列两栏的双语对照形式，便于审阅。

（2）翻译实习报告。翻译实习报告是指研究生在导师的指导下参与翻译实践，并撰写不少于15000字的外语实习报告。项目翻译实习报告着重总结翻译过程中遇到的问题、采取的措施和获得的经验。翻译实习报告要求语言表达通顺准确，理论基础牢固，案例分析深入全面，对实践问题提出有效的改进方案。

（3）翻译实验报告。翻译实验报告是为有关口译和笔译翻译培训或语言服务培训的、不少于15000字的外语实验报告，并对实验的过程和结果进行分析。报告内容包括描述任务内容和过程、总结实验并得出结论。

（4）翻译调研报告。翻译调研报告是对翻译政策、翻译行业、翻译教育和培训等方面进行的研究与分析。内容可包括任务描述、任务过程、研究结果分析、研究结论和建议。

（5）翻译研究论文。翻译研究论文是对某一翻译问题进行原创性的理论研究，撰写不少于20000字的研究论文。研究目标、研究问题、理论框架、案例分析、结论与建议等方面的要求与硕士研究生的要求相同。翻译研究论文要求思路清晰、理论基础扎实、分析透彻、避免模仿和剽窃。

那么该如何好写一篇翻译报告呢？首先，要选取源语文本。可以选取已经发表的杂志期刊、小说，如果要分析的不是这类传统文本，而是一些字幕翻译，那么在国外推广的国产剧也是会做英文字幕的。其次，要分析原文。翻译分析不是孤立的，要在原文本基础上进行。从微观的语言层面可以看行文风格，比如幽默的、正式的或者讳莫如深的，分析其语言特点是否用了比喻和排比之类的修辞，这个文本的受众是普通读者还是具有学术或行业背景的人。接下来，在前一步分析原文的基础上分析译文。比如，把原文的比喻放到译文中是保留原文的比喻，还是另选其他目标语言中类似的比喻，或者直接舍弃比喻？在翻译的时候应用了哪些技巧，可以选一些有代表的例子进行详细分析。最后，分析译文有哪些不足。此处可以应用读者接受理论，把译文直接给其他人看是否有哪些地方不懂，如果有不懂的地方再找回原文，看看是哪里译文处理得还不够好，有哪些改进空间。如果是自己的译文，可以把实践报告多写一些。例如，翻译的时候用到了哪些方法、遇到什么问题、是怎么解决的、对自己有怎样的启发。总之，在分析的时候要有不同的角度，并把这些角度梳理出来，然后把语料填进去，适当分类总结，再加入一些自己的思考。

（三）研究方法专业性较强

翻译类论文主要包括理论和实证两种研究方法。

1. 理论研究方法

理论研究方法是一种利用特定理论观点或理论体系对翻译现象进行解释和阐释的方法。在研究过程中，理论假设是必要的前提，主观思考则是不可或缺的环节。理论研究的总体结构包括问题的探讨和分析，多采用逻辑推理、哲学思辨和演绎法等方法进行，其目的是推动理论的进展，其结构模式包括理论原理—逻辑思辨—新的原理。理论研究方法主要包括以下几种。

（1）经验总结法。经验总结法基于研究者在翻译实践中积累的经验来总结翻译技巧，采用此方法的研究者通常具有深厚的翻译功底。但由于该方法着重于体验，因此缺乏严格的理论体系，无法进行深入的抽象分析。

（2）归纳思辨法。归纳思辨法强调规约、弱化描述和解释，注重对研究对象的抽象分析。

（3）语言学理论研究法。语言学理论研究法侧重于在翻译现象分析与解释中应用语言学的不同理论模式和理论系列。

（4）跨学科研究法。跨学科研究法利用其他学科的理论观点、理论体系和方法研究翻译现象，这是翻译理论研究的趋势。借鉴其他学科的理论可以更全面、深入地理解翻译现象。在跨学科研究中，常常需要综合多种理论。在此基础上，还可以将文化学派、探纵学派和解构主义思想相结合，形成一种多元的理论思想。这种多元的理论思想不仅包括语言、文学、诗学、社会文化和政治等方面，还将翻译置于社会文化的多元结构中。

2. 实证研究方法

实证研究方法旨在通过观察和实验获得新的数据和信息，以证明或否定假设，或者形成新的假设。换句话说，实证研究的目的是通过数据来论证假设，以此推进知识的发展。翻译学的实证研究可以解释翻译活动中不同因素之间的关系，以及它们对翻译过程、译作及其在目标语文化中产生的制约作用。在实际研究中，描写性研究方法以大量的事实为基础，对翻译行为进行详尽的描述和解释，并进行理性预测。在证明、否定和修正翻译理论方面，描写性研究方法具有重要的作用。实证研究方法主要包括以下几种。

（1）语料库研究法。该方法从具体数据推导出理论结论，可以重复验证其有效性，强调客观的证实或证伪，不受个人喜好和偏见的影响，因此客观有效。

（2）个案研究法。个案研究的研究对象可以是单个案例，如对某个译本的语言形式、文体风格或某一翻译者的语言风格、翻译策略的研究，也可以是对同一部作品不同译本的对比研究。

（3）观察法。研究者通过观察和描述现象，提出假设并解释方案，随后通过进一步的观察和描述来验证、修改或否定假设。因此，该方法需要仔细观察和描述翻译现象，确保假设的科学性和可靠性。观察的方法可以通过现场观察或利用录音、录像等手段实现，也可以借助键盘使用记录等软件辅助记录译者在翻译过程中的各种操作，如修改、删除、增加、停顿等，还可以统计文章的篇幅和耗时等信息。此外，为了更真实地观察数据，观察研究人员还可以采用认知心理学的内省法，使用有声思维方法或口头汇报法来搜集内省数据。研究者还可以运用口头交流、访谈和问卷调查等方式搜集数据。对于口头交流和访谈，需要立即进行录音，并将其整理成书面形式以便于后续数据分析。在整理回顾报告、访谈和问卷调查内容时，应联系实际观察到的数据，包括翻译内容、翻译者的行为表现和遇到的问题，以及所采用的策略和方法等，以便进行更为准确的分析。这种方法可以更客观地研究译者的翻译心理转换过程。然而需要注意的是，观察法也存在一定的局限性。一方面，研究数据和结果的普适性可能受到观察对象的限制；另一方面，被观察者可能无法提供完整、准确的信息，因此搜集到的数据可能存在不完整和不准确的情况。

（四）对误译的研究方兴未艾

时至今日，翻译比以往任何时候都更加繁荣，各种翻译版本在我们生活的各个方面涌现出来，同时存在潜在的危机。随着版本的增加，这些版本中的误译和误读也越来越多，这不仅给读者带来了许多理解上的问题，也影响了不同国家之间的有效交流。如果我们对这些问题置之不理，那么问题将变得越来越严重。误译和误读是翻译领域一个复杂而又重要的学术问题，但到目前为止这个问题还没有得到重视。这是一个极具研究价值的课题，值得我们密切关注。在当今世界，不同国家之间的交流变得越来越频繁和普遍，在文化的背景下对这一领域进行探索势在必行。

著名翻译家金惠康教授认为，误译是在翻译过程中由于错误的理解或解释而导致的错误表达。误译可以分为技术误译和文化误译。技术误译是与文化无关的误译。这个定义可能看起来很模糊，但这是最合理、最包容的定义。造成这种错误的原因可能差别很大，但根据这种定义，就很容易判断这种错误是否属于技术性质。现实实践中，误译不仅发生在译者进行翻译、阅读原著或做任何书面形式的操作时，也发生在与他人交流或跨文化交流时。那么为什么误译如此普遍？可能的原因是什么？

关于这个问题，一些专家认为要想找出原因需要有足够的例子，并应仔细、系统地进行研究。这些早期的模型与人际传播有关，英国社会学家斯图尔特·霍尔在一篇关于“编码和解码”的文章中提出了一个大众传播模型，强调了在相关代码内积极解释的重要性。这种模式是信息源→编码→信息通道→解码→信息最终结果。在理想的交互中，这种模式下的信息源和信息最终结果应该是重叠的，但在实际操作中两者之间往往存在差异，从而导致误译。

误解的对象也是理解的对象，它指的是信息接收者接收到的原始代码。信息接收者所要理解的绝不仅仅是原文的字面意义，而是它的参考意义以及在一定情况下的意图。它的官方术语是语篇，即意在表达特定意义的一组句子，其主要目的是进行成功的交际。研究者通过多角度、全面的分析，得出误译的原因可能有以下六方面：①对语意的误解；②对假释意义的误解；③对语境意义的误解；④对发音的误解；⑤对文化意义的误解；⑥对源语言中行为的误解。

从非文化因素看误译的原因，根据定义“技术性误译”是“与文化无关”的。罗进德在他的一篇文章中说，这种错误可以在我们看到它的那一刻被发现，要么是语法错误，要么是粗心大意，比如把“道德”当作“死亡”，实际上是完全不同的意思。学者们最关心的是“文化误译”，对此应该进行详细的研究，因为误解和误译的文化原因比非文化原因更微妙，更难以把握。然而，这种误译往往反映出跨文化交际中存在许多文化障碍，因此具有更大的研究价值。在某些误译中，我们可以发现两种文化之间最容易混淆的地方是什么，以及这些障碍是由什么构成的，误译直接生动地表现了不同文化之间激烈的碰撞和变形。

我们都知道上下文对于选择单词的特定含义很重要，但这种上下文更广泛的意义是文化。引用奈达的话来说，翻译“是跨文化的，而不是跨语言的”。从他的话中我们可以看出文化因素在翻译中的重要性。因此，跨文化意识对于减少误解和误译是必不可少的。任何从事翻译或跨文化交际的人都应该培养跨文化意识。当然，要成为一名优秀的译者，仅仅培养和拥有跨文化意识是不够的，这是任何译者都应该引以为豪的品质。有人曾经把翻译比作邮递员，这是非常贴切的。因为他们需要努力和坚持，最重要的是要坚强。换句话说，永远不会被困难或逆境打败。

第二节　翻译类论文的写作要点

要点是最重要、最关键的内容或部分，可以帮助我们直指核心问题并快速解决。“工欲善其事，必先利其器”，掌握写作要点，撰写论文的过程才不会迂回曲折。

一、翻译类论文的选材和热门选题

（一）选材

翻译类论文是对翻译形式、翻译内容、翻译方法进行研究的学术成果，在选材中可从以下四个方面考虑。

（1）除实用性材料外，还可以给某些公司兼职翻译实践书籍。只要获得作者授权，即可用于毕业论文撰写。

（2）许多新闻网站会招聘兼职翻译，可以尝试申请省市级日报、环球网的相关职位，然后在工作素材中寻找适合的翻译内容。

（3）豆瓣等 App 也会招聘书籍翻译者，这也是一个很好的途径。

（4）一些翻译公司提供兼职的机会，在兼职翻译过程中遇到的资料都可以用作论文选材。

确定好翻译的材料后要及时反馈给指导教师，得到指导教师的肯定后先了解原文内容属于哪一领域，是科技报告、实用材料、书籍，还是其他，对专业取向、语言特点和语言风格要有整体的把握。翻译的领域十分广泛，可能涉及经济、历史、文学、工程科技和医学等，这些领域论文的语言特点和风格各有不同。无论是什么类型，文体确定好之后要去知网搜索同类型的实践报告，查看前人运用了哪些理论、哪种方法是可以借鉴的，确保翻译和研究可以进行下去，有先例可循。确定好大方向后，再查找相关书籍，认真研读并做好读书笔记，方便日后更好地运用。另外，要注意区分理论和方法，二者不可混淆。

（二）选题

从选题来看，翻译方向历年的热门选题主要包括以下八个方面。

（1）翻译与文化。从社会、文化、历史、交际的视角切入，探究译文出现的原因。

(2) 翻译与语言学理论。从篇章语言学、功能语言学、对比语言学、心理语言学、交际语言学、文化语言学等方面考虑选题。

(3) 翻译与文学。从艺术角度探究文学翻译中的问题。

(4) 应用翻译。从特殊用途英语如商务英语、科技英语、旅游英语等方面讨论在特殊领域中涉及的翻译问题如何处理,如旅游宣传资料的翻译等。

(5) 译文对比。从多角度对作品进行比对和分析。

(6) 翻译及评论。选择一个理论视角对翻译进行评论。

(7) 译者风格。通过分析作品阐述翻译风格。

(8) 翻译与美学。从美学角度看待翻译。

二、翻译线上辅助工具的使用

说到翻译,大部分人会想到要借助一些辅助工具或者寻求学姐、学长和老师的帮助来提高效率和准确性。其实,在当今信息繁杂且飞速传播的时代,线上翻译软件也是一种十分高效的辅助工具。

对于文档翻译,“翻译狗”是个很不错的选择,无论是翻译速度还是效果,都能够满足大众的需求。它能很好地保留原文排版,文件中的数据、图表等也都不会混乱,会给后续工作提供很多便利。查阅和翻译外文文献,最常用的是有道词典。翻译之前,打开有道词典的自动取词功能,停留在不认识的单词上面,它会自动识别并给出相应的中文释义。但有时即使知道陌生单词的意思,也并不意味着可以完全翻译出整句或整段的意思。这时可以借助 Google 翻译,它能解决一些长句的翻译问题。需要注意的是,不可以完全依赖机器翻译,而要在机器翻译基础上加强个人对句子的理解和修正。另外,在某些情况下,即使借助了前两项工具,也不能理解翻译的意思,这很可能是因为句中出现了专业词汇,但有道和谷歌的翻译并不会提示,此时通过知网翻译助手搜索词条,会告知结果是专业词汇,并在结果下面有文献与之相对应,可以大幅提高翻译的可信度。

在进行机器翻译时,首先需选择源语言和需要翻译的目标语言。然后,计算机程序会将文本从源语言快速转换为另一种语言。随着人工智能 AI 和机器翻译的发展,目前计算机程序可以执行的任务越来越复杂多样。机器翻译最大的优势就是服务价格合理。很多线上翻译软件在翻译少量文本时是免费的,而要求翻译大量文本时可能会产生费用,但总体来说机器翻译的费用比人工翻译要低廉得多。机器翻译的另一个优点就是耗时短。此外,AI 机器翻译可以承担一些重复性的任务,如一致性的维持和单词的修改,在节省时间的同时也节省了成本。

尽管机器极大地影响了翻译开展工作的方式,但它们也有很多局限性。

(1) 无法通过上下文理解句意。为了实现准确的翻译,必须结合上下文并揣摩源语言的语气。大部分机器翻译软件目前暂时都无法做到这一点,导致很多句子的翻译偏离了原本的意思。最近大热的 ChatGPT 之所以能让众人惊叹,就是因为它对上下文的内容有短时间的记忆,且能够对前文中提到的内容进行重新整合并回复相关提问。ChatGPT 是一款以英文为基础的 AI 工具,对每种语言的理解程度有差异,因此针对不同语言的翻译与回复品质也不太一样。想在实际使用中达到较好的效果,需要更多的个性化设置。

(2) 错误的选词。机器翻译时很难正确并妥帖地选择到适合语境的词汇,因为多义词的存在,机器翻译的品质始终和人工翻译有所区别。再者,很多行业都有自己的专业术语,非特殊调试的翻译机器大部分没有专业术语的储存库，因此在处理高技术性内容时，机器绝不是最佳的选择。

（3）文化背景的差异考虑不周。就像单词有多种含义一样，对文化背景的掌握也是机器翻译难以克服的一大难题。根据文化背景的修改和再创作对翻译品质来说至关重要。除此之外，在翻译过程中也经常会出现目标语言中没有对应单词的情况，人工翻译可以找到接近的替代词，但大部分机器翻译会选择保留源单词，这就会导致目标语言翻译的不完整，最终产生信息混乱。机器翻译目前尚未成熟到能够有效解决这些问题的阶段。

即使机器翻译取得了长足进步，人工翻译仍然有难以被取代的优势，人工翻译是确保高准确性的唯一途径。如果没有真人参与翻译，仅靠单纯的机器翻译往往会出现许多错误。对于专业领域的翻译，如医疗、法律、金融，情况更甚。这些行业的容错率极低，小小的误差都有可能造成无法挽回的后果，这也是机器无法完全取代人工翻译的原因之一。大部分的翻译员都精通两种以上的语言，可以很自然地理解翻译文本的文化背景，并根据上下文分析语境的差别，做出更好的选择。人工翻译需要完全掌握源语言和目标语言，因此输出的翻译也会更加自然。尤其是游戏、电影、音乐这样的艺术类作品，必须具备如母语般“亲切”的翻译，才能让用户与之产生共鸣。需要经过本地化程序的不仅仅只有单纯的文本，文化风俗、俚语、配音等都是影响用户体验的重要因素。人工翻译的另一大特点，就是有机会调整翻译的内容和要求。人工翻译需要创造力和独特的思维，每个人都有主观的理解与想法，如果对内容有疑问或需要更多背景信息，随时都能联系翻译员进行沟通或修改。

国内一家人工智能公司对全球前七的人工智能翻译软件进行测试，翻译各种题材和风格的各行各业文章。让人工同这些翻译机器进行比赛，并且评估各种翻译软件的翻译结果。在大多数的情况下，在翻译理、工、农、医等较规范性的材料时，机器翻译的速度和质量远超过真人翻译，几乎可达到无可挑剔的地步。但是在翻译社科类文件时，就远不如真人翻译。就目前而言，机器能够很好地翻译出语义、传达信息，但是还不能很好地理解和传达那些隐藏在语义下的深层思想和情感。也就是说，至少在“创”译方面还不如真人翻译。人工翻译的缺点在于时间与成本。不难想象，人工翻译需要更多的时间，且机器翻译的成本总是比人工翻译来得更低。机器翻译和人工翻译的优缺点几乎是互补的，因此将这两种作业方式结合起来，才是一种理想的选择。

三、翻译环节的细节问题

翻译分为译前、译中和译后。

（1）译前要求译者具备良好的语言基础，具有透彻分析文本的能力，并了解文本的背景知识和受众群体。翻译的关键是内容，而翻译语言要求通顺易懂、符合规范，词句应该符合受众民族语言的习惯，使用科学、标准、民族、大众的语言。这就是为什么要求译员具备相当良好的语言基础和语言驾驭能力，深厚的语法知识和广博的专业词汇量缺一不可，同时要尽量克服“中式外语”的错误。除具备良好的外语基础之外，中文基础也是不可忽略的。很多人在翻译时偏向于寻求外国人的帮助，虽然他们的外语水平是一流的，但对中文及中国的文化并不了解，导致在翻译时会出现很多问题。这也从侧面证明了汉语表达能力和理解能力的重要性，它直接影响翻译结果的优劣。因此，在翻译时中文基础是很重要的。

（2）译中即翻译的过程，也是解决问题的过程。翻译时要时刻保持清醒的头脑，先厘清翻译结构和主旨，呼应主题氛围，再根据受众群体确定表达方式。根据以往翻译的经验来看，不从整体上了解文本的结构，直接按照作者的行文翻译，基本上都会在后期遇到问题。译者对作者撰写文本思路的把握是翻译过程中的重要一环，它决定了整体基调和方向。此外，译中如果遇到目的语国家较为敏感和回避的问题，要尽量用其他的方式表述，或者直接跳过。

(3) 译后即文本翻译完成之后，对译文进行校对和修改。定稿并不意味着翻译过程的结束，还需要总结研究意义、研究价值，此时可以对前期撰写的意义和价值部分进行补充。然后进行自我总结，通过此文的翻译有哪些收获、哪些部分的翻译存在问题、下次应如何避免和改进。人们都说"失败是成功之母"，其实不然，失败之后没有总结和反思，下次也很难成功，所以准确的说法应是"反思是成功之母"。

除译前、译中、译后外，在汉英翻译过程中还有一些特别需要注意的细节问题。

首先就是数字笔译。这是国内笔译者碰到最多的问题，他们对数字的翻译很难快速反应，这是由于汉语和英语表达数字的方法分歧。在笔译工作中必然会碰到数字，没有进行过专业训练的人很容易失误，而数字的译错极有可能带来严重的后果，因此应该一直把数字笔译作为一项重点演习内容。

其次就是意译能力和应变才能。练就意译的能力实际上是学会一种摆脱困境的方法。没有经验的新手译者在碰到难点时，就会僵硬地逐字直译，而不采纳意译的方法。再加上世界政治、经济、社会的迅速发展，每天都有新的词汇和表达涌现，这就需要译者具备意译能力和应变才能，在平时的翻译过程中总结出一些机动笔译的方法，未来碰到类似情况时才不至于手足无措。

最后就是同义词辨别。辨别同义词、近义词，尤其要辨别在外语中不是同义词却又译成同一个汉语词的那些外语单词。一定要能准确地理解词汇和短语，不能为了图省时、省事粗糙地应用外汉辞书。查阅时，要留意同义词、近义词的异同，这样就可以大幅减少返工，并能保证翻译质量。

四、翻译类论文的校对和修改

翻译类论文的写作完成后并不意味着整个过程结束，没有校对和修改，很难保证论文的质量达到毕业论文要求标准。那么检查和修改都包括哪些内容呢？

(1) 基本错误的修改。基本错误包括语法错误、词汇拼写错误、标点符号错误等低级错误。这些错误在所有错误中是最低级的，也是最常见的，但在外文论文修改中处理这些错误却并不简单。这些基本错误分布广，数量多且分散，需要我们逐字逐句地检查，十分耗费时间和精力。

(2) 写作结构也称为写作格式的错误。这种错误也是外文论文修改中常见的错误。学位论文等有其特定的格式，写作的时候必须严格按照特定的格式，格式不合格的甚至会被直接退回。因为特定的格式不仅能表现出作者的严谨，还能方便读者的阅读。

(3) 强化逻辑。外文论文修改的最后一点，也是外文论文修改中境界最高、要求最高的一点，那就是强化文章之间和句子之间的逻辑。特别是对于外文论文这种学术性论文来说，逻辑很重要。许多作者因为外文水平不过硬，写出来的句子都是短句，或者是没有章法的长句。通过这些句子拼凑出来的论文，逻辑性肯定不强，而且对论文水平要求越高，文章的逻辑就要越强。外文论文修改时要提高文章的逻辑水平，还是要看修改者的外文水平和逻辑意识。语言运用组织能力越好，对要写的东西认识程度越高，文章的逻辑水平也就越高。

校对看似简单，实则十分复杂且枯燥乏味，要有一定的耐心才可以完成的。要先留出相对充裕的时间进行校对，以便应对一些意外或突发情况，最好能够预留出一周或一周以上的时间。校对可以先通读全文，查看是否存在明显的错误，比如一句话是否完整、段落之间衔接是否突兀等，其间也可以根据需要增加或删减一些句子。确认无误之后，再把重点放在译者比较薄弱的地方，比如手误导致的拼写出错、标点符号使用随意等问题。

检查文章的排版格式也是十分重要的，分段是否正确、正副标题的使用是否恰当、字体是否一致、引用是否已注明来源等，都是需要特别留意的地方。如果译文篇幅过长，建议分批完成校对，否则容易因长时间集中注意力而导致过度疲劳，遗漏一些本就较难发现的错误。再者，也会因为体力透支导致对文字产生厌倦，逐渐失去校对的耐心。此外，可以借助 Word 自带的功能提高校对效率。利用拼写和语法功能进行筛查，当某个错误重复出现时还可以使用搜索关键词功能找出同类错误，保证不会遗漏。当感到阅读疲劳时，可以采用朗读的形式来进行剩下的校对。一方面，可以提神醒脑，驱赶困意。另一方面，还能在朗读过程中发现翻译文本中的语句结构问题。

五、翻译类论文写作的注意事项

在翻译类论文写作过程中既要遵循一般论文写作的逻辑和要求，还有其特定的注意事项。

（一）切忌直接翻译

在写作之前，需要对翻译领域进行深入的研究和了解，还需要理解选定翻译文本的主旨。在翻译时，不仅要读懂原文本，还要核实作者写作的真实性，仔细查看参考文献，找出其中的不足之处。例如，中药提取物“冬凌草甲素”可使 M2 型白血病获得良好疗效。这是一种很含糊的表达，尤其是“良好疗效”这一类的字眼。不管是中文还是其他语言，在翻译时，一定要做到精准，不能使用带有含糊字眼或不确定的表达。

（二）不要只关注和搜集选定题材的资料

坚持宏观广义方针，即“翻译一本书，功夫在书外”。阅读与选定题材相关的经典书籍、学术期刊和论文，以了解当前的研究进展和各种观点。这些资料可以帮助译者梳理出一个清晰的写作框架，并为后续翻译提供支撑。在翻译过程中，要注重逻辑性和连贯性。使用恰当的翻译方法和创新思想，将翻译做到不仅单词和语法没有问题，而且语境十分切合。这样可以使质量更上一层楼，并让读者认可翻译文本。

翻译要求译者具备宽广而深入的知识面，仅仅会外语是无法翻译好文本的，要精通大量相关领域科研学科的理论知识并具有一定的实践经验。同时，译者还要掌握丰富的“百科知识”，当然这里是对专业领域而言的。例如，翻译医学类的文本，除了要精通医学专业知识外，还要了解植物学、社会学、机构名称等，需要十分广博的知识基础。

（三）要在翻译中引用翻译理论、研究成果和相关资料

引用既能为译者的翻译提供支持，也可以展示译者对翻译领域的深入了解和研究成果。想要写得简单易懂，最好选用功能对等理论和目的论，因为这两种理论比较容易理解。同时，这两种翻译理论在翻译文本中的应用也较为广泛。

综上所述，翻译类学位论文写作不仅是学术能力的体现，更是对专业知识深入理解和应用的过程。论文成功与否，关键在于能否展现独特的创造能力和扎实的研究能力。这要求毕业生在论文写作中将自身研究与已有成果有机结合，展现出独有的学术价值。同时，严谨的论证是确保内容新颖性的基石，每个立论都需建立在充分证明的基础上。此外，清晰准确的表达、

平衡恰当的布局、确切合理的研究方法，都是撰写高质量翻译类论文不可或缺的要素。只有不断解决写作中的常见问题，我们才能够提升论文质量，为翻译学的研究贡献力量。

第三节　翻译类论文写作常见问题分析

翻译类学位论文水平的高低是评估教学质量的重要依据，也是衡量教学效果的重要指标。目前，翻译硕士方向的学位论文大多采用翻译报告的形式。虽然之前已有学者对这一课题进行了富有成效的探索，但大多局限于表面形式，很少有从学术和实践方面入手的研究。翻译报告往往会出现框架化、模式化和形式化的问题，翻译报告质量低下、缺乏学术参考价值的问题也日益突出。在对翻译类论文进行指导和研究过程中，我们不难发现其中存在很多较为明显的写作问题。

一、地域局限性和翻译方向一边倒

在各个高校翻译报告选择上，体现出明显的地域属性和学校各自的特色。比如，西南地区一些高校的硕士翻译报告主要选择教育著作和旅游文本的方向，而东南地区的一些高校则选择经济和商贸类的方向。这样的倾向性与高校的学科优势和指导教师的研究领域有着密不可分的关系，但限制了学生自由选择的空间。尽管如此，我们也必须看到，翻译报告倾向于非文学翻译的事实迎合了市场经济发展的现实需求，为学生就业提供了理论和现实的研究基础。

此外，翻译文本中的外译汉占据了绝对的优势，这种倾向与实际需求形成了巨大反差。在“讲好中国故事，传播好中国声音”理念的指引下，我们更需要将中国声音用外语传播出去，但现实中汉译外的高端人才极其短缺。这种翻译领域的逆差，将会严重影响我们把自己的故事讲给世界。对于这样的问题，也很容易理解。将外语翻译成母语，对我们来说更有把握、更轻车熟路。受到母语负迁移的影响，我们在讲外语过程中会不自觉地用自己熟悉的语言去套用，这样就会造成翻译内容不地道、不生动，甚至有时还会闹出笑话。基于保守性考虑，翻译者更愿意将外语置于理解阶段输入，而将母语置于表达阶段输出。这样即使翻译的内容有差池，也不至于招致非议。但在现实中，我们更需要向世界展示中国的特色，让更多的人了解我们、理解我们、认同我们。这一桥梁作用正是作为翻译者的我们应该担负起的使命。翻译专业的学生应清醒地认识到这一点，为提升中国的话语权和在世界的地位而努力做好汉译外的学习和实践。

二、选题无新意

论文的创新，更多的是观点的创新。观点的创新要求我们有独到的眼光，对现有知识结论保持问题意识，学会质疑才能不断出新意、出新知。但是，这种问题意识不是让我们断章取义或刻意贬低他人的成果，质疑要建立在理性、逻辑的基础上，最常见的一种做法就是质疑那些大众习以为常的逻辑认知。正如鲁迅所说：“从来如此，便对么?”通过反常识、反传统的思考，提出新的问题观点，实现继承式创新。很多翻译方向的学生在选题时喜欢人云亦云、亦步亦趋，认为这种方式最为可靠和保守，但实际上束缚了自己发展空间和学术潜力。

对同一个问题的解读，可能会集齐百家之言。在学术界，争议和矛盾是很常见的，真理通常就是在碰撞中渐渐显现的。针对一个问题或现象，一位学者提出了他的观点和看法，极有可能另一位学者会对其进行反驳。那么，谁的观点才是正确的？或者双方观点都只是相对的部分正确？抑或两者都是错误的？从这些问题出发，就可以对专业领域内的争议议题进行更全面、更客观的新阐释。取其之长，补己之短。

其实翻译类论文可选的题目比较多，最常见的是就翻译方向的某一研究点进行发散。比如，要研究翻译中的女权主义，最好的办法是选取一篇文章进行案例分析，剖析部分占论文的60％。而其他部分如研究背景、理论、结论等都可以套用。近些年来，翻译方向的热门主题包括语料库与翻译技术、新文科与外语建设、国家翻译能力建设、中国文化外译、中国对外话语体系建设、国际翻译话语权建设等。

三、翻译理论支撑不足

中国翻译史可大致分为四部分，从东汉到北宋的经文翻译时期、从明朝到"五四运动"的西学翻译时期、从"五四运动"到中华人民共和国成立的马列苏俄和更多外国文学翻译时期、从中华人民共和国成立至今日臻完善的翻译时期。清末，严复提出"信达雅"的翻译标准，对后世翻译工作产生了深远影响，"信"是忠于原作，"达"是忠于读者，"雅"是对于文学语言的忠诚。其中，"雅"常常被误解为语言优雅，导致文言风译文饱受赞美，但所谓"雅"的实质是语句得体适当，具体语体应由原文风格决定，而不是一味地附庸风雅。而"五四运动"到中华人民共和国成立时期，白话文运动越演越烈，白话文逐渐在译本中占据主导地位。当时著名译者多为文学家，比如郁达夫、梁实秋、周作人、鲁迅、傅雷等，这些译者助推了马克思列宁主义和大量文学作品的引进，深刻影响中国近现代文化的发展。

正是在这个百废待兴的时代，各种翻译理论层出不穷。秉承严复"信达雅"理论，钱钟书先生提出"化境说"，即翻译时既能不因语言习惯的差异而露出生硬牵强的痕迹，又能完全保存原有的风味，但这只是理想状态，因为译文总有信息流失的部分，彻底达到化境几乎是不可能的。之后傅雷先生提出"神似说"，认为翻译应当像临画一样，所求的不在形似而在神似，也就是在保证语法结构正确的基础上，更重视意译。然而这两种说法，由于其定义过于模糊，与其说是理论，不如说是两位先生的心得随笔。

在校学生由于学习的涉及翻译的课程很少，没有接受专业的理论学习和训练，所以在论文中几乎不会提及翻译理论的内容。而翻译硕士学位的设置和培养目标中未对理论修养的培养做出特别的要求，这也是很多硕士翻译报告中理论创新缺失的主要原因。在理论支撑不足的状态下，就会出现对以往理论的亦步亦趋、理论无法支撑实践等问题。

四、摘要信息缺失

摘要作为学术论文的开篇，是整篇论文的缩影，浓缩了论文的主要内容和精华，因此摘要的撰写至关重要。一般而言，摘要应该首先对论文的内容进行高度概括，用简洁、明了、凝练的语言向读者展示文章的核心内容。一方面便于读者判断该论文是否具有阅读价值，另一方面有助于文献的检索和汇编。摘要由目的、方法、结果和结论四部分组成，在写作摘要时撰写者应基于这四个要素提炼全文的主要信息，并去除冗余细节。同时，摘要更多地关注研究背景的描述及对论文的评价。写作时，应注意避免文本的主语，且不必重述标题中的已知信息。在结构合理、语义精准的前提下表达凝练，避免使用不规范术语。

翻译报告的摘要和论文摘要近似，一般篇幅在1000字左右，第一部分叙述报告的主题、目的和意义，第二部分阐述报告的理论和实践方法，第三部分进行简单的章节描述，第四部分总结结论并指出问题。通常情况下，很多翻译报告的摘要都会有一些缺失，如选题目的、理论意义、实践意义和研究结论等，甚至有的论文只介绍背景、目的和整体框架。这样一来，信息的大面积缺失会导致读者无法从摘要中查询到关键信息，即使阅读了摘要依然是云里雾里，还要到正文中去寻找相关内容。

五、文献综述叙述失当

文献综述是搜索某一领域的先行研究，在归纳、整理、阅读、综合分析后形成的学术论述，它不仅要对查阅的资料进行分析整理，还要提出自己的独到见解。此外，文献综述需反映现阶段某一领域中的学科或专题的最新动态、进度和趋势。翻译领域的文献综述是作者在全面阅读和了解翻译学位论文研究领域的相关文献基础上，对翻译学位论文研究现状、新进展、新发现和发展前景进行的综合分析、总结和评述。一篇优秀的文献综述不仅可为下一步的论文写作奠定理论基础、提供拓展机会，而且可展示撰写者综合、分析、整理和整合现有研究文献的能力，有助于提升论文的整体印象。

文献综述是对已有研究的总结、归纳和延伸，主要包括描述和评论两个方面的内容。描述是对现有成果的罗列和归纳，可以主要使用叙述文体或说明文体，重点在于整理。而评论是对上述内容阐述自己的观点和想法，并在此基础上提出问题和缺陷，这部分重点在于评价。经过描述和评论后，让读者了解此类研究的不足，说明此项研究的必要性和迫切性，并可由此引申出自己论文研究的意义和价值。一般的学位论文，罗列的先行研究并不全面，甚至有些具有代表性的先行研究成果并未归入其中，这是很严重的缺失。与此同时，顶尖人物的最新成就也不应忽视，只有全面、深入、具体地进行陈述和评价，才能确保研究的前沿性、真实性和权威性。

一般情况下，文献综述的主要问题存在于以下四个方面。

（一）文献选择与题目相关性小

传统选题的文献众多，但并非所有研究成果都适合纳入文献综述。一些撰写者为彰显学术实力或写作态度认真，经常搜罗大量相关性很小的文献。这会导致论文文献过于繁多和冗长。因此，在文献综述时应注重筛选，尽量选择对研究有实际意义的文献，避免大量无用信息的插入，旨在凝练、精简、有针对性。

（二）简单罗列和堆砌文献材料，无总结分析

文献综述绝非简单地对资料进行汇总，而是在对先行研究成果整理和分析的基础上，陈述出撰写者的见解。文献综述应紧密围绕论文主题展开，确保其与论文直接相关，为论文撰写提供前情介绍，并与正文作为一个整体紧密联系在一起。

（三）不懂得去粗取精

在撰写论文时，很多人无法判断文献的层次，导致选择鱼龙混杂、良莠不齐。在全面阅读后，应仔细挑选具有代表性和权威性的文献，同时兼顾近年来的最新研究。当然，这种去粗取精是在进行大量阅读而形成了底层认知基础上自然形成的。

（四）治学态度不严谨，引用文献问题较多

一些学生在引用文献时只看摘要或部分内容，二次引用较多，导致歪曲原意或无法把握文章主旨。有些学生还沿袭错误，导致以讹传讹。还有些学生在引用外文文献时未能深刻理解

原文内容，翻译时存在大量讹误。

六、报告结构失衡

论文撰写的过程与建筑房屋类似，需要从地基开始一步一步脚踏实地地完成，只有地基稳固，房子才能坚固持久。对于建筑来说，结构的分配和布置十分重要，论文和报告也是同样的道理，如果结构失衡就会使整篇文章摇摇欲坠。因此，各部分比例必须在撰写之前就做好预估和设计，保证结构合理、分析阐述有理有据。目前，对翻译报告的结构还没有统一的要求，一般情况下应包括题目、引言、正文、参考文献和附录等内容。

在引言部分需要简单地阐明问题的提出、国内外的研究状况、研究的理论依据及本研究的重点。需要注意的是，引言不是对方案的重复，而是对方案的概括，不用阅读全文即可获得主要信息。因此，引言应开门见山、有吸引力，不宜太长。引言应放在题目和作者之后，报告正文之前。正文部分包括研究概况、主要成果及社会影响、翻译理论的策略和方法、原文分析、研究结论及其局限性。标注参考文献时要注意选取有代表性的资料，兼顾文献资料类型，并按规范格式书写。如有些内容不适合在正文出现，可采用附录的形式，如表格、数据、图片、音频、视频等，同时注意对这些材料进行归类和有序排列。如果有参阅价值，但不便于在正文中出现，也可以放入附录部分。

在结构的组织上，大部分学位论文的题目、引言、参考文献和附录很少出现结构问题，但在正文叙述中经常会出现头重脚轻或者头轻脚重的情况。一般情况下，正文部分的研究概况、主要成果及社会影响、翻译理论的策略和方法占比不超过15%，原文分析占80%左右，研究结论及其局限性不超过5%。在论文撰写中，很多学生第一部分的比例过高，而在原文分析时内容过于单薄，给人感觉论据不充分、信心不足。还有一些学生的结论部分过于啰唆，将正文部分又重新叙述了一遍，这样的重复没有实际意义，反而会给人臃肿、不凝练的感觉。无论如何，文本应该注重案例分析，并且应在策略、方法和技巧等方面与相关翻译理论相结合进行深刻、全面、透彻的研究，同时注意案例分析的逻辑和组织。

七、参考文献不规范

参考文献是指在学术研究过程中，对某一著作或论文整体的参考或借鉴。征引过的文献如在注释中已注明，即可不再出现于文后参考文献中。按照字面的意思，参考文献是文章或著作等写作过程中参考过的文献。参考文献类型包括专著[M]、论文集[C]、报纸文章[N]、期刊文章[J]、学位论文[D]、报告[R]、标准[S]、论文集中的析出文献[A]。电子文献类型包括数据库[DB]、计算机[CP]、电子公告[EB]。电子文献的载体类型包括互联网[OL]、光盘[CD]、磁带[MT]、磁盘[DK]。

参考文献标准格式：[序号]＋著作作者＋篇名或书名＋参考文献类型＋著作的“出版年份”或期刊的“年，卷(期)”等＋“：页码(或页码范围)”。引用他人的毕业论文的标注格式为(毕业论文类型为学位论文[D])：[序号]主要责任者＋文献题名[D]＋出版地＋出版单位＋出版年＋起止页码。此外，根据参考文献在正文中出现的先后顺序以阿拉伯数字连续编码，序号置于方括号内。一种文献被反复引用时，在正文中用同一序号标示。一般来说，引用一次的文献的页码在文后参考文献中列出。多次引用的文献，每处的页码或页码范围分别列于每处参考文献的序号标注处，置于方括号后(仅列数字，不加 p 或“页”等前后文字、字符；页码范围中间的连线为半字线)并作上标。

正如不同期刊对参考文献的要求不同一样，不同学校对于学位论文参考文献的要求也是各不相同的。有的要求按照作者姓氏的顺序排列，而有的要求按照引文出现的顺序排列；有的要求中文先于外文，而有的要求外文先于中文；有的要求按照中文和外文两部分分列，有的要求按照专著、学位论文、期刊论文、报纸的种类分列。不管以哪种形式出现，参考文献都是论文和报告不可或缺的一部分。对于参考文献的选择，应遵循权威性、及时性、相关性的原则。很多学位论文的参考文献会出现信息不全或不规范的情况，虽然这一部分不属于论文主体，但其质量高低也会对论文的评定产生一定的影响。甚至有很多学生因为这一部分的撰写粗枝大叶而导致审核无法通过，这样就十分令人惋惜了。既然正文部分能够严谨认真地进行论证，参考文献就更应善始善终地完成。

八、重复率过高

在论文撰写过程中，很多同学会参考现有文献，在认同某一文献的观点时就会引证其精华部分。这种撰写方式常常会造成论文的重复率过高，无法通过学校的审核。由于学术论文本身就不是闭门造车、空中楼阁，因此适当地借鉴和吸取是非常正常的，但如果重复率超过15%，一般学校都会要求重新返回修改。为确保论文在查重过程中顺利通过，必须在提交学校查重前先进行自我检测。众所周知，我国最权威的查重软件是中国知网。虽然市场上也有很多类似的查重软件，但由于其系统不如知网科学、准确，因此也只能为学生做修改服务，最终的查重结果还是需要到知网确认。中国知网以其科学准确著称，但也不是尽善尽美的。比如由于国家和地域的限制，它网罗的外文数据库很少。对于外语专业的学生来说，很有必要了解目前市面上的一些免费小语种论文查重软件。

Plagiarism Checker X 是一款功能强大的免费查重软件，支持检测多种语言，包括小语种。它的查重准确率高、速度快，可以检测出剽窃和抄袭问题。需要注意的是，免费版本对检测文件的大小和次数有一些限制。

Small SEO Tools 是一款免费的在线查重工具，支持检测多种语言，包括一些小语种。它可以帮助用户快速检测文本的相似度，还提供其他实用的搜索引擎优化(SEO)工具，如关键词密度检测、反向链接等。

Search Engine Reports 是一款高效的在线查重工具，支持检测多种语言，包括一些小语种。它的检测速度比较快，可以检测出论文中的抄袭和剽窃问题，但对每次检测的文件大小有限制。

跟 Turnitin 比起来，iThenticate/Crosscheck 最大的不同就是在检测数据库中包含了来自900 多所高校的 100 万余篇的英文硕博毕业论文。作为一个由全球学术出版物组成的庞大数据库和基于网页的检测比对工具，目前 iThenticate/Crosscheck 是最受 SCI 认可的查重软件。

Dupli Checker 可以复制粘贴或者直接上传文档，但每次对字数有限制，一次只能查重1000 词，每天可对注册用户进行 50 次重复率检测。

Plagiarisma 既可以直接搜索文字，也可以针对某个网页查询，还可以上传文件查询。不过对于文字来说，通过 Google 查询的选项只提供给注册用户。

Copyscape 是一个在线检测内容被采集、镜像、复制、剽窃的查询服务系统，虽然它可以免费使用，但每个月的次数非常有限，并且只能通过输入网址查询，没办法通过粘贴文字查询。

Quetext 免费版可以检索 2500 个单词，还有语境分析、条件评分和模糊匹配等功能。ColorGrade 可以快速、直观地检索抄袭段落；用它查重不会储存论文，不用担心内容泄露问题。

Copyleaks 每个月都可免费查 2500 字，只要注册一个账号即可。

Grammarly 提供拼写校正、语境分析下的词汇应用纠正、语法规则纠正、标点符号纠正、句式架构纠正等基础功能，还可以对文章类型进行预判。

九、不愿反复修改和完善

完成学术论文后，修改是一个不可或缺的环节。无论从认知提升还是实践经验来看，修改都是一个无穷尽的过程。唐宋八大家之一的欧阳修每完成一篇文章，都会先粘贴在墙上，在审视中不断修改和完善，有些作品甚至被改得面目全非。我们应该学习并传承这种"文不惮改"的精神。作为撰写者，不应将论文写作视为一项单纯的任务，因害怕修改而回避它，而应将其视为自我学术成长的重要组成部分。在反复的修改中不断磨砺表达能力和观点驾驭能力，进而提高学术成果的质量。学位论文的写作过程是将零散的思维系统化的过程，这个过程是一个不断修正、调整和完善的过程。每位撰写者在完成论文初稿后，都应对文章进行重审和修改，检查的内容主要包括语言、结构和规范三个方面，在这一过程中反复增减、调整和重构。

学术论文的语言是基础，必须保证语言准确、简洁、通俗易懂，避免使用生僻、晦涩或自造的词汇，同时尽量不要使用倒装句或网络流行语，除非其已被广泛认可。对于外语论文的写作，有时尽管撰写者心中已有蓝图，但难以表达；有时辞藻虽然华丽，但语法错误层出不穷。因此，为了确保语言表达的精准，应反复朗读全文，及时发现并改正问题。语言表达在被精心打磨和细致修改后，可以大幅提高论文的可读性和层次感。

结构是论文的主要框架，会为整个研究提供脉络支撑。在修改时，需要注意检查文章的构成部分是否有遗漏或不完整的情况，同时确保各部分之间的逻辑连贯，避免交叉关系和包含关系，同时要观点明确、阐述具体、表述准确、前后一致。此外，为了体现对称美和形式美，论文的格式设计也应尽量精美，标题画龙点睛、陈述工整明快。

学术论文是记录研究过程、发布科研成果、与同行进行学术交流的重要传播载体。它需要符合相关的国家标准和国际标准，如《科学技术报告、学位论文和学术论文的编写格式》《学位论文编写规则》和《信息与文献 参考文献著录规则》等，不同学术期刊和学位论文规范会有微小差异。在修改论文时，应注意题目字数是否在 20 字以内，是否以最恰当、最简明的词组反映文中最重要的逻辑组合；中文摘要是否提供全文阅读信息；关键词是否数量为 3～8 个，且有实际意义；文中图表及数字、字母的使用是否规范；参考文献是否按照《信息与文献 参考文献著录规则》要求规范引用。另外，还要了解本校对学位论文版面格式的要求，检查字体、字号、序号等是否与之一致。总之，论文规范是一种强制性的统一要求，不可忽视。

以上是翻译类论文写作中的常见问题，在撰写论文前若能了解并提前做出规避，就会避免很多弯路和徒劳，为顺利完成论文打下基础。

第四节　翻译类论文写作的改善方案与解决对策

外语专业的毕业论文写作是完成教学计划、实现培养目标的重要环节；是学位资格认证的重要依据；是衡量、评估外语专业教学质量与水平的重要内容。在实践中，我们会发现翻译方向的论文在方向、选题、理论、摘要、文献综述、结构、参考文献、重复率、修改完善等方面都存在不同程度的问题。那么应该如何克服和改善？采取怎样的对策来解决呢？

一、如何选择有新意的选题

从论文三要素来说，其包括问题、方法与结论。因此，如果想要实现论文选题的创新，主要是围绕这三个要素去切入。比如，问题创新、方法创新、结论创新。不过，要发现一个完全原创的新问题，概率是很低的。多数情况下，论文都是在已有研究基础上继续做拓展延伸。那么，论文选题如何实现“继承式创新”？

（一）喜“新”念“旧”：老问题＋新方法或新视角

很多人会有这样的想法，觉得老问题没有研究的必要性了，因为已经有太多人研究了，再怎么研究也没有新意了，写论文时也直接绕过“老问题”。事实上，我们可以换种思路，使用新方法或新视角研究老问题，这样不仅可以找出旧方法和旧视角存在的问题，验证原有的结论，确保结论更加准确，而且可以达到丰富原有结论的效果。

需要注意的是，通过“老问题＋新方法或新视角”实现论文创新也是有条件的。众所周知，随着认知态度的不断更新、新知识的推动及实践的发展，之前的研究方法或研究视角可能不再满足学界的需要，这就需要撰写者转变思路，采用新的研究方法或研究视角。另外，并不是说所有的老问题都有继续研究的必要性。已有定论的问题和经过了无数次实验的问题就不需要我们继续去研究了，也就不适用“老问题＋新方法或新视角”。

什么样的老问题值得用新方法和新视角去继续研究呢？第一类是历史性问题。随着现实生活的不断变化，人们对问题阐释的要求也不断提高，因此需要作者使用更新的视角对传统资源进行阐释，以适应当代社会的发展需要。第二类是历久弥新类问题。随着研究的不断发展和深入，研究者数量逐年增加、文献数量也不断增多，支撑该问题继续研究的相关数据资料也越来越多，这就需要研究者运用新的研究方法去分析之前的老问题，进而验证、丰富原有的结论。

（二）问题意识：质疑概念＋质疑常识

实现论文创新，不一定非要使用新的研究方法、新的研究理论等。论文创新的关键是观点创新。要实现观点创新，我们就要学会质疑，有一定的问题意识，具有良好的问题意识，懂得质疑别人，才能得出新的观点。但质疑不是凭空想象，具体可分为两种方法：第一种是通过多种研究进行对比，比如横向、纵向对比，将某一个问题以历史溯源的方式展示出来，形成对这一领域的质疑；第二种是从概念、逻辑及现在掌握的常识角度对某些人质疑。这就需要作者能够时刻保持怀疑的态度，从大众习以为常的“正常问题”出发，发现并质疑。即如果我们能从反常识、反传统等方向出发提出研究问题，得出新的结论，就可以实现继承式创新。

（三）澄清矛盾：对立观点＋“新”阐释

世界上尚有许多事物、方面没有被认识或未被完全认识，现存的观点并不一定完全正确，或者说不是永远正确的。同一个问题，不同的作者得出了不同的结论。我们不能单纯地说哪位学者的研究结论就一定是正确的。结论合不合理，要看在什么条件下。但也正因为真理具有相对性，所有才容易存在对立观点，这也就为我们进一步澄清矛盾提供了广阔的创新空间。学者们在具体问题上存在分歧的点，就是我们接下来要研究的问题。将对立的观点作为研究问题，并作出自己的新阐释，就可以成为我们论文的创新之处。

总之，论文创新不能只着眼于提出一个别人没研究过的问题。多数情况下，论文创新属于继承式创新。我们可以通过新方法或新视角研究老问题、质疑概念和常识问题、澄清矛盾问题等方式实现论文创新。

二、翻译类选题的主要方向

撰写一篇好的论文最重要的还是选题，选题好不好直接决定一篇论文的优秀程度，而且任何人都不希望在论文完成了大半时，因为选题而返工。那么，在初始阶段就应将基础做好，以避免可预见问题的发生。作为翻译专业的毕业生，不可能去写一篇生物学分析或者法律条例论证的论文。我们要在翻译专业知识范围内确定题目，如谈论翻译和文化的相互关系、比较相同作品的翻译手法、翻译理论与技巧、语言学的魅力所在、翻译学上的思维差异、不同领域的翻译学、口译与笔译的不同魅力、隐藏在翻译下的情感、从语言学论述翻译的价值、翻译风格等都是很好的方向。

在确定大致的方向以后，就要阅读大量的文献、了解更多优秀的作品，这样有助于获得灵感。此外，还应主动寻找资深人士深入沟通。这一点很重要，正所谓前人种树，后人乘凉。一些经验在很大程度上可以帮助我们避免踩坑。可以寻找哪些人士呢？首先，可以是专业老师。专业老师十分了解该专业，能给出很好的意见。但在这里提醒大家，千万不要头脑空空就去寻求老师的帮助。老师是提供建议的，不是直接给予成品的。因此，需要前期自己通过各种平台查找资料，对选题有想法，才能与老师更好地沟通，自己也能有更好的思路来完成论文。其次，拜读历年来本专业学长、学姐的作品。特别可以找一找学长学姐的优秀毕业论文，会让自己了解什么是优秀论文，更加明确优秀的定义。最后，就是与同龄人的沟通，同龄人聚在一起的沟通会让我们进入头脑风暴，更容易找出出彩的选题。

那么，翻译专业历年热点选题都有哪些呢？翻译与文化方向可以从社会、文化、历史、交际的视角切入，阐述此类译文出现的缘由；应用翻译方向主要从特殊用途外语如商务外语、科技外语、旅游外语等方面讨论在这些特殊领域中涉及的翻译问题如何处理；译文对比方向可以从不同方面对作品进行对比；翻译及评论方向可以选择一个理论视角对翻译进行评论；译者风格可以通过分析作品阐述翻译风格；翻译与美学方向可以从美学角度审视翻译。

在琳琅满目的热点选题前，很多同学不知该如何选择。其实，选取自己感兴趣的、有想法和灵感的，写起来会更容易。当然，这个前提仍需要通过科学的筛选，选出值得研究、有价值的方向，这样可以更好地阐述论点。从翻译视角来看，可参考借鉴以下的论文题目：体认语言学角度下的具身翻译范式；中西方文化差异与翻译的原著感；跨文化传播语境下儿童绘本翻译实践创新研究；核电翻译服务项目开发策略研究；浅谈翻译中的词汇衔接；语境理论下大学英语翻译教学模式探索；基于英汉对比理论的高中英语翻译教学研究；文化负载科学术语汉德翻译策略研究。

三、建立文献库

翻译方向的选题其实很多，我们可以就翻译理论、翻译方法、翻译实践中的具体问题、翻译与文化、翻译史、社会翻译学、翻译技术的应用、戏剧影视翻译等方面进行深入调查，具体选择合适的论题。由于语料库的兴起，翻译研究领域也扩大到了语料库作为研究方法的领域。另外，还有一些新的拓展，比如生态翻译学等。在查找文献的过程中，寻找外文文献

可以使用掌桥科研。截至 2024 年 3 月，掌桥科研的外文文献如下。

(1) 外文期刊(51001332 篇期刊文献)，包含来自 Springer、Elsevier、Wiley、Taylor & Francis、IEEE、SPIE、AIAA、ASME 等国外知名数据库的外文文献资源，覆盖航空航天、军事、能源、电工、计算机、自动化等多个领域。

(2) 外文会议(17160163 篇会议文献)，主要来自国外知名学术会议。

(3) 外文学位(911214 篇硕博论文文献)，主要来自麻省理工、普林斯顿、剑桥、哈佛、牛津、斯坦福等知名大学，内容来源涵盖 930 所学位授予单位。

(4) 美国政府科技报告(1899464 篇 AD/PB/NASA/DE 报告文献)，收录始于 1958 年，源于美国政府。

(5) OA 文献(44936012 篇外文 OA 文献)，与相关开源文献资源库合作，收录了包含英语、德语、法语、日语等多种语言的外文 OA 文献。

掌桥科研和中国知网都可以使用中文检索外文文献，但是存在一定的区别。掌桥科研搜索的方法如下：①进入掌桥科研网站首页；②在搜索框中输入“翻译理论”，单击搜索；③在搜索结果列表页中找到文献分类区域，点选外文期刊，就可以看到与“翻译理论”匹配的外文期刊文献，还可以点选外文会议、外文学位、外文 OA、外文科技报告等浏览分类下的文献；④单击标题进入文献详情页中可以看到标题、摘要等字段的翻译内容，方便母语阅读。搜集好素材之后，就可以着手建立自己的文献库了。

四、搭建合理的框架

虽然展开主题有助于思路的构建，但确立大纲可以提前设计蓝图，避免撰写时偏题。从头到尾组织文章要点时，就会为自己设定切实的目标。开启写作的第一步是打磨框架，列出合理的大纲。

(一) 为什么要构建框架

1. 明确写作思路

一头雾水是开始写作前的一个大问题，很多同学都面临面对题目无从下手的困境。撰写论文基本上有一个通用思路:第一步是说明选题提出的原因和背景;第二步是归纳选题的现状;第三步是指出选题当前存在的问题;第四步是点明这些问题产生的原因;第五步是提出解决问题的方案。

2. 分解框架成为任务，并落实到具体行动

现状怎么分析？都有哪些内容？用多长时间写这一章节？这些都需要在大框架的基础上进行细化，先查找资料，然后重新组织，最后将计划落实到行动上。

3. 便于检查论文的完整度

一篇毕业论文往往都是上万字，在写作过程中出现“写了开头忘了结尾”是很正常的事，但在大框架之下写作，就很容易掌控自己论文的进展和完成情况。

(二) 如何构建框架

1. 构建大致的一级标题框架

参考学长的优秀毕业论文结构，或者搜索知网上论文的结构，大致构建一个一级框架。

2. 不断修改调整构建的框架，并根据写作内容做适当的调整

例如，在撰写论文时，原本将“案例分析”专门分为一个章节来写，但是在实际写作中发现对案例的分析完全可以融入“问题提出”和“对策分析”两个部分，单独拿出一个章节写作就显得有些赘述，这时就需要进行适当的调整和增删。

3. 通用框架

论文往往都是由开题内容和论文正文两部分组成的。开题内容的框架基本可以通用，可以放在正文的“绪论”或者“第一章”。

（三）合理分配时间

1. 利用较短且分散的时间写作

每个人专注的时间有限，而撰写毕业论文又是一件比较枯燥的事，所以可以适当地缩短单次写作时间，分散到早上、下午、晚上不同时段，各抽 1 小时，来解决拖延的问题。

2. 任务分解

根据上文列出的论文框架建立一个日程表，细化到每天。例如，第五章用 10 天写完，每天 2 小节、每天 3 小时。只有当任务被量化的时候，行动才会有保障。

3. 选择适合写作的时间段

有人早上创造力好，思路清晰；有人认为晚上更安静，更容易产生灵感。由于每个人的个体差异，写作时间可根据自己的具体情况确定。

五、适当地融入翻译理论

翻译理论是翻译研究的基础，只有基础扎实稳固，才能将研究深入开展下去。下面介绍一些近些年来常见的翻译理论。

（一）功能对等理论

功能对等理论鼓励译者去寻找在目标语言和源语言中都存在的相似的概念和表达方式。例如，如果原文中使用了比喻或习语，译者在目标语言中找到类似的比喻或习语，使原文和译文的读者能得到相同的理解。例如，当把“他是一个老狐狸”翻译成英文时，可以选择“He is a sly old fox”，这里的“sly”和“old fox”在英语文化中也有相似的意象，能够让目标读者理解原句的含义。

（二）翻译美学理论

翻译美学理论强调翻译中语言的音乐性、和谐性和对称性等美学因素。例如，如果原文诗歌具有强烈的韵律和节奏感，译文也应该尽可能地复制这种韵律和节奏感。再如，在翻译“落霞与孤鹜齐飞，秋水共长天一色”这个诗句时，可以使用英文中的押韵和对仗手法，将其译为“Evening sunset with solitary heron，autumn water with sky in one hue”，这样既保留了原句的韵律和美感，又能让目标读者感受到这种美。

（三）目的论理论

目的论理论鼓励译者根据目标读者的需求和文化背景来调整译文。例如，如果原文是一篇科普文章，目标读者是一群非专业的英语读者，那么翻译时应该尽量避免使用过于复杂的语言和表达方式，以确保译文通俗易懂。例如，在翻译“DNA 是遗传物质”这个句子时，可以将其简化为“DNA is the genetic material”，这样就能让目标读者更快速地理解 DNA 的基本含义。

（四）三美翻译理论

“信”的方面要求译者准确无误地传达原文的意义和表达方式，避免误解或歧义。例如，在翻译有关日期、数量、地理位置等明确具体的文本时，需要保证数据的准确性，这就是“信”的体现。“达”的方面要求译者在保证原文意义的同时，使译文流畅自然，易于理解。再如，在翻译一篇新闻报道时，需要尽可能地使用简洁明了的语言，避免使用过于复杂或晦涩的词汇和语法结构。“雅”的方面要求译者在保持原文风格的基础上，尽可能使译文优美、得体、符合目标语言的规范和文化背景。又如，在翻译一篇文学作品时，需要尽可能地保持原文的韵律、节奏、修辞等特点，使译文具有与原文相同的艺术性和感染力。

（五）文化学派翻译理论

文化学派翻译理论强调翻译是文化交流的重要方式，应尊重和保存原文中的文化元素。例如，如果原文中使用了某个特定文化中的符号或习俗，那么在翻译中应该尽可能地对其进行解释和说明。又如，当把《红楼梦》翻译成英文时，可以在适当的地方添加注释或说明，以便目标读者更好地理解和接受其中的中国文化元素。

六、结论避免与正文内容重复

很多撰写者写到最后，不知道结论应该写什么。有人会觉得无话可说，也有的人只是重复正文观点。那么，论文结论如何避免重复正文观点？结论到底写什么，才能让读者印象深刻？

（一）谈“应用”，写应用的重要性和对策建议

这条写作技巧其实是从“理论”到“实践”。对于非问题解决型论文，论文正文不会直接涉及“应用”。这时，为了避免结论写作过于单调，就可以在总结主要观点的基础上，谈一谈与文中的“理论问题”相关的“应用”，可以写“应用”的重要性，也可以写对策建议。

（二）对“问题”做评价，写重要性和价值

对“问题”本身做评价，就是告诉读者自己对这个研究问题所持的态度，以及看待这个问题的具体方式。有态度、有立场，这样的结论才会给读者留下深刻的印象。在结论部分对“问题”本身作评价，其实就是重申问题的重要性、价值或意义，从而让结论与论文前言所写的“研究重要性、为什么研究”等形成呼应。

（三）对答案或答案所指向的现象做评价

在结论部分对研究问题作出评价，可以避免重复正文的观点。与之类似，对论文问题的答案或答案所指向的现象做评价，也能起到这样的作用。当然，在结论部分对答案或答案所指向的现象做评价，可以写答案的重要性、价值或意义，也可以写答案内容本身的注意事项，还可以强调答案所指向的反常识或对立冲突的事实，从而抛出一个与答案相关的争议问题。

（四）回到“现实”，写后世影响或当代启示

结论写后世影响或当代启示，其实是从正文所讲的“历史”，过渡到了“现实”。从“历史”到“现实”，也是论文结论的一种写作方式，同样可以避免重复正文内容。假如正文本身是研究“过去的历史”，那么结论写“现实”、写后世影响或当代启示，自然就可以既与正文相关，又能避免简单重复正文观点。写后世影响或当代启示，也代表了一种“向前看”的姿态，体现一定的前瞻性。

（五）超越正文，以小见大

很多人都知道，论文的研究问题要以小见大。实际上，“以小见大”也可以应用到论文结论的写作中，从而避免重复正文观点。那么，论文结论的写作如何以小见大？可以借助结构功能论、上下层概念实现。借助不同属性的社会功能，我们就能在论文结论中“以小见大”，给出更有深度的认识，避免重复正文观点。

七、降低重复率

论文初稿全部完成以后，我们就会产生一种错觉：自己终于大功告成了。虽然主体部分已经完成，但查重是摆在我们面前不可忽视的重要问题，一旦重复率过高，就意味着我们需要重新修改和整理。下面为大家提供一些论文降重的方法。

(1) 如果论文的字数达标，那么对重复的内容进行字数的删减，就可以有效地降低论文的重复率，这也是最迅速的降重方法。

(2) 简单地修改句子的顺序或者修改一部分字词，如果是必不可少的内容，就要做出引用标记。否则在查重检测的时候，就会被系统自动标记为重复内容，最好的办法是将语句转述为自己的句子。例如，"一日之计在于晨"，可改为"早晨是一天当中精力最旺盛的时候"。这样修改，就可以保证100%是正常的。如果只是简单地改为"一天的计划在早上"，就无法保证有效地降低重复率。

(3) 将外国资料翻译成中文或繁体内容。一般来说，这也能大幅降低论文的重复率。但这有可能造成学术侵权的问题。这种情况的发生并非偶然，一旦被追查，结果可想而知。最明智的做法是将内容的语言、逻辑进行重组，然后通过自己理解的内容重新表达出来。

(4) 如果论文引用的内容比较多，那引用的内容也会被标记为重复内容，因为知网设置的引用阈值在5%，所以一定要控制好引用的内容范围。

八、提交前进行全面复查

在主体工作完成后，向系统提交终稿之前务必要对自己的论文进行最后的检查，以确保论文不存在致命的漏洞及各种容易招致评审老师反感的低级错误。

（一）论文标题

注意题目表达通顺合逻辑，确保与之前填写的开题报告、中期报告等一致。根据以往的经验来看，很多论文标题最后仍存在很多问题：研究问题不明确、过于宽泛、存在逻辑表达和语病等。在提交盲审或终稿之前，绝大部分高校还是允许修改的，所以一定要记得确保题目没有问题。

（二）摘要

摘要浓缩了整篇论文的核心研究内容，是盲审、答辩评委首先会重点看的内容。因此，务必确保摘要概括了论文所有的研究内容，并且语句通顺，没有错别字词和逻辑错误。

（三）关键词

确保关键词的选取与本文研究密切相关，不存在错别字词。

（四）格式

格式也是评审老师们非常重视的内容，很多老师对论文格式问题非常重视。由于每个学校论文体例不同，大家一定要按照本校的要求逐条检查，尤其是论文各级标题和引用参考文献的格式。

（五）论文正文内容

1. 绪论部分

绪论部分应当对研究背景、研究目的、意义、研究内容及方法等进行叙述。注意研究目的要明确指出论文的主要研究问题，让评审们一目了然。研究意义不要写得太大，看到论文动辄提到“具有重要贡献和价值”，其实学位论文很难达到这一程度。研究方法部分不要贪多，实事求是。很多同学喜欢写很多种方法，但实际上并没有用到那么多种方法，很容易被质疑。

2. 文献综述部分

文献综述部分选取的文献必须与论文具有紧密联系，关系不大的不要放上来凑字数。另外，文献不能简单罗列，必须体现文献的系统梳理和归纳。选取的理论基础也应在后续研究展开时体现出对论文的指导意义。

3. 研究主体部分

研究主体部分需要确保数据的真实性、分析过程的可靠性、研究结论的可信性。很多论文数据都存在很大水分，以为不会看不出来，但其实很容易被审核教师识破。此外，若要针对发现的问题提出对策或建议。要注意，这些对策或建议必须有很强的针对性，不能太过宽泛，要杜绝放之四海而皆准的建议。

4. 结论部分

结论与摘要看起来相似，但实际上结论部分更强调这项研究取得的成果或者得出的研究结论。简单地说，在结论部分应该用简练明了的语言回答这篇论文提出的核心研究问题。

撰写论文就像是一场辩论赛，要确保自己的陈述不包含任何逻辑谬误，还要有鲜明的论点和充分的论据，才能让人信服。撰写论文要了解论文的目标受众，并吸引他们的兴趣。如果行文的逻辑性很强，读者就很难在论点中找出破绽。如果只是陈述事实，会显得无聊和机械；相反，如果只是情感铺垫而缺乏论据，也会显得单薄无力。

论文草稿完成后，还要反复检查语法、错别字和逻辑谬误。仔细通读每个句子，找出可能遗漏的任何拼写错误。还要检查标点符号，尤其是逗号和结尾标点符号。有时大声朗读会帮助更大，因为这样更容易捕捉到句子的语病，如主语不统一、概念偷换等问题。在朗读中如果发现自己读一个句子磕磕绊绊，那么必须重新梳理，使其更清晰、更连贯。还可以让一个好朋友，最好是同行帮助审阅，找出撰写者忽视或错过的内容，确保在提交之前解决这些问题。

学位论文写作不仅可以培养学生的科学研究能力、深化对专业知识的理解，而且可以提高其综合能力、促进个人成长。因此，对于毕业生来说，认真对待学位论文并努力高质量完成学位论文是至关重要的。对于学位论文而言，能否追求自身独特的创造性、以此生产新知识，就成为成功与否的关键所在。知识的新旧是通过对比来展开的，将自己工作的每一点进展都与已有的研究成果进行对比，才能体现学术的核心价值。知识之所以新，是通过严谨而扎实地论证来完成的。将每一个立论都建立在扎实的证明上，才能撰写出一篇具有学术价值的优秀毕业论文。

参 考 文 献

一、专著

[1] 陈刚．翻译论文写作与答辩指南[M]．杭州：浙江大学出版社，2015.

[2] 陈惇，孙景尧，谢天振．比较文学[M]．3 版．北京：高等教育出版社，2014.

[3] 陈洪．外国文学通识[M]．武汉：华中科技大学出版社，1999.

[4] 火源．文学论文学做指南[M]．北京：北京邮电大学出版社，2018.

[5] 刘献彪，刘介民．比较文学教程[M]．北京：中国青年出版社，2002.

[6] 鲁枢元，刘峰杰，姚鹤鸣．文学理论[M]．2 版．上海：华东大学出版社，2022.

[7] 袁行霈．袁行霈文集——中国文学概论[M]．济南：山东人民出版社，2020.

[8] 袁行霈．中国文学史(第一卷)[M]．北京：高等教育出版社，2014.

[9] 张德明．世界文学史[M]．北京：北京大学出版社，2018.

[10] 张首映．西方二十世纪文论史[M]．北京：北京大学出版社，1999.

[11] 朱栋霖．中国现代文学经典 1915—2022(二)[M]．3 版．北京：北京大学出版社，2024.

[12] 朱维之，赵澧，崔宝衡．外国文学史[M]．天津：南开大学出版社，2004.

二、期刊论文

[1] 艾立中．对当前中文专业本科毕业论文指导的思考与建议[J]．苏州教育学院学报，2015(1)：82-84.

[2] 菜爱国．中国当代文学课程教学中的论文写作指导[J]．教育观察，2017(21-6)：124-125.

[3] 高侠．中文本科毕业论文写作中的常见问题及指导对策[J]．写作，2015(2)：40-43.

[4] 胡朝霞，邹建军．开题报告：博士论文写作的重中之重——比较文学为例[J]．河北工程大学学报(社会科学版)，2014(2)：89-91.

[5] 黄楚君．比较文学翻译研究中的后现代主义与文化转向视角[J]．快乐阅读，2023(12)：41-43.

[6] 姜哲．为何中国话语？为何比较文学？——论“异同游戏”对“可比性”问题的遮蔽[J]．江海学刊，2023(6)：237-252.

[7] 李晋．文学课程论文写作与思辨能力培养研究——以《西方文论》课程为例[J]．外语教学理论与实践，2019(1)：9-15.

[8] 李敬巍，梁海．略说我外国文学论文的写作[J]．辽宁工程技术大学学报(社会科学版)，2005(7-1)：94-96.

[9] 林亚光．外国文学论文写作的广阔天地[J]．外国文学研究，1986(2)：106-111.

[10] 刘辉．学术期刊论文方法部分的主位结构分析[J]．外语学刊，2016(6)：61-69.

[11] 鲁小俊，王亚文．本科毕业论文写作琐谈－以古典方向为例[J]．写作，2023(1)：111-119.

[12] 罗勋章，菜钰．高校写作学研究现状及发展路径[J]．长江大学学报(社会科学版)，2021(44-4)：120-124.

[13] 毛浩然．论文写作与课题申报六问——基于外国语言文学案例[J]．当代外语研究，2015(7)：35-40.

[14] 平洪．翻译硕士专业学位论文设计与写作[J]．中国翻译，2018(39-1)：45-50.

[15] 谢群．沐浴写作中的外语负迁移现象研究——语言习得与语言损耗的博弈[J]．边疆经济与文化，2017(159-3)：83-84.

[16] 谢天振．学位论文写作指导与学术规范训练[J]．中国比较文学，2005(59-2)：34-39.

[17] 王向远．我如何写作《中国比较文学研究二十年》——兼论文学史研究的原则与方法[J]．山西大学学报(哲学社会科学版)，2003(26-1)：41-46.

[18] 袁国兴．现代文学教学中的“认知”和“能力”问题[J]．中国现代文学研究丛刊，2007(1)：291-297.

[19] 张登林，涂明求．论高校写作课教学的四个“点”[J]．教书育人，2016(3)：100-101.

[20] 张剑．外国文学研究的跨学科和数字人文范式[J]．当代外语研究，2023(3)：5-13.

[21] 张文曦．古代文学论文写作对理论话语的错误运用——以“系统论”为例[J]．文学艺术周刊，2022(1)：34-37.

[22] 曾艳兵．比较文学的前沿问题与“学术川军”的全球视野[J]．中外文化与文论，2023(54)：1-11.

[23] 曾艳兵．中国外国文学研究的跨界特征[J]．外语教学，2024(45-1)：4-13.

[24] 周惠珍．现代文学教学中学术论文写作的引导和训练[J]．文学教育(上)，2017(12)：89-91.

[25] 朱寿桐．中国现代学问论文写作的几个问题[J]．华夏文化论坛，2016(1)：17-21.